Zu diesem Buch

Frauen, die nicht mehr leben wollen, spielen die ihnen zugewiesene Rolle mit fataler Konsequenz zu Ende. Ihr Versuch, aus dem Leben zu scheiden, ist weniger ein Ausdruck individuellen Versagens als vielmehr die radikale Manifestation ihrer «erlernten Hilflosigkeit»: «Ich konnte einfach nichts mehr bewegen. Ich wußte auch nicht, was und wie. Ich wollte bloß noch weg!» (Heidemarie, 45 Jahre, nach einem Selbstmordversuch)

Eine Frau, die von früh auf vermittelt bekommt, daß es besser ist, wehrlos, machtlos, hilflos und dienstbar zu sein, droht sich im Krisenfall stets selbst zu verlieren. Sie tendiert dazu, nicht die Situation zu verändern, sondern ihr zu entfliehen. Doch will sie tatsächlich sterben, wenn sie versucht, sich das Leben zu nehmen? Möchte sie nicht vielmehr ein *anderes* Leben, statt den Tod?

Ein erster Blick auf die Selbstmordstatistiken scheint die Vermutung zu bestätigen: Während etwa ein Drittel der jährlich mehr als 12 000 Selbstmordtoten in diesem Land Frauen sind, beträgt ihr Anteil an den schätzungsweise 120 000 Selbstmord*versuchen* bis zu 80 Prozent. Stellt der Selbstmordversuch von Frauen also eher eine Durchsetzungsstrategie weiblicher *Lebens*wünsche dar? Oder sind Frauen nicht nur im Leben, sondern selbst noch beim Sterben «inkonsequenter», «unentschlossener», «weicher»?

Diesen und weiteren Fragen geht Christine Swientek in ihrem neuen Buch nach. Anhand einzelner Fallgeschichten untersucht sie, welche lebensgeschichtlichen Krisensituationen, welche spezifischen weiblichen Selbstbilder, welche selbstschädigenden Verhaltensmuster Frauen so weit bringen können, nicht mehr leben zu wollen. Darüber hinaus diskutiert die Autorin Handlungsalternativen wie Hilfsmöglichkeiten und weist schließlich auf die konkreten Probleme, aber auch auf die Entwicklungschancen hin, die sich im Umgang mit suizidgefährdeten Frauen ergeben. Adressen und Hinweise zu den bestehenden Hilfsorganisationen und Selbsthilfegruppen schließen den Band ab.

Christine Swientek, geb. 1943, Dr. phil. habil, Sozialarbeiterin und Diplom-Pädagogin mit langjähriger Erfahrung in der Betreuung Suizidgefährdeter, lehrt zur Zeit als Privatdozentin Verhaltensgestörtenpädagogik. Nach «Ich habe mein Kind fortgegeben – Die dunkle Seite der Adoption» (Nr. 5119) und «Das trostlose Leben der Karin P. – Geschichte einer Pennerin» (Nr. 5633) ist dies ihr drittes Buch bei «Frauen aktuell».

Christine Swientek

Wenn Frauen
nicht mehr leben wollen

Rowohlt

rororo aktuell
Herausgegeben von Ingke Brodersen

Redaktion Rüdiger Dammann

Originalausgabe
Veröffentlicht im Rowohlt Taschenbuch Verlag,
Reinbek bei Hamburg, Juni 1990
Copyright © 1990 by Rowohlt Taschenbuch Verlag GmbH,
Reinbek bei Hamburg
Alle Rechte vorbehalten
Umschlaggestaltung: Büro Hamburg – Jürgen Kaffer / Peter Wippermann
(Foto Thomas Rusch)
Satz Times (Linotronic 500)
Gesamtherstellung Clausen & Bosse, Leck
Printed in Germany
1080-ISBN 3 499 12785 7

Inhalt

Dieses Buch ist allen Frauen gewidmet,
die am Leben kranken, und all denen, die
mit Mut und Kraft Krise um Krise meistern!

«*Die Antifeministen sind gern bereit, in der Frau schwärmerisch das ‹andere› zu preisen, um auf diese Weise ihr Anderssein als absolut und unverrückbar hinzustellen und ihr den Zugang zum menschlichen Mitsein zu verwehren.*»

(Simone de Beauvoir)

Einleitung

Frauen, die nicht mehr leben wollen... wollen deswegen nicht gleich
sterben! Sie wollen *anders* leben! Sie wissen aber ihre Wünsche und
Vorstellungen nicht zu artikulieren und durchzusetzen. Sie wissen
nicht, wie sie sich ihr Stück vom Leben nehmen sollen – und deswegen
nehmen sie sich das Leben!

In allen Jahren ihrer Erziehung haben Frauen gelernt, daß es besser
ist, wertlos, wehrlos, machtlos und hilflos zu sein. Denn nur wenn sie
lieb, brav, sanft, sozial und anschmiegsam, treu ergeben und anhänglich sind, werden sie belohnt durch Zuwendung und milde süße Gaben. Fordern und aufbegehren, aggressiv werden und den Kopf
durchsetzen schickt sich nicht, dafür gibt es Tadel!

Was tut frau nun, wenn ihr keine legitimen Mittel der Durchsetzung
zur Verfügung stehen, sie aber auch nicht immer nur verzichten will?
Wie übt sie Macht aus, wenn ihr keine zugestanden wird? Wie kon-
trolliert sie Situationen, deren Kontrolle ihr vorenthalten bleibt? Sie
fügt sich, unterdrückt alle Aggressionen, zieht sich auf sich selbst zurück und wird depressiv.

Das Konzept der «erlernten Hilflosigkeit» – erweitert und in Kurz-
form – zeigt den Weg prägnant:

Unkontrollierbarkeit führt zur Machtlosigkeit;
Machtlosigkeit führt zur Hilflosigkeit;
Hilflosigkeit führt zur Angst;
Angst führt zur Depression;
Depression führt zur Einengung;
Einengung ist die Basis der *Selbstmordgefährdung*.

Die «Erfolge», die Frauen auf dieser Kommunikationsebene erleben,
lassen sie aber auch lernen, daß im Hilflossein viel Stärke und große
Vorteile liegen können: Der Selbstmordversuch aus Machtlosigkeit
kehrt sich um in einen Selbstmordversuch zwecks Machtausübung!

Von den mehr als 12000 Selbstmordtoten pro Jahr in der BRD sind rund 4000 Frauen. Von den (geschätzten!) 120000 Selbstmord*versuchen* pro Jahr in der BRD werden rund 90000 von Frauen begangen. Wollen sie vielleicht gar nicht sterben? Ist der Selbstmordversuch zu einer Durchsetzungsform weiblicher Wünsche geworden, weil auf versuchte männlich-aggressive Forderungen niemand reagiert? Oder ist die weibliche Psyche durch ihre Erziehung zur Minderwertigkeit so deformiert, daß ihr nur noch die Selbstbestrafung und Selbstvernichtung bleibt?

Die Welt ist voller Selbstmordgeschehen! Die Zeitungen liefern es uns allmorgendlich zu den Frühstücksbrötchen frei Haus – täglich bis zu einem Dutzend! Die Abendprogramme des Fernsehens runden zum Tagesabschluß ab: auf allen Kanälen Selbstmord – in allen Lebenslagen, zu allen Tageszeiten, in allen Konfliktsituationen. Wir werden selbstmordüberschwemmt – und dürfen dennoch nicht über ihn reden, über ihn schreiben, ihn in unser Leben einbeziehen – wollen wir nicht als krank, gestört oder psychiatrische Fälle gelten. Doppelte Moral – auch hier!

Wo ich auch sage, ich schreibe derzeit über Frauenselbstmord, herrscht Erschrecken und peinliches Berührtsein: «Welch furchtbares Thema!» «Muß das denn sein?», und mehr oder weniger deutlich die Frage: «Betrifft es auch dich? Bist du denn auch eine von denen?» Dann schneller Themenwechsel! – Vielleicht, weil wir alle irgendwann einmal «eine von denen» waren, sind oder aber wissen, daß wir es sein werden?

Die Selbstmordbiographie gibt es nicht! Es gibt keine typischen Lebensläufe, die gradlinig auf den Selbstmord hinführen. Alle diskutierten Ursachenbündel lassen viele tausend Menschen ebenso weiterleben, wie andere daran sterben. Während die einen Frauen an ihrer Hilflosigkeit im Konflikt zwischen Wollen und Nichtkönnen zugrunde gehen, richten sich andere geschickt darin ein. Aus diesem Grund finden sich in der vorliegenden Arbeit auch keine kompletten Lebensläufe. Sie könnten als «typisch» mißverstanden werden und suggerieren, «so» ist das Leben von (potentiellen) Selbstmörderinnen! Und sie könnten über Identifizierung auch zu einer Gefahr werden.

Frauen, die nicht mehr leben wollen, weil sie *so* nicht mehr leben können, sollten sich viel vom Leben nehmen, sie sollten sich das Leben nehmen – und nicht den Tod!!!

1. Selbstmord und Selbstmordversuch im Gewirr der Zahlen

Um das Problem Selbstmord/Selbstmordversuch in seiner Quantität aufzuzeigen, gebe ich im folgenden Zahlen und Daten an, die das Ausmaß umreißen und eine Basis bilden sollen für alle weiteren Ausführungen.

Spätestens seit Herbst 1989 ist klar, daß Selbstmordzahlen politische Zahlen sind. Da vermeldete nämlich der Bundesrepublik größtes Boulevardblatt, daß die Zahl der Selbstmorde seit Kanzler Kohls Amtsantritt 1983 um 6197 abgenommen habe. Das Ganze sei das Ergebnis einer ausgezeichneten Sozialpolitik, die das Volk glücklicher und zufriedener mache! Wenn es denn so wäre, läßt die Deutsche Gesellschaft für Suizidprävention (DGS) verlauten, «dann ist dies für unsere Gesellschaft allerdings eine sehr erfreuliche Tatsache. Die Suizidrate liegt jetzt bei 17,6; 1977 war sie mit 22,7 nach dem Kriege am höchsten...» (Michel Heinrich in DGS 3/1989, S. 165)

Ob diese Zahlen jedoch der Realität entsprechen, muß (leider!) angezweifelt werden. Die Berliner Ärztin Annemarie Wiegand hat recherchiert, daß seit 1982 in den Statistiken plötzlich eine Todesursache auftauchte, die es bis dato nicht gab: den «plötzlichen Tod aus unbekannter Ursache». Diese neue Todes«ursache» machte dann in den Jahren 1982 und 1986 jeweils das Vier- bis Fünfeinhalbfache der Selbstmorde aus. Balaszeskul weist in diesem Zusammenhang darauf hin, daß die Entwicklung Parallelen zu anderen Ländern zeigt, wo abnehmende Suizidzahlen ebenfalls mit einer großen Anzahl ungeklärter Todesfälle einhergehen, während Länder mit hohen Suizidzahlen niedrige Zahlen ungeklärter Todesfälle aufweisen (DGS 3/89, S. 233). Diesen Vorgang kennen wir von zahlreichen anderen (a-)sozialen Phänomenen, die kein gutes Licht auf die jeweilige Sozialpolitik werfen: Sie werden «umdefiniert», anders aufgeschlüsselt, somit unvergleichbar gemacht oder durch methodische Tricks anderen Rubriken oder Benennungen zugeordnet. Diese Definitionsmacht hat selbstverständlich nur der Staat. Steigt die Kritik an der staatlichen Handhabung sozialer Probleme, kann er sie kurzerhand umbenennen lassen.*

Ohne den Zynismus allzu stark bemühen zu müssen, kann man sagen, daß sinkende Selbstmordraten der staatlichen Sozialpolitik gutgeschrieben, steigende Zahlen jedoch auseinanderfallenden Familien («broken home»), alleinerziehenden und/oder berufstätigen Müttern und neurotisch gestörten Jugendlichen angelastet werden.

Laut Statistischem Jahrbuch töteten sich in der Bundesrepublik im Jahre 1981 insgesamt mindestens 13379 Menschen: 8743 Männer und 4636 Frauen. Im Jahre 1984 waren es 12548 (8346 Männer und 4202 Frauen) und 1986 11599 (7781 Männer und 3818 Frauen). Diese Zahlen stellen das Minimum dar, die Dunkelziffer wird auf 50–100 % geschätzt. Das bedeutet, daß nur diejenigen Tode in die Selbstmordstatistik aufgenommen werden, deren Eindeutigkeit feststeht. Unfälle oder Todesursachen, bei denen es auch nur den geringsten Zweifel gibt, bleiben «im dunkeln».

Seit Mitte der 60er Jahre das Meldewesen in der Bundesrepublik Deutschland liberalisiert wurde, werden Selbstmord*versuche* nicht mehr erfaßt. Hier sind wir auf Schätzungen angewiesen, die sich auf Fallbearbeitungen in Kliniken und Praxen beziehen. Daß der größte Teil der Versuche nie bekannt wird, liegt an verschiedenen Fallkonstellationen:

● Die Patientin wird nicht aufgefunden. Sie erwacht aus ihrem Medikamentenrausch ebenso alleine, wie sie in ihn gefallen ist. Anschließend unternimmt sie auch nichts und offenbart sich niemandem.

● Die Familienangehörigen holen lediglich den Hausarzt, der die Angelegenheit «intern» regelt und ihm keine besondere Bedeutung zumißt.

● Über Selbstmordversuche berichten können nur die Ärzte, die danach gefragt werden. Ich kenne keine Untersuchung, die sich auf eine flächendeckende Befragung niedergelassener Ärzte zum Ausmaß von Selbstmordversuchen bezieht.

● Aus versicherungsrechtlichen Gründen erscheinen Selbstmordversuche auch meistens nicht in den Statistiken der Versicherungen. Da

* Vgl. dazu die Manipulationen der Arbeitslosenstatistiken oder die Umdefinition von Obdachlosenzahlen, indem man diesen Menschen für ihre unwürdigen Behausungen einfach einen Mietvertrag gibt, an der Finanz-, Wohn- und Gesundheitssituation jedoch nichts ändert!

nicht durchgängig bekannt ist, welche Folgen (Kosten!) ein Suizidversuch für den Betreffenden haben kann, wird von vornherein eine andere Diagnose gestellt.

Die Schätzungen der Selbstmordversuchszahlen können also nur sehr vage sein. Sie belaufen sich nach Ansicht verschiedener Experten auf 60000–120000 pro Jahr in der Bundesrepublik. Nach den Erfahrungen und Zählungen begehen zwar doppelt so viele Männer Selbstmord wie Frauen, doch unternehmen ca. dreimal soviel Frauen einen Selbstmord*versuch*. Ausgehend von der Höchstschätzziffer, würden demnach pro Jahr rund 90000 Frauen (einschließlich weiblicher Kinder und Jugendlicher) versuchen, sich zu töten!

> «Frau'n können lachen, denn sie dürfen weinen.»
> (Erich Kästner)

Für die unterschiedliche Geschlechterverteilung bei Selbstmord und Selbstmordversuch gibt es Erklärungen, die wir vor allem in der unterschiedlichen Erziehung von Jungen und Mädchen, ihren Selbstbildern und ihren unterschiedlich anerzogenen Rollenerwartungen und Rollenentsprechungen als Mann bzw. Frau sehen. Vordergründig betrachtet sterben Männer an ihren «Versuchen» vor allem dadurch häufiger, daß sie zu sogenannten harten Methoden greifen, nach deren Einleitung es kein Zurück mehr gibt. So bevorzugen sie eher Schußwaffen (haben vermutlich auch eher Zugang zu ihnen: Bundeswehr, Polizei, Berufs- und Freizeitjäger, Zugang zur «Szene»...), stürzen sich häufiger von hohen Gebäuden oder wenden andere Mittel an, die «todsicher» sind. Die (männliche) Bereitschaft zur Gewalt macht auch vor der eigenen Person nicht halt. Ein «ganzer Mann» bringt sich auch um wie ein ganzer Mann: mit Waffe oder Messer oder anderen deftigen Mitteln, die ihn nicht als «feige Memme» erscheinen lassen. Frauen hingegen bevorzugen in der Mehrheit sogenannte «weiche» Selbstmordmittel, die auch nach Tatbeginn noch eine «Rücknahme» (durch sich selbst oder andere!) ermöglichen. Insbesondere die Medikamentenüberdosierung und das Gas (das heute in der BRD entgiftet ist!) sind und waren die Mittel der Wahl.

Männer scheinen selbst in ihrer verzweifelten Situation noch zu befürchten, nicht ernst genug genommen zu werden, wenn «es» «nicht klappt»! Berichte aus Kliniken geben ihnen leider recht. Die meisten Zuwendungen im Krankenhaus (soweit man sich, über die rein physische Versorgung hinaus, dem Selbstmordpatienten überhaupt zuwendet!) erhalten junge Patienten und Frauen. Je jünger und weib-

licher, um so mehr Sorge, je älter und männlicher, um so weniger
Sorge – entsprechend dem Verständnis, dem Mitleid und der Einfüh-
lungsgabe sowie der Beurteilung einer «Berechtigung» zu diesem
Verhalten. Für eine Wiederholung von Selbstmordversuchen dürften
diese Erlebnisse von erheblicher Bedeutung sein: Ein Mann, der für
seinen Selbstmordversuch *zusätzliche* Probleme in Form von Verachtung zu ertragen hat, der vom Krankenhauspersonal geschnitten oder
besonders lieblos behandelt, im Freundes- und Kollegenkreis sogar
gehänselt oder verachtet wird, wird eher Sorge dafür tragen, daß «es»
beim nächstenmal auch klappt.

«Mein Sohn hat in seinem ganzen Leben nur versagt. Noch nicht
einmal richtig umbringen konnte er sich», sagte mir die Mutter eines
lange von mir betreuten jungen Mannes, der sich eines Tages aus dem
dritten Stock eines Studentenheimes stürzte und erst mehrere Stunden später starb. «Er hätte immerhin ein paar Stockwerke höher gehen können!» Ich habe eine derartige Äußerung zwar nie wieder von
der *Mutter* eines Betroffenen gehört, in allgemeinen Gesprächen über
Selbstmordversuche jedoch sehr häufig.

Für Selbstmordversuche von Frauen scheinen dagegen andere
Maßstäbe zu gelten. Möglicherweise ist es noch immer das «schwache», weniger lebensfähige Geschlecht, dem man zubilligt, mit den
Härten und Versagungen des Alltags nicht so recht klarzukommen.
Die Frau, die sich umzubringen versucht, entspricht nur allzusehr
dem Bild einer Frau, die Schutz und Hilfe braucht, die betreut und
geführt werden muß. Endlich ist sie mal schwach (geworden), endlich
zeigt das weibliche Geschlecht, daß es mit Emanzipation und Frauen-
power doch nicht so weit her ist. Das Helferherz ist angesprochen und
wendet sich umsorgend zu.*

Weitere Zahlen sollen die Selbstmordszene etwas erhellen helfen:
● Etwa 80 % der suizidalen Handlungen werden vorher angekündigt. Oft werden diese Aussagen jedoch nicht in ihrem Sinn erfaßt
oder erst im nachhinein als solche gedeutet.
● Bei etwa ein Viertel aller Selbstmordtoten sind ein oder mehrere
vorangegangene Selbstmordversuche bekannt gewesen.
● Ca. 25 % aller versuchten Selbstmorde werden innerhalb der folgenden zwei Jahre wiederholt. Die Wiederholung ist vor allem vom
Verhalten der personalen Umgebung nach dem ersten Selbstmord-

---

* Daß diese Haltung ebenfalls unerwünschte Folgen haben *kann*, erläutere ich im
  Kapitel «Von der erlernten Hilflosigkeit zum erlernten Selbstmord».

versuch abhängig und entsprechend davon, ob sich an der belasten-
den Situation Grundlegendes geändert hat, so zum Beispiel, ob der
Suizident befähigt werden konnte, seine Lage zu verändern, zu ver-
bessern, aktiv zu gestalten. Je weniger an Änderung geschieht, um so
sicherer ist ein weiterer Selbstmordversuch. Das gilt für alle folgenden Versuche in gleicher Weise: Mit jedem Versuch wird die Gefahr
des tödlichen Ausgangs größer, weil die Mittel verstärkt werden.

● Mindestens ein Viertel aller Betreffenden hinterlassen Abschiedsbriefe. Die Inhalte ähneln sich – unabhängig von Alter, Geschlecht
und Problemkonstellation. Im wesentlichen lassen sie sich in drei Ka-
tegorien zusammenfassen:
– die Entschuldigung für das, was den Hinterbliebenen angetan wird;
– die Erklärung des tödlichen Tuns;
– der Vorwurf, die Schuldzuschreibung an einzelne Menschen (und
  «die Gesellschaft»).

● Etwa 70–75 % aller suizidalen Handlungen geschehen mit Hilfe
von Medikamenten. Die Tendenz ist steigend. Der wichtigste Grund
für diese Wahl liegt mit Sicherheit in der leichten Beschaffbarkeit. Die
Hausapotheken von Frauen mit vorangegangenen Selbstmordversuchen (und vermutlich auch ohne!) waren – soweit ich sie je inspizierte
– Giftlager von erschreckenden Ausmaßen. Alle Medikamente waren legal über haus- oder fachärztliche Verschreibungen erstanden
worden.

● Ein Drittel der Selbstmordhandlungen werden durch Alkohol ge-
stützt. Alkohol hat dabei entweder die Funktion der bewußten Ent-
hemmung (sich Mut machen), oder die Hemmung zur Selbstschädi-
gung wird (unbeabsichtigt) durch den Alkoholgenuß herabgesetzt.
(Parallelen gibt es vielfach zu Gewalttaten gegen andere!)

Zwei weitere Aussagen, die in keiner Publikation fehlen, sollen
hier kurz kritische Erwähnung finden. Die eine lautet: Katholiken
sind weniger selbstmordgefährdet als Protestanten. Die andere: Die
Bundesrepublik Deutschland steht in der internationalen Selbst-
mordskala mit an oberster Stelle: mal an 6., mal an 7. – immer aber
gehört sie zu den ersten zehn.

Beide Daten sind nur bedingt richtig: Bei der Konfession dürften
nicht der Taufschein und die Normen von Bedeutung sein, die von der
einen Kirche strenger gehandhabt werden als von der anderen. Auch
die regelmäßige Beichte der Katholiken, die immer wieder als selbst-
mordverhindernd (schuldmindernd!) ins Feld geführt wird, dürfte
quantitativ keine so große Rolle spielen, daß sie sich in den Selbst-

mordraten niederschlägt. Ausschlaggebend ist mit Sicherheit eher die Verbundenheit, die der einzelne zu einer Gemeinschaft verspürt – sowohl im religiösen als auch im sozialen Sektor. Die Frage kann nicht lauten, welcher Konfession einer angehört, sondern wie sehr er sich in seiner Religionsgemeinschaft aufgehoben, geborgen, angenommen fühlt. Daß Bedarf an religiösen Gruppierungen besteht, die sowohl Gemeinschaft als auch Lebenssinn vermitteln, zeigen die immer noch starken Zuläufe zu Sekten und pseudoreligiösen Gruppen.

An welcher Stelle der Selbstmordstatistik die BRD im internationalen Bereich steht, ist nicht genau zu sagen. Es gibt Länder, die ihre Selbstmordziffern aus ideologischen Gründen nie genannt haben, wie z. B. die UdSSR oder China. Es gibt Länder, in denen Selbstmord noch verpönter ist als bei uns, in denen der Tod ganz allgemein verdrängt wird – und zwar so weit, daß Leichen wie lebende Menschen geschminkt und verschönt werden, um ihnen noch den Ausdruck von Leben zu verleihen.

Auch in diesen Ländern paßt Selbstmord nicht ins politische Bild des glücklichen Staatsbürgers (God's own country – USA). Des weiteren können wir davon ausgehen, daß die Statistik in der BRD einen Stand erreicht hat, den andere Länder kaum je erreichen werden oder wollen. In Indien oder den südamerikanischen Staaten, in denen nicht einmal mehr die verhungernden Kinder auf den Straßen gezählt werden, in denen jeder Tote lediglich ein Esser weniger ist, wird sich kaum jemand zu erfahren bemühen, wie diese Menschen zu Tode gekommen sind.

Wir können also sagen, daß jegliche statistische Aussage über Selbstmord eine ungeheuer vage Angelegenheit ist, die um so vager ist, in je mehr Relationen sie zu anderen Regionen, Ereignissen, Zusammenhängen gebracht wird. Wir haben so etwas wie Grundzahlen, von denen wir ausgehen können und die eine politische Operationsbasis (z. B. für Einrichtung und Finanzierung von Beratungsstellen und Kriseninterventionszentren) darstellen. Das *Phänomen Selbstmord* wird jedoch von ihnen nur sehr *unbefriedigend dargestellt* – und *keinesfalls erklärt!*

2. Selbstmord oder Selbstmordversuch –
zwei verschiedene Entwürfe?

«Verfluchter Konflikt zwischen Lebenswünschen und Todessehnsucht,
verdammte Lebenslust und verdammte Verlockung, die Anstrengungen
einzustellen, klein beizugeben.»
(Urte Goebel-Gülke)

Nicht jeder Mensch, der «durch eigene Hand» zu Tode gekommen
ist, wollte wirklich sterben! Nicht jeder «Selbstmordversuch» ist der
mißlungene Versuch, sich selber zu töten!

Es gibt nicht «den Selbstmörder» oder «den Selbstmordversu-
cher». Es gibt keinen Menschen, der nicht mindestens einmal in seinem Leben an die Möglichkeit gedacht hat, sich selber zu Tode zu
bringen. Und es sind pro Jahr eine halbe Million Menschen, die weltweit diese Überlegungen in die tödliche Tat umsetzen.

Sicher gibt es Menschen, die am Ende ihres Daseins auf zahlreiche
«Selbstmordversuche» zurückblicken können, von denen nie einer
«gelungen» ist – sei es, weil er nicht gelingen sollte, sei es, daß die
Ambivalenz, das Schwanken zwischen leben wollen, aber nicht leben
können, gerade noch erträglich blieb.

Sicher gibt es Menschen, die nach langem Überlegen, nach einer
Bilanzierung ihres Lebens («Was habe ich gehabt, und was kann noch
kommen?») gewollt und bewußt den Tod suchen, weil sie sich kein
Leben mehr versprechen. Diese Menschen werden sich entsprechend
verhalten. Sie werden ihr Sterben exakt planen und sich gegen jegliche «Rettung» absichern.

Mehr können wir bis heute nicht *mit Bestimmtheit* zu einer Abgren-
zung der Phänomene Selbstmord und Selbstmordversuch sagen. Hat
ein Mensch sich selber getötet, wird oft nicht gefragt, ob der Tod wirklich sein Ziel gewesen ist. Wenn nicht ganz besondere Umstände
daran zweifeln lassen, wird das Sterben als erwünscht und geplant
vorausgesetzt. In Einzelfällen wird nach der Rekonstruktion des Ab-

20

laufs deutlich, daß das Eintreten des Todes eher eine «Panne» war, ein «Mißgeschick», eine Fehleinschätzung der Situation, die ungewollt zum Tod geführt hat.

Zum Beispiel Zeitaspekt:

26 Jahre lang kam Herr H. täglich zwischen 16.20 und 16.35 Uhr aus dem Büro nach Hause. Ausgerechnet an dem Tag, an dem seine Frau hilfesuchend, erpresserisch oder in scheinbarer Ausweglosigkeit eine sehr hohe Dosis Medikamente mit der «Berechnung» einnimmt, gegen halb fünf Uhr von ihrem heimkehrenden Ehemann gefunden zu werden, gerät Herr H. in einen Verkehrsstau, durch Manöverfahrzeuge ausgelöst, und verspätet sich um anderthalb Stunden. Eine Rettung seiner Ehefrau kommt zu spät.

Die Interpretation des Wollens von Frau H. geschieht durch Außenstehende, die nicht wissen, was Frau H. wirklich wollte. Nur die «Anlage» dieses Selbstmordes läßt entsprechende Schlüsse zu: Warum hat sie nicht gleich morgens zu den Tabletten gegriffen, sondern erst nach 15 Uhr, wie der aufgefundene Abschiedsbrief ausweist? Mit *Sicherheit* kann jedoch niemand sagen, welches Ziel Frau H. verfolgt hat bzw. ob sie sich mit Tod und Sterben wirklich auseinandergesetzt und dann entschlossen hat, *sterben* zu wollen.

Zum Beispiel Dosierung/Kombination:

Die 17jährige Rita will durch einen bewußten «Selbstmordversuch» ihre Eltern «warnen», von denen sie sich unerträglich bevormundet, gegängelt und eingeengt fühlt. Sie nimmt verschiedene Tabletten aus der Hausapotheke, deren Nutzung in der Familie üblich sind. Jedes Medikament allein ist nicht tödlich, die Kombination der diversen Chemikalien führt jedoch zu einer Atemlähmung, also zum Tode.

Auch in diesem Fall können nur Außenstehende aus Fakten kombinieren und auf den Ablauf und die Intention des Mädchens *schließen*. Aussagen von Freundinnen, denen sich Rita anvertraut hat, oder Tagebuchaufzeichnungen können in solchen tragischen Fällen aufschlußreich sein. Eine letzte Unsicherheit bleibt aber fast immer.*

* In ähnlicher Weise wird die Kombination von Medikamenten und Alkohol falsch eingeschätzt. Der Alkohol wird oft *vor* der Tabletteneinnahme getrunken, um sich selber «Mut» zu machen. Oder durch einen üblichen Alkoholgenuß sind die Hemmungen gesunken, Hand an sich zu legen. Gelegentlich werden die Medikamente auch mit Alkohol «hinuntergespült», um die Wirkung («Schluß», Ruhe) zu beschleunigen. Auch die Schwächung des Körpers durch eine Infek-

Anders verhält es sich mit dem «geretteten» Suizidenten. Wollte er wirklich sterben? Oder doch nicht? Wollte er/sie «nur erpressen»? Drohen? Auf sich aufmerksam machen? Um Hilfe rufen? Oder wurde der Zeitplan gestört, reichte die Tablettenmenge nicht, war die Verletzung nicht tief genug?

Die Diskussion Außenstehender nach einem Selbstmordversuch wird immer sehr emotional geführt. Die behandelnden Ärzte, die pflegenden Krankenschwestern, der herbeigerufene Psychiater, Freunde und Angehörige suchen nach Motiven und Gründen. Vor allem wird jedoch versucht, die «Ernsthaftigkeit» des Handelns abzuschätzen. Da werden die eingenommenen Tabletten gezählt und gegen die Verzweiflung aufgewogen. Da werden die Äußerungen des Suizidenten auf die Goldwaage gelegt: Wenn er jetzt sagt, er tut's nicht wieder, ist das nur Tarnung? Oder meint er es so? Sagt er, er wird es wieder versuchen – ist das dann Drohung, oder wird er bei nächster Gelegenheit versuchen, nach «Tod-sicheren» Mitteln zu greifen?

Für meine Begriffe hat diese *Abschätzung der Ernsthaftigkeit* wenig Wert, wenn damit nur eine Wiederholungsgefahr bestätigt oder ausgeschlossen werden soll. Wichtig scheinen mir vier Überlegungen:

1. Kein Außenstehender kann sich in die Psyche eines Suizidenten versetzen und aufgrund der Anlage eines «gescheiterten» Selbstmordversuchs die Zukunft prognostizieren, soweit sie weitere selbstschädigende Akte betrifft.

2. Aus vielen Gesprächen mit Patienten und Patientinnen nach einem Selbstmordversuch – unmittelbar nach ihrem Aufwachen – wissen wir, daß der/die Betreffende keine «richtige» Mitteilung über die vorausgegangenen Stunden machen kann oder machen will. Einerseits kann die Scham sehr groß sein, «so etwas» getan und andere Menschen bemüht zu haben, andererseits tritt vermutlich bei vielen Menschen nach diesem autoaggressiven Akt eine sogenannte kathartische (reinigende) Wirkung ein, die es für den Betreffenden selber unverständlich macht, wie er so hat reagieren können.

3. Um die Wiederholungsgefahr abschätzen zu können, ist es in erster

tion oder eine gerade überstandene Krankheit kann die Berechnung zunichte machen, mit Medikamenten «nur mal auszuspannen», ein ganzes Wochenende «durchzuschlafen» oder einem lieblosen Menschen einen Schrecken einzujagen. Der geschwächte Organismus ist unter Umständen nicht in der Lage, die sonst relativ «harmlose» Dosis abzubauen, und bricht ob der Giftmenge zusammen.

Linie nicht wichtig zu wissen, wie «ernsthaft» der Selbstmordversuch war oder mit welchem Ziel er durchgeführt wurde, als vielmehr die Erkenntnis, daß die Betreffende den Selbstmordversuch als Konfliktlösungsmöglichkeit in ihr Verhaltensrepertoire aufgenommen hat, die nun jederzeit abrufbar ist. Die Hemmschwelle ist genommen und hat sich durch dieses Erlebnis erheblich gesenkt. Jeder weitere Selbstmordversuch wird mit weniger Skrupel, Ängsten und Abwägungen unternommen werden. Das bedeutet aber auch, daß andere Verhaltensweisen als nicht (mehr) wirksam erlebt werden: sei es, daß sie nicht mehr zur Verfügung stehen, sei es, daß sie, bereits ausprobiert, sich als wirkungslos erwiesen haben.

4. Ein Selbstmordversuch kann nicht zeitlich und sozial isoliert betrachtet werden. Ob er wiederholt wird oder nicht, hängt weitgehend davon ab, wie die Mitmenschen reagieren, ob sich an der Situation etwas ändert, die zum Versuch geführt hat, oder ob sich die gesamte Lebensführung durch den Selbstmordversuch sogar noch verkompliziert.

Der indirekte oder langsame Selbstmord

Der «Selbstmord mit Messer und Gabel» ist eine ebenso flapsige wie treffende Bezeichnung für eine Form der Selbstzerstörung, die niemand mit dem Begriff des Selbstmordes in Verbindung bringen würde. Schon zu Beginn des 17. Jahrhunderts machte sich der englische Pfarrer John Sym Gedanken über die Suizide in seiner Umgebung, zu denen er die «indirekten Selbstmorde» hinzuzählte: Völlerei, Trunksucht, Duellieren und Waghalsigkeit.

Bis heute ist umstritten, ob die diversen Formnen selbstschädigenden Verhaltens, die *eventuell* zum Tode führen können, dem potentiellen Selbstmord hinzugezählt werden sollten. Das Duellieren mit Waffen ist zwar heute entfallen, dafür finden Duelle auf den Autostraßen statt, die denen mit Degen und Pistole seinerzeit in nichts nachstehen. Jeder Raucher müßte heute mit dem Bewußtsein leben, daß er sein Leben um etliche Jahre verkürzt – die wenigsten lassen sich durch diese Warnung vom Rauchen abhalten! Auch die Waghalsigkeit ist geblieben. Sie findet immer neue – den Techniken angepaßte – Formen. Derzeit ist der wohl «tödlichste» Sport das «S-Bahn-Surfen»: das Aussteigen und Herumklettern auf den Waggons bei voller Fahrt. Jede Sucht (siehe Kapitel 6) muß dem Bereich des langsamen Selbstmordes zugerechnet werden, sei es die Sucht nach illegalen Rauschdrogen, die Sucht nach legalem Alkohol, die Freßsucht oder die Magersucht. Sie alle führen unbeabsichtigt und unbewußt zu einem frühzeitigen Lebensende: herbeigeführt durch zahllose selbstschädigende Einzelhandlungen über einen langen Zeitraum hinweg.

Die «parasuizidale Pause»

Es gibt «Selbstmordversuche», die keinen anderen Zweck erfüllen sollen, als im Trott des Alltags eine *Zäsur* zu schaffen. Die Autoren Feuerlein und Kreitman haben dafür den Begriff der «parasuizidalen Pause» geschaffen. Oft handelt es sich dabei um Menschen, die sich vollständig überfordert fühlen, die erspüren, daß sie sich einer psychophysischen Krise nähern, und die kein anderes Mittel sehen, als sich einmal richtig auszuschlafen. Diese selbstverordnete «Schlafkur» hat mit suizidalen Tendenzen nichts zu tun. Sie ist jedoch ein Ausdruck der Hilflosigkeit, sich in überbeanspruchenden sozialen Situationen nicht anders durchsetzen zu können.

Die beiden Gesprächsausschnitte, die ich hier illustrierend anfüge, zeigen eindrucksvoll, wie diese Situationen empfunden werden. Sie zeigen aber auch gleichzeitig, wie wenig individueller Spiel- und Entscheidungsraum in unserer Arbeitswelt gegeben ist, wenn sich jemand partiell überfordert fühlt. Beim derzeitigen Arbeitsmarkt ist es nicht möglich, immer gleich die Stelle zu verlassen, zu kündigen und sich etwas anderes zu suchen. Unter Umständen wird ein Stellenwechsel auch gar nicht beabsichtigt. Die einzige «Hoffnung», daß der Körper die Signale richtig verstehen und «krank» werden möge, so krank, daß es für ein ärztliches Attest reicht, erweist sich vor allem bei stabilen jüngeren Menschen oft als trügerisch – und so bleibt (außer mit der Faust auf den Tisch zu hauen und sich beruflich damit unter Umständen erhebliche Nachteile einzuhandeln) nur noch der «Ausstieg für zwei Tage» mittels Medikamenten.

«... da nimmt dich einfach keiner ernst.»

Mariella, 29 Jahre alt, Mitgaleristin

«Das schlimme ist, du mußt manchmal einfach drastisch werden! Wenn alles nicht mehr hilft, wenn einfach keiner mehr auf dich hört, wenn jeder abwiegelt und du immer nur an die Seite geschoben wirst. Alle dürfen ihre Wehwehchen haben und sich ausklagen... Da sagst du dann mal: Mensch Leute, es geht einfach nicht mehr. Ich kann im Moment nicht mehr. Ich häng voll durch! Und dann kommt immer das gleiche: Ach du, du schaffst das schon! Wenn du nicht, wer denn sonst? Laß dich nicht so hängen, anderen geht's doch auch nicht immer gut! Kopf hoch, da muß man durch, was soll ich bloß sagen... und schon sind sie bei ihrem Lieblingsthema, bei sich selber.

Ich bin 'ne echt starke Frau, ich kann auch was aushalten. Ich bin sturmerprobt. Was ich schon alles durchgestanden hab. Aber auch bei mir ist mal irgendwann Sense. Endpunkt. Aus. Da muß ich raus, da muß ich mal was ganz anderes sehen und hören – am besten natürlich gar nichts! Einfach mal nur hinlegen, an die Decke starren, ein bißchen Musik. Mal so ein paar Tage Recreation. Aber nix! Von mir, gerade von mir will das keiner wissen. Das ist nicht meine Rolle. Da bricht für all diese Hampelmänner die Welt zusammen!

Da kannst du weinend zusammenbrechen, da kannst du schreien und stöhnen, da kannst du mit den Fäusten auf die Platte trommeln... da kommt nix, absolut tote Hose! Du bist am Ende angekommen, und die anderen denken, du ziehst 'ne Show ab. Du weißt selber: Noch ein Schritt weiter, und du hängst seelisch überm Abgrund. Und die gucken dich alle an, so scheinbar verständnisvoll, und du weißt, das gehört bei denen zum Programm. Das ist für die Mache, Theater; so was haben die auch alle mal – jeder in 'ner anderen Form... und wie das kultiviert wird! Jeder hat sein eigenes Ausgeflippe – wie ein Markenzeichen. Wie der Beuys seinen Hut. Und weil sie das alle haben oder so tun, *da nimmt dich einfach keiner ernst*. Das gehört zum Image, zum Geschäft oder wie. Und dann schmeißt du eines Tages den ganzen Cocktail rein, den deine Hausapotheke zu bieten hat, damit alles mal für 'ne Zeit ein Ende hat. Und dann? Na, dann geht's aber los! Dann gibt's ein Riesengedröhn: warum nur, warum nur? Und natürlich wieder: Das kannst du uns doch nicht antun, wir brauchen dich doch.

Natürlich brauchen die mich. Wenn die mich in der Galerie nicht hätten, dann wäre doch da gar nichts. Ich bin doch alles: ich bin Bewunderin und Seelsorgerin und Kennerin und kleines Mädchen und Mutterfigur. Denen koche ich auch noch Kaffee und komme mit Tempotüchern gerannt, wenn's sein muß. Die Arbeit dort mach ich. Die anderen reden nur.

Auf einmal geht es dann. Da sind sie besorgt und eifrig. Da hab ich plötzlich nicht genügend Vasen für all das Gemüse, und dann kommen die Angebote, kann ich dies tun, kann ich das tun!? Mein Schatz, mein Engel, meine Muse, meine Geliebte... Was ich dann plötzlich alles bin! Drei Tage höchstens – und dann geht es wieder los: Wann hab ich meinen Termin bei euch? Besorg du doch bitte die Leisten, ich habe keine Zeit. Wo ist Roberto? Ich hab so 'ne Krise...

So 'ne typische Scheiße: Solange du dich normal benimmst, achtet keiner auf dich. Klare Aussagen sind nicht gefragt. Gleichberechtigte Ebene bei der Kommunikation – ach du liebe Güte. Erst wenn du alles hinschmeißt, wenn du so ein auf Leiche machst, am besten noch zwölf Stunden im Krankenhaus warst – ja dann wirst du plötzlich ernst genommen.

Manchmal denk ich, ob die uns Frauen einfach nicht ertragen können, wenn wir stark sind. Da müssen wir kleingemacht werden – bestimmt nicht mehr bewußt, das will bestimmt niemand. Aber wenn du dann klein und schwach und blaß am Boden liegst, dann kommen sie gerannt. Wie ich das beschissen finde! Einmal ist mir das bisher passiert. Aber es gibt inzwischen schon wieder Zeiten, da denk ich: Soll ich sie dran erinnern? Soll ich sagen: Mensch, ihr wißt doch, wo ich dann lande? Aber das würde mir dann ja wie Erpressung ausgelegt werden. Und die paßt eigentlich nicht zu mir. Aber wenn alles andere nichts bringt?»

Mariella hat das Gefühl, sich gegen die (ausschließlich!) fordernden Männer, für die sie «alles» ist, nicht mit ihren eigenen Bedürfnissen durchsetzen zu können. Sie scheint die einzige in dem Galeriebetrieb zu sein, die nie ausfallen darf, die immer stark, immer präsent, immer potent sein muß – während die Künstler alle Rücksicht für sich in Anspruch nehmen und ihre psychophysischen Störungen als ein Teil ihrer künstlerischen Sensibilität wie ein Schild vor sich hertragen. Das «Sagen», so hat sie gelernt, nutzt nichts. Den anderen geht es immer mindestens genauso schlecht. Es hilft nur das Handeln. Und da fällt ihr nichts Wirkungsvolleres ein als drastische Selbstbeschädigung: Sie nimmt zu viele Tabletten und wird damit in ihrem Bedürfnis nach Ruhe, Pause, Aussetzen anerkannt. Ein paar Tage Urlaub hätten mit Sicherheit eine positivere Wirkung – aber diesen müßte sie verbal (durch Verhandeln) und nonverbal (durch Fortbleiben) auch durchsetzen! Und an dieser Fähigkeit scheint es bei ihr zu scheitern.

Etwas anders liegt der Fall bei Annette, die in einem staatlichen Schulbetrieb über weniger Möglichkeiten flexibler Handhabung verfügt. Während Mariellas Konflikt sich daraus ergibt, daß ihre Bedürfnisse mit denen der anderen in Konkurrenz liegen, entsteht Annettes Konflikt aus ihrem Bedürfnis nach Sicherheit einerseits (feste Anstellung) und ihrem Wunsch, ihre Pädagogik in einem anderen, ruhigeren, körpergerechteren Rahmen auszuüben. Sie braucht sich nicht gegen andere Menschen zu behaupten (ihr pädagogischer Ansatz ist in der Schule ohnehin per Erlaß nicht durchsetzbar!), sie muß mit sich selbst ins reine kommen.

Während Mariella einen Kampf nach außen führt – wenngleich mit unangemessenen Mitteln – und damit ein Zeichen für die anderen setzt, kämpft Annette gegen sich selbst. Durch die Überdosis Medikamente und den Krankenhausaufenthalt bekommt sie die Pause, die sie für eine weitere Lebensplanung nötig brauchte. Sie hat einen drastischen Krieg gegen sich selber geführt – und ist siegreich daraus hervorgegangen.

Beiden Frauen war aber nicht bewußt, daß ihre medikamentöse Pausierung auch hätte *tödlich* enden können!

«Wer weiß, wie lange ich noch gemacht hätte!»

Annette, 32 Jahre, arbeitslose Gymnastiklehrerin, jobt in ihrem Beruf erfolgreich vor allem in der Frauenszene:

«Ja, das ist überall dasselbe: Man muß erst am Boden liegen, bis jemand aufmerksam wird. Ich habe durch meinen Beruf ein sehr gutes Körpergefühl, ich kann meinen Körper sehr schnell einschätzen, ich weiß lange vorher, wann es nicht mehr geht. Aber erst müssen die Laborwerte nicht mehr stimmen, bevor man mal ausspannen kann.

Ich habe das jahrelang an zwei verschiedenen Schulen erlebt. Nur Sport und Gymnastik zu geben, ist eine harte Sache – man wird wenig ernst genommen –, und vor allem kann ich als Gymnastiklehrerin ja kaum eigene Vorstellungen durchsetzen. Der Schulsport ist Klotzsport. Ich arbeite gern mit ruhiger Musik – die Kinder sind heutzutage doch schon unruhig genug – und mit farbigen Tüchern, mit leisem Summen – ja, mit Einsatz des ganzen Stimm-Instrumentariums, über das der Mensch verfügt. Aber davon kann man an Schulen nichts realisieren. Da wird man als Spinnerin oder Schleiereule verhöhnt. Von den Kollegen mehr als von den Schülern übrigens. Ich hab's nicht ausgehalten, ich bin raus dort und arbeite jetzt so, wie ich will. Ich war sehr oft am Ende. Ich mußte in diesem Trainingssport meinen Körper ja ständig vergewaltigen. Der wurde richtig grob und unsensibel, hatte ich manchmal das Gefühl. Und er hat sich gewehrt. Ich hatte in immer schnellerer Folge Gastritiden und zum Schluß ein Ulkus (Magengeschwür).

Ja, ich bin dann mal ausgestiegen. Wenn ich ehrlich sein soll, sogar zweimal. Mit Tabletten. Nein, sterben hab ich damals nicht gewollt, auch wenn mir sterbenselend war, seelisch und körperlich. Das eine Mal war es ein so endloses Schuljahr, und ich hatte zunehmend das Gefühl: Es gibt kein Entrinnen. Und jeden Tag erneut das Geklotze und Gebolze und Gebrülle in der Turnhalle, und in den Pausen das blöde Geschwätz der Kollegen, die so taten, als sei mein Unterricht bloß eine Pausenspielerei. Und eines Tages ging es dann nicht mehr. Ich war noch bei meiner Ärztin gewesen, aber die meinte nur: ‹Sie haben eben einen nervösen Reizmagen. Bald sind ja Ferien.› Da habe ich mich doch arg reduziert gefühlt auf eine Macke. Und an dem Tag hätt ich's keine vier Stunden mehr ausgehalten. Ja, und dann hab ich geschlafen. Meine Ärztin war ungeheuer sauer. Persönlich beleidigt. Sie hat es durch den Krankenhausbericht erfahren. Ich hätte ihr ja nichts erzählt. Ich hab dann auch den Arzt gewechselt.

Das andere Mal, das kam dann etwa zwei Jahre später. Da hing in meinem Leben alles schief – eine Beziehung zu einem Mann, und dann kam eben die Entscheidung dazu, ob ich aus dem Schuldienst rausgehen soll oder nicht. Ich hatte damals noch ein sehr starkes Sicherheitsbedürfnis. Ich war zwar nicht verbeamtet, aber ich hatte doch eine volle Stelle fest. Diese Angst dann einerseits, mein Leben in diesem Lärm und Geschrei und der Verständnislosigkeit verbringen zu müssen, und die Angst andererseits, die Miete eines Tages nicht mehr zahlen zu können. Ja, ich kann wirklich sagen: Es hat mich fast umgebracht – im wahrsten Sinne des Wortes!

Da hab ich auch geschlafen. Mehrere Tage. Und der Krankenhausaufenthalt hat mir damals gutgetan. Nicht, daß dort jemand besonders auf mein Problem eingegangen wäre. Aber es hat doch einen Einschnitt in meinem Leben gegeben – das «So kann es nicht weitergehen». Danach habe ich dann sehr schnell in der Schule Schluß gemacht und hatte auch plötzlich Mut für diesen neuen Anfang.

Eigentlich habe ich diesem zweiten Tablettenrausch zu verdanken, daß ich doch meinen Weg gefunden habe. Natürlich hätte ich ihn besser anders finden sollen, das ist mir schon klar. Irgendwie hat mir mein Körper auch sehr leid getan, daß ich ihn so mißhandelt habe, mit dem massiven Chemiebombardement. Nachher. Aber das Ereignis war doch wichtig. *Wer weiß, wie lange ich noch gemacht hätte.* Und da wäre mein Körper dauerhafter geschädigt worden, da wäre er dran kaputtgegangen. Aber schlimm ist es schon, daß man so was erst machen muß.»

3. Die vielen Facetten des Hilferufs

Erich Kästner
Die unverstandene Frau

Er band, vorm Spiegel stehend, die Krawatte.
Da sagte sie (und blickte an die Wand):
«Soll ich den Traum erzählen, den ich hatte?
Ich hielt im Traum ein Messer in der Hand.

Ich hob es hoch, mich in den Arm zu stechen,
und schnitt hinein, als sei der Arm aus Brot.
Du warst dabei. Wir wagten nicht zu sprechen.
Und meine Hände wurden langsam rot.

Das Blut floß lautlos in die Teppichranken.
Ich hatte Angst und hoffte auf ein Wort.
Ich sah dich an. Du standest in Gedanken.
Dann sagtest du: ‹Das Messer ist ja fort...›

Du bücktest dich. Doch war es nicht zu finden.
Ich rief: ‹So hilf mir endlich!› Aber du,
du meintest nur: ‹Man müßte dich verbinden›,
und schautest mir wie einem Schauspiel zu.

Mir war so kalt, als sollte ich erfrieren.
Du standest da, mit traurigem Gesicht,
und wolltest rasch dem Arzt telefonieren
und Rettung holen. Doch du tatst es nicht.

Da nahmst du Hut und Mantel, um zu gehen,
und sprachst: ‹Jetzt muß ich aber ins Büro!›
und gingst hinaus. Und ich blieb blutend stehen.
Ich starb im Traum. Und war darüber froh...»

Er band, vorm Spiegel stehend, die Krawatte.
Und sah im Spiegel, daß sie nicht mehr sprach.
Und als er sich den Schlips gebunden hatte,
griff er zum Kamm. Und zog den Scheitel nach.

aus: KÄSTNER, Erich: Gedichte. Zürich 1983,
    Atrium Verlag, S. 217–218

Kästners «Unverstandene Frau» zeigt wie kaum ein anderer Text die kommunikative Seite des Frauenselbstmords auf. «Sie» schildert ihrem Mann während der morgendlichen Routine ihren Traum. Sie blickt ihn dabei nicht an, vielleicht schämt sie sich ihres Traums. Vielleicht schämt sie sich aber auch des Hilferufs, der nur zu deutlich wird – jedenfalls demjenigen Zuhörer, der auch hinter die Worte horcht und ihre Bedeutung zu erfassen sucht. Möglichweise erscheint ihr ein In-die-Augen-Sehen zu deutlich, zu auffordernd, zu aggressiv. Die Kommunikation erfolgt über den Spiegel.

Der Hilferuf wird sowohl im Traum als auch in der Traum*schilderung* deutlich formuliert: «So hilf mir endlich!» Aber «er» sieht nur das fehlende Messer, dann die Notwendigkeit, die Wunde verbinden zu müssen. Er redet (im Traum), handelt jedoch nicht. Er verbindet sie weder, noch ruft er tatsächlich den Arzt. Er geht zum Alltag über – er muß ins Büro. Sie stirbt und ist froh darüber.

Und dann trifft es so ein, wie sie geträumt hat: Ihr Hilferuf in Form einer Traumschilderung mit überdeutlichem Aufforderungscharakter verhallt ungehört. Er bindet sich die Krawatte, er zieht den Scheitel nach. Er sagt nichts, tut nichts, nimmt die Frau und ihre Worte kaum zur Kenntnis, geht zur Tagesordnung über – er geht ins Büro!

Ich werde dieses Gedicht von Erich *Kästner* als Illustration nutzen, um wesentliche Faktoren des Frauenselbstmordes bzw. seiner Ankündigung zu veranschaulichen.

Der Verzweiflung Ausdruck geben

«Ich kann nicht mehr», ist oft leicht dahergesagt – nach schwerer Arbeit oder einem besonders anstrengenden Tag. Aber es kann auch Ausdruck dafür sein, daß ein Mensch sich «am Ende» fühlt, daß er nicht mehr weiter weiß, sich in einem langen schwarzen Tunnel wähnt, dessen Ende er nicht mehr absehen kann.

Das Ende einer Liebesbeziehung, der Tod eines nahestehenden Menschen oder das plötzlich aufkommende Bewußtsein, völlig allein zu sein, das Gefühl, niemand auf der Welt zu haben, der noch wichtig ist oder dem man selber wichtig ist – das sind Erfahrungen, die jeder Mensch in seinem Leben immer wieder machen muß, die jeden in die Verzweiflung treiben, die aber nur dann in eine verzweifelte Situation münden, wenn ihr nicht Ausdruck gegeben werden kann.

Eltern, die ein Kind durch Tod verloren haben, schließen sich in der Bundesrepublik seit einigen Jahren zu Selbsthilfegruppen zusammen, in denen sie sich gegenseitig Trost zusprechen, in denen sie miteinander leiden und sich gegenseitig die Erfahrung vermitteln, daß Leid durch Teilbarkeit zwar nicht verringert wird, daß aber der emotionale Schutz einer Gemeinschaft Gleichbetroffener aus der Einsamkeit im Leid herausführen kann.

In anderen Kulturen ist heute noch üblich, was auch früher in unseren Breitengraden Brauch war: das gemeinsame Trauern, wenn in der Familie, im Dorf jemand gestorben war. Die Nachbarn eilen herbei, die Frauen stimmen Klagelieder an, der Hinterbliebene wird bis zur Bestattung und darüber hinaus nicht alleine gelassen. Die Gemeinschaft «trägt» den Trauernden durch Mitleiden, Mitempfinden und durch die bloße Anwesenheit über die erste Zeit. Sie bietet Schutz, Schultern zum Ausweinen, das Verständnis der Anwesenden bei Schmerzausbrüchen.

Wenn die Verzweiflung aus einem völligen Ausgebranntsein resultiert, aus permanenter Überforderung, der Angst vor zuviel Verantwortung, dann sind außer der Anwesenheit eines anderen das aktive Zupacken, das konkrete Hilfsangebot gefragt.

Voraussetzung für diese unterschiedlichen Hilfsformen ist immer die Mitteilung: «Mir geht es schlecht» und die *deutliche Bitte* «Tu was, hilf mir!» Und wenn die Kraft ausreicht, dann sollte das Gegenüber auch präzise über den eigenen Zustand und über das Erbetene informiert werden, soweit es durch Selbstbetroffenheit oder kulturelles Ritual nicht vorgegeben ist.

«Soll ich den Traum erzählen, den ich hatte? Ich hielt ein Messer in der Hand!» dürfte in vielen Fällen als Mitteilung und Hilfeersuchen nicht ausreichen. Für den anderen ist es «nur ein Traum», dessen Bedeutung unerkannt bleibt.

Nicht alleine lassen, konkrete Entlastung, ein paar Stunden dableiben, Trost geben, jemand anderen herbeirufen, ein Gespräch vermitteln: damit kann der Angesprochene etwas anfangen, ohne seinerseits in Hilflosigkeit zu fallen und die Forderung abzuwehren.

Der Hilferuf hat aber auch noch einen *kathartischen Effekt*. Wir kennen alle die Erfahrung, daß das Gespräch über Belastendes Erleichterung bringt. Obwohl sich am Problem nichts ändert, ist einem danach leichter, wohler, man fühlt sich entlastet. Oft wird durch das Sprechen aus dem Chaos Ordnung, aus dem Haufen Puzzleteile ein Bild. Das Sprechen hat ordnende Funktion und eine kathartische

Wirkung. Katharsis heißt «Reinigung», und der kathartische Effekt besteht aus einer emotionalen Abreaktion, einem Sich-Befreien von Konflikten und Spannungen.

Auch nach Selbstmordversuchen erleben die Betreffenden oft, daß es ihnen bessergeht. Sie können nach der Wundversorgung oder dem Aufwachen aus dem Tablettenrausch häufig ihr Handeln nicht mehr nachvollziehen. Es ist, als wenn ein destruktiver (Gefühls-)Sturm über sie hinweggebraust wäre, der einigen Schaden angerichtet hat. Doch nun ist die Luft wieder rein, das Problem hat sich verringert oder aufgelöst. Es wird als geradezu lächerlich empfunden im Vergleich zum Verlust des Lebens, der beinahe eingetreten wäre – und der auch «beabsichtigt» war oder in Kauf genommen wurde. «Und wegen dem Mann wollte ich mich umbringen!» oder «Scheiß Schule, als ob die Lehrer das wert wären!» sind Aussagen, die Erleichterung und gleichzeitig Verwunderung und Dankbarkeit für den glücklichen Ausgang ausdrücken. In vielen Fällen – vor allem dann, wenn aus Angst, Schreck oder Entsetzen sehr spontan gehandelt wurde – wird im nachhinein deutlich, daß ein Gespräch die gleiche entlastende Wirkung gehabt hätte wie der Selbstmordversuch, wenn zum entscheidenden Zeitpunkt nur ein Gesprächspartner vorhanden gewesen wäre.

Manchmal scheint die Situation sich aber auch so plötzlich und so schmerzhaft ergeben zu haben, daß kein Gesprächspartner in der momentanen Verzweiflung gesucht wurde. Wurde er jedoch gefunden – im Nebenzimmer oder am Telefon –, dann in der Regel mit recht drastischen Worten: «Ich halt es nicht mehr aus, ich bring mich um!» oder: «Ich kann nicht mehr leben, ich will nicht mehr leben!» Mit diesen Mitteilungen und den daraus resultierenden Gesprächen ist dem Problem oft schon die schärfste Spitze genommen. Es konnte geredet, geschimpft, geweint, geflucht, geschrien werden, und die Äußerungen haben zu einer Entlastung, einer Katharsis beigetragen.

Die Ambivalenz

«Ich hatte Angst und hoffte auf ein Wort...
Ich starb im Traum. Und war darüber froh...»

Deutlicher ist «Ambivalenz» kaum darstellbar! Sie ist ein Widerstreit zweier Gefühle, die nicht miteinander zu *vereinbaren* sind. Man möchte und möchte nicht – die alltägliche Lebenserfahrung eines jeden Menschen. Wenige Menschen wollen wirklich sterben. Die es wollen, halten unverrückbar an ihrem Wunsch fest und führen ihn dann auch so aus, daß niemand sie daran hindern kann. Diesem «Bilanzselbstmord» ist oft ein sehr langes Abwägen des Für und Wider vorausgegangen, ein «Berechnen», was vom Leben noch erwartet werden kann. Die Bilanz war negativ – der Entschluß wurde gefaßt.

Menschen, die über ihre Selbstmordgedanken und -pläne sprechen, appellieren vor einem eventuell endgültigen Schritt erst einmal an ihre Umwelt. Insofern liegt in dem Satz «Wer vom Selbstmord spricht, begeht ihn nicht» auch ein Körnchen Wahrheit. Wer vom Selbstmord redet, will sich, seine Not, seine Ausweglosigkeit und seine Ambivalenz mitteilen – und «hofft auf ein Wort»! Fällt dieses Wort jedoch nicht, wird das Sprechen über die Selbstmordideen nicht beachtet, dann wachsen Hilflosigkeit und Verzweiflung, dann scheint es keinen Ausweg als den selbstgewählten Tod zu geben. Das «erhoffte Wort» soll Rat, Linderung bringen. Dafür wird es erbeten. Deswegen geht an den anderen die Aufforderung «So hilf mir doch!» – und unausgesprochen auch: «Dann kann ich weiterleben!»

Die aggressive Komponente

«Selbstmörder sind furchtsame Mörder.»
(Cesare Pavese)

Menninger, einer der Altväter der Selbstmordforschung, sieht in der Selbsttötung die Verflechtung dreier Wünsche, die jedem Menschen innewohnen: des Wunsches zu töten, des nach Getötetwerden und des nach (gemeinsamem) Sterben.

<u>Der Wunsch zu töten</u> als Rache und zur Strafe: Wenn du mich ver-

läßt, wirst du bestraft. Dann sollst du auch keinem anderen mehr gehören. Töten, um den eigenen Selbstwert zu erhalten; töten, um doch noch der aktiv Handelnde und nicht nur mehr der passiv Duldende in dem Trennungsgeschehen oder den Auseinandersetzungen sein zu müssen.

Der Wunsch nach Getötetwerden von der Hand des Geliebten, der schon verloren ist; nicht selber entscheiden zu müssen, sondern sich passiv einer endgültigen Lösung durch den «signifikanten anderen» auszuliefern, sich ihm doch noch einmal zu unterwerfen, ihm das Opfer des Lebens zu bringen, das ohnehin keinen Wert mehr hat. Getötet werden auch aus Selbstverachtung, Unwertgefühlen, Strafbedürfnis und dem Bewußtsein, wieder versagt zu haben.

(Gemeinsames) Sterben als Alternative für das Nicht-gemeinsam-Lebenkönnen; Verschmelzung wenigstens im Tode, wenn sie im Leben nicht dauerhaft zu vollziehen ist; gemeinsam sterben, um nicht getrennt zu werden – der Wunsch vieler Liebender, die sich ein Leben ohne den anderen nicht mehr vorstellen können, eine Version unglücklicher Liebe, wie sie in Märchen, Sagen und Literatur eingegangen ist.

Alle diese Elemente finden sich im Selbstmord, im Selbstmordversuch und auch in der Selbstmordankündigung wieder. Sie sind nicht voneinander zu trennen, sind Bestandteile des Empfindens – allenfalls der jeweiligen Größenordnung nach verschieden.

So enthält auch jeder Hilferuf, neben der hilfesuchenden, der ängstlichen und der autoaggressiven, eine aggressive Komponente. «So hilf mir endlich» ist eine deutliche Aufforderung zum Handeln, zum Entscheiden. Sie kann nahe der Drohung angesiedelt sein, «...sonst bringe ich mich um!» Für den Gesprächspartner ergibt sich daraus eine drastische Änderung in der Gesprächssituation. Ihm wird ungefragt die Verantwortung für ein Leben übertragen: «Wenn du nicht tätig wirst, töte ich mich!» Gleichzeitig ahnt er, daß er auch die Verantwortung für den Tod wird tragen müssen, wenn er ihn nicht verhindern kann.

Wie auch immer der Hilferuf gemeint ist, wie deutlich auch die suizidale Absicht ausgesprochen wird: Für den Angesprochenen ergibt sich eine Situation der Bedrohung. «Verbinden» allein hilft nicht – das merkt auch der Mann in *Kästners* Gedicht! Auch den Arzt rufen, scheint zwecklos. Was wird, was kann der tun? Der Angesprochene spürt: Hier geht es um meinen vollen Einsatz, der gefordert wird, gegen meinen Willen. Vielleicht fragt er sich auch, was er damit zu tun

habe, was ihn das alles anginge. Angst, Abwehr und Ratlosigkeit diktieren das Verhalten. Der als aggressiv empfundene Appell wird abgewehrt: durch Nichtstun!

Eine besonders aggressive Haltung dem Partner gegenüber könnte
auch aus folgender Meldung interpretiert werden: Bei der Analyse
von rund 1000 Selbstmorden wurde an der Universität von California
festgestellt, daß bei jedem 5. Selbstmord mindestens eine Person in
der Nähe war. In der Hälfte dieser Fälle mußten die Ehepartner den
Suizid unmittelbar miterleben.

Der überforderte Beteiligte

Der Mann im Traum reagiert hilflos, er steht mit traurigem Gesicht
dabei, hat Ideen zur Hilfe, setzt diese jedoch nicht in die Tat um,
sondern wendet sich ab. Der Mann, dem der Traum erzählt wird, zeigt
noch weniger Reaktion: Er fährt in seinen Alltagsverrichtungen fort.
Er ist in Wirklichkeit noch kühler, noch desinteressierter, noch distan-
zierter, als seine Frau ihn geträumt hat!

Daß Hilferufe, Appelle, Drohungen, Erpressungen, Ankündigungen – qualitativ sind diese Begriffe im Geschehen *nicht* auseinander-
zuhalten, wie wissenschaftliche Abhandlungen es so gerne suggerieren – selten beachtet, noch seltener beantwortet werden, liegt sicher
nicht nur an der Kälte der Menschen und an ihrem Desinteresse,
sondern vielfach auch an ihrer Hilflosigkeit. Der Appell mit ver-
steckter Warnung macht vor allem Angst. Plötzlich für das Weiterleben, noch schlimmer: für den Tod eines Menschen verantwortlich
gemacht zu werden, überfordert nicht nur Eltern gefährdeter Jugendlicher, Ehepartner oder Lehrer. Er versetzt auch professionelle
Helfer in Schrecken (siehe Kap. 9).

Das «Überhören» von Ankündigungen ist zunächst einmal Selbst-
schutz. Die eigene Integrität wird verletzt. Akute Schuld wird zugewiesen: Aktuelle – «Ich bringe mich deinetwegen um» – wie zukünftige – «Wenn du nichts tust/änderst, dann...» Diese Schuld kann
nicht übernommen werden. Es ist aber auch Hilf- und Kenntnislosig-
keit: Wie soll sich der Angesprochene verhalten? Wer gibt ihm Auskunft über Hilfsmöglichkeiten? Wer gibt ihm selber genug Schutz und
Stärke, sich dem Aufladen von Schuld und Verantwortung zu stellen?

In vielen Untersuchungen wird darauf verwiesen, daß Angehörigen und Freunden der Selbstmord vorher angekündigt worden ist. Mehr oder weniger deutlich wird dann gefragt: «Warum ist dieser Ankündigung nichts gefolgt?» Geht man der Wortwahl des Suizidenten nach, fragt man, was er wirklich gesagt hat, so sind es häufig Formulierungen, die im Alltag ständig von vielen (von allen?) Menschen verwendet werden:

- ich kann nicht mehr;
- ich schaffe es nicht mehr;
- ich will nicht mehr;
- wär doch bald Schluß;
- lieber würde ich sterben;
- das halt ich nicht mehr lange aus.

Nach vielen Jahren des Umgangs mit der Selbstmordthematik nehme ich solche Formulierungen selektiv wahr. Jedesmal erschrecke ich und denke: ist sie ... oder ist sie nicht? Aber nicht jedesmal kann ich ein Gespräch darüber beginnen, ob eine Selbstmordgefährdung vorliegen könnte, nicht jedesmal kann ich Hilfe offerieren, Hilfsangebote aufzeigen. Natürlich fallen jedem danach befragten Angehörigen eines Selbstmörders im *nachhinein* solche Aussprüche ein – und werden als Indiz für länger anhaltende Selbsttötungsabsichten genommen. Nur ist kaum jemandem ein Vorwurf zu machen, der aus einer gängigen Formulierung der Alltagssprache nicht gleich auf Selbstmord schließt und nicht präventiv tätig wird.

Eine Selbstmordankündigung schafft eine hochexplosive Atmosphäre: eine Mischung aus gegenseitiger Aggressivität, Wut, Forderung, Betroffenheit, Hilflosigkeit, Abwehr, Panikstimmung; oder aber sie wird «überhört», nicht ernst genommen, abgewehrt (du tust es ja doch nicht), abgewertet (ist doch alles nicht so schlimm), rationalisiert (wenn du es wirklich willst ...), weil sie als existentiell bedrohend wahrgenommen wird. Die scheinbare Kälte des zuhörenden Mannes in *Kästners* Gedicht (und nicht nur die seine) kann durchaus auch Ausdruck völliger Überforderung sein. Der Angesprochene geht zur Vogel-Strauß-Politik über: Was ich nicht gehört habe, ist auch nicht. Da ich ohnehin nichts tun kann, ist es besser, den Vorfall nicht zur Kenntnis zu nehmen.

Das «So tu's doch endlich!» ist in vielen Fällen nicht oder nicht nur ein Ausdruck von Ablehnung gegenüber dem Drohenden. Es ist nicht selten ein letzter verzweifelter Versuch, sich aus dieser «Erpressung» zu lösen, sich vom unendlichen Druck der Angst um den anderen und um die eigene Verantwortung zu befreien. Die scheinbare Herzlosigkeit ist dann nichts anderes als der Endpunkt von Ertragen- und Nicht-mehr-helfen-Können.

In 15jähriger Arbeit mit Suizidgefährdeten – teilweise hauptberuflich, teilweise «privat» und situationsabhängig – bin ich zweimal selber in die Situation der «Erpreßten» gekommen.

Das erste Mal handelte es sich um einen 73jährigen Mann, den ich nach einem drastischen Selbstmordversuch (er nahm ca. 200 Schlaftabletten, hatte zwei Tage nach Einlieferung einen Herzstillstand, wurde aber wiederbelebt) zunächst im Krankenhaus, später zu Hause betreute. Wendete ich mich in Gesprächen (für seine Begriffe!) zu sehr seiner unendlich leidenden Ehefrau zu, die von ihm bereits per Selbstmorddrohung zur Eheschließung motiviert worden war und seit 40 Jahren unter dieser Form seiner Willensdurchsetzung litt, dann ging es ihm plötzlich sehr schlecht. Er wollte mich für sich alleine – seiner Frau hatte er die Rolle der Kaffeekocherin und Serviererin zudiktiert. Sie hatte in der Küche zu sitzen und auf sein Klingelzeichen (!) zu warten, wenn ich zum Gespräch bei ihm war. Als ich meine sozialpädagogische Arbeit mit der Frau verstärkte (Ermutigung, selbständiger zu werden, sich nicht von ihm tyrannisieren zu lassen, Stärkung ihrer Eigeninteressen), begann er mit spätabendlichen und nächtlichen Anrufen, in denen er mir schilderte, daß nur der Selbstmord ihn aus seinem schweren Leben erlösen würde.

Bei diesem Klienten habe ich es in mehreren Gesprächen geschafft, ihm die Wirkung seiner Erpressung auf *mein* gesamtes Privatleben und seine Verantwortung für sich selber (inclusive Selbstmord) und für andere (in diesem Fall: mich!) nahezubringen. Er war damals sehr betroffen. Sein «Wenn nicht, dann...» war über Jahrzehnte so automatisiert, daß er sich über die Wirkung keine Rechenschaft mehr ablegte. Er stellte seine Telefonate sofort ein. Wenn er anrief, bat er um ein Gespräch, einen Besuch, oder er lud mich «nur mal so» zum Kaffee ein. Er starb fünf Jahre später eines natürlichen Todes, nachdem wir noch mehrere Monate miteinander in Kontakt geblieben waren.

Im zweiten Fall habe ich noch heute, nach acht Jahren, ein flaues Gefühl, würde mich wohl aber wieder so verhalten *müssen*.

Eines Abends rief mich zu Hause eine Frau an, lallend, stockend. Sie wolle sich jetzt umbringen. Sie habe «die Schnauze voll» von den Psychiatern und Anstalten. Das seien alles nur «Saftsäcke» und «Vollidioten», die nichts anderes könnten als einsperren und Tabletten verteilen. Aber nun wolle sie es denen zeigen, nun sei es genug...

Ihre Rede war von vielen langen Pausen unterbrochen, die eindeutig alkohol- oder drogenbedingt waren. Ihre Worte waren verwaschen, ihre Sprechweise äußerst aggressiv und ungeheuer ordinär. Ihre Pausen nutzte ich für Fragen: Wer sie sei, von wo sie anrufe, wie alt sie sei, ob sie Tabletten genommen habe, ob sie alleine lebe, woher sie meine Telefonnummer habe... Sie ging auf keine einzige Frage ein – irgendwann sagte sie: «Das geht Sie doch einen Dreck an!» Dann ging der Monolog weiter. Nach über einer Stunde Dauer – ihre Verfassung war die gleiche geblieben, das heißt, es lag offenbar keine *akute* Tablettenintoxikation vor – begann ich das Gespräch zu beenden. Es dauerte noch einige Zeit, dann legte sie plötzlich auf. Ich war verwirrt und unsicher, forschte in meinem Gedächtnis nach der Stimme, kam aber zum Schluß, daß ich diese Frau nicht kannte. Der Abend war hin. Ich war unruhig, dachte daran, ob ich mich richtig verhalten hatte, ob sie sich jetzt wohl umbrachte, ob es meine Schuld wäre. Dann kam der nächste Tag mit Beruf, Haushalt, Kind.

Kaum saß ich abends am Schreibtisch, klingelte das Telefon. «Sie» war es wieder. Ihre Äußerungen waren fast identisch. Auch diesmal antwortete sie auf keine Frage, ab und zu lachte sie sehr laut und kreischend – sonst war alles das gleiche. Ich verlegte mich diesmal nach längerem Zuhören auf Vorschläge, die ich in der «normalen» Arbeit mit Klienten als «billige Ratschläge» ablehnen würde. Ob sie da schon angerufen oder sich schon dort gemeldet hätte usw. Als sie mich nach geraumer Zeit anschrie, das seien doch überall die gleichen Scheißer, und ihren Sohn hätten die auch auf dem Gewissen, war ich fast erleichtert, weil endlich eine Reaktion auf meine Worte kam. Dennoch ging das «Gespräch» auf die schon bekannte Art weiter. Nach anderthalb Stunden beendete ich es mit dem Hinweis, ich habe noch zu arbeiten.

Der dritte Abend bot das gleiche Bild. Über eine Stunde Schimpfen ihrerseits, Zuhören und Vorschläge meinerseits – und noch immer wußte ich nicht, mit wem ich telefonierte oder wie ihre Wahl ausgerechnet auf mich gefallen war. Ich fühlte mich ausgelaugt, war wütend auf die Frau, über ihre Grenzenlosigkeit, ihre Unverschämtheit, war wütend auf mich, daß ich nicht fähig war, ihr näherzukommen. Ich war immer weniger bereit und willens, ihre Not zu sehen, so sehr fühlte ich mich unter Druck gesetzt. Mein Vorschlag, uns einmal tagsüber irgendwo zu treffen, war ebenso unbeantwortet geblieben wie alles andere. Meine Arbeitsabende waren dahin, nachts hatte ich Magenschmerzen, und am vierten Tag ging ich abends nicht mehr ans Telefon. Es bimmelte zur gleichen

Zeit wie immer bis zu 15mal, dann ein paar Minuten Pause, dann ging es weiter. An den folgenden drei Tagen stellte ich das Telefon leise und unter die Bettdecke. Schließlich, so dachte ich, habe ich ein Recht auf «freie Abende». Aber meine unbekannte Klientin blieb mir treu. Es kam – als ich abends wieder ans Telefon ging – zu weiteren drei Abenden am Hörer. Im Unterschied zur ersten Woche begann sie, mich ganz persönlich anzugreifen und zu beschimpfen. Und sie ließ mich die Gespräche auch nicht wie vorher beenden. Nach jeweils zwei Stunden der Qual sagte ich dann einfach: Ich bin müde, ich möchte Schluß machen, auf Wiedersehen – und legte auf.

Sofort auflegen, wenn sie sich meldete, wie Freunde es mir rieten, brachte ich nicht fertig. Ich hätte mich zu schuldig gefühlt! Aber es war inzwischen eine abendliche Hölle geworden, vor der ich schon morgens beim Aufstehen Angst bekam. Am vierten Abend der zweiten Woche – «sie» war immer gleichermaßen alkoholisiert oder unter Drogen, ihre Worte waren stets die gleichen, die Vorwürfe gegen Gott, die Welt, die Ärzte und Sozialarbeiter auch – wurde ich drastisch. Wir kämen im Gespräch nicht weiter, und ich hätte das Gefühl, das wolle sie auch gar nicht. Ich hätte ein Recht auf Freizeit und vor allem auch ein Recht darauf, zu wissen, mit wem ich redete bzw. wer meine Zeit so ungebührlich in Anspruch nähme. Wenn sie meinte, ich könne ihr helfen, dann sollte sie bitte konkreter werden.

«Dann bringe ich mich eben um», kreischte sie ins Telefon, und unter großem Herzklopfen antwortete ich: «Dann müssen Sie es eben tun. Das können nur Sie alleine entscheiden. Nur Sie alleine haben Verantwortung für Ihr Leben. Einer Frau, die mich mit ihrem Selbstmord bedroht, dabei aber nicht einmal aus ihrer Anonymität hervortritt, kann ich nicht helfen. Und ich lasse mir auch nicht Schuld in die Schuhe schieben, wo ich keine habe.» Es trat eine sehr lange Pause ein. Dann schrie sie sehr schrill: «*Sie* wollen also, daß ich mich umbringe?» – «Nein, das will ich nicht. Aber ich kann Sie auf diesem Wege auch nicht hindern. *So* kann ich für Sie nichts mehr tun!»

Daraufhin legte sie wortlos auf. Ich war schweißgebadet, mir war übel. Nachts konnte ich nicht schlafen, im Halbschlaf überfielen mich alle nur denkbaren Greuel, und ich war froh, als mein schluchzendes Kind an meinem Bett erschien, weil es so schlecht geschlafen hatte, und ich mich wieder in der Realität befand.

Als an diesem Abend das Telefon zur gewohnten Zeit klingelte, stürzte ich geradezu erleichtert hin. Ja, «sie» war es wieder. Nüchtern, deutlich und sehr scharf fragte sie: «Haben Sie das gestern abend ernst gemeint?» «Ja, das habe ich», sagte ich und dachte, bleib bloß standhaft – und gleichzeitig wurde mir übel vor Angst.

«Ist gut so», sagte sie sehr klar und ruhig und legte auf. Und mit diesem Fall – mit dieser Schuld? – lebe ich noch heute.

Seither weiß ich, was «Erpressung», was eine Selbstmorddrohung für den Ansprechpartner bedeutet. Es braucht nicht viel Phantasie, sich vorzustellen, welche Ausmaße und Folgen so ein Verhalten innerhalb einer Familie oder Partnerschaft hat, in der noch persönlichere Gefühle wie Liebe, Abhängigkeit, Zärtlichkeit und ein qualitativ ganz anderes Gefühl der Verantwortung (der Gesetzgeber nennt es die «Garantenpflicht») hinzukommen.

Aber auch vergangene Erfahrungen bestimmten das Verhalten. Ich erinnere mich an einen 68jährigen Krankenhauspatienten, der mit seiner Frau, Tochter und Enkelkindern in Wohngemeinschaft gelebt hatte, als er sich zum Selbstmord durch einen Sprung aus dem Fenster entschloß. Seine Frau, so berichtete er spontan in unserem ersten Gespräch, habe ihn dazu aufgefordert. Ich war schockiert, insbesondere weil es damals der einzige meiner Patienten war, der ausgesprochen böse und undankbar auf seine Wiederbelebung und sein Wiederaufwachen reagierte (während die anderen überwiegend froh, erleichtert, «geläutert» waren).

Nach zwei weiteren Gesprächen mit diesem unglücklichen alten Mann, in denen er immer wieder auf die Selbstmordaufforderung seiner Ehefrau zu sprechen kam, die ihm anscheinend sehr naheging, lernte ich seine Frau kennen. Ungefragt schilderte sie ihre Version dieser Aufforderung: Er hatte jahrelang erst mit Selbstmord allgemein, dann mit Fenstersprung speziell gedroht – in jeder Situation, in der er sich zurückgesetzt fühlte. Er war sehr eifersüchtig auf das gute Verhältnis zwischen Großmutter und Enkelkindern und fühlte sich aus dieser Gemeinschaft ausgeschlossen. «Und als ich es eines Tages einfach nicht mehr hören konnte», berichtete die Ehefrau weinend, «da habe ich ihn angeschrien: ‹Dann spring doch endlich!› Ich hab doch nicht geahnt, daß er nun wirklich springen würde – so oft, wie er davon schon gesprochen hatte.»

Nun hatte diese alte Frau Schuldgefühle. Sie weinte aber auch aus einem anderen Grund: Sie hatte Angst, daß diese permanenten Drohungen weitergehen würden, wenn ihr Mann erst aus dem Krankenhaus entlassen war. «Wäre er doch gestorben, es ist so schwer, mit ihm zu leben», sagte sie. Ihre Schuldgefühle wogen offensichtlich nicht so schwer wie die Aussicht auf weitere Jahre des Miteinanders.

Viele Familien oder Partner leben mit dem Damoklesschwert der Ankündigung über lange Zeit. Während zunächst noch auf die entsprechenden Äußerungen eingegangen wird, stumpfen die Hilferufe und Drohungen und später die Versuche ab. Rat- und Hilflosigkeit werden überlagert von Wut. Ein endgültiges Abwenden des «Bedrohten» von dem scheinbar oder tatsächlich Suizidgefährdeten führt dann jedoch nicht selten tatsächlich zur lebensgefährlichen Selbstbeschädigung oder zum tödlich endenden Selbstmord: Aus Rache, aus Hilflosigkeit, weil auch das letzte Mittel nun versagt, aus der Unfähigkeit, noch zu einer normalen Kommunikation zurückzufinden, nachdem diese über lange Zeit durch gegenseitige Abhängigkeit und Erpressung geprägt war.

Der folgende Fall zeigt deutlich den immer bizarrer werdenden «Dialog» der Beteiligten am Selbstmordgeschehen – ebenso wie die Hilflosigkeit des «Opfers» (in diesem Fall der Ehemann, *nicht* die Frau!). Da offenbar niemand imstande ist, den Teufelskreis zu durchbrechen, kommt es zu keiner Entwicklung und zu keiner Lösung.

«Ich kann mich nicht entscheiden!»

Frau Ahrends, 36 Jahre alt, seit 16 Jahren mit einem gleichaltrigen Mann verheiratet, Mutter eines 15jährigen Sohnes, halbtags als Buchhalterin beschäftigt, lernt auf einer Betriebsfeier einen gleichaltrigen Kollegen kennen. Er ist Junggeselle. Sie verlieben sich ineinander, und das Verhängnis nimmt seinen Lauf.

Der Ehemann übergeht die neue Situation mit Schweigen. Ohnehin hat man sich schon seit Jahren nicht mehr viel zu sagen. Das Eheleben ist mehr ein Neben- denn ein Miteinander. Es funktioniert noch die Organisation, der geregelte Ablauf, es existiert noch die heile Fassade – aber dahinter hat sich die große Öde ausgebreitet.

Nach einem halben Jahr, als sich in der Dreierbeziehung nichts rührt und nichts ändert, steigt für Frau A. langsam der seelische Druck. «Irgendwas» müßte sich doch ändern. Mehr oder weniger deutlich fragen beide Männer auch schon mal: «Was ist denn jetzt? Was willst du nun?» und erwarten, daß sie eine Entscheidung trifft.

Frau A. kann jedoch nichts entscheiden. Sie weiß, daß es «so» auf die Dauer nicht weitergehen kann, sie weiß aber nicht, welchen Mann sie wählen soll. «Bei meinem Mann weiß ich, was ich hab. Da ist zwar die Luft raus, und da kommt auch nichts mehr – aber beim Neuen, da weiß ich ja nicht, wie sich das entwickeln wird!» Vom «Alten» erwartet sie nichts mehr, vom «Neuen» erwartet sie die Garantie auf lebenslängliches Liebesglück, die er weder geben kann noch mag.

Beide Männer verhalten sich passiv, warten ab. Sie sind selber weder konfliktbereit noch entscheidungsfreudig. Alternativen in Form anderer Partnerschaften sind nicht in Sicht. Beide verstecken sich hinter dem Begriff sexueller Toleranz und besonderer Sensibilität für die Situation der Frau. Als es um die Planung des Jahresurlaubs geht, wollen beide wissen, mit wem sie nun zu fahren gedenke. Es ist die erste Entscheidung, die konkret ansteht. Ehemann: «Du mußt doch wissen, was du willst. So geht es auf die Dauer nicht weiter!» Freund: «Ich will buchen. Kommst du mit oder nicht? Ich fahre auch allein», wobei deutlich wird, daß er sich schon nicht langweilen würde, wenn sie nicht mitkäme. Frau A. gerät in Panik – ein Verlust steht an. In dieser Situation nimmt Frau A. Schlaf- und Schmerzmittel in bedenklicher Menge und legt sich ins Bett. Herr A. «findet» seine Frau nach 2 Stunden und bringt sie ins Krankenhaus. Nach 24 Stunden holt er sie wieder ab. Er fragt nicht nach dem Warum. Er weiß es ja. Der Freund erfährt nichts von diesem «Selbstmordversuch». Die Situation ist unverändert.

«Ich mache ihr noch nicht mal Vorwürfe», sagt Herr A. «Mehr kann ich doch nicht tun. Aber sie muß doch mal wissen, was sie will.» Aber genau das weiß Frau A. nicht.

Die Urlaubsfrage klärt sich durch eine Dienstreise des Freundes, der seinen Jahresurlaub deshalb verschieben muß. Frau A. fährt mit Ehemann und Sohn. Über den Selbstmordversuch wird nicht mehr gesprochen, über die Dreierbeziehung auch nicht.

In den folgenden vier Monaten wiederholen sich die Selbstmordversuche. Die Anlässe sind immer die gleichen: Einer der beiden Männer will jeweils wissen, woran er ist. Die Medikamente sind immer die gleichen, die Organisation des Versuches ebenfalls. Der Ehemann reagiert zunehmend unwirsch. Als er sie das vierte Mal tief schlafend vorfindet, unternimmt er nichts mehr, sondern ruft ihre Freundin an und sagt ihr: «Sieh zu, wie du mit ihr klarkommst. Mit mir könnt ihr das nicht mehr machen. Ich hab die Schnauze voll!» Die inzwischen auch schon überstrapazierte Freundin übernimmt die Regie, läßt Frau A. wie gewohnt entgiften und fragt anschließend mich um Rat.

Die Gespräche mit Frau A. drehen sich immer nur um das eine: «Ich kann doch nicht... ich weiß doch nicht...» Sie sind mühsam, und das Bild der Platte, die einen Sprung hat, drängt sich mir förmlich auf.

Es stellt sich heraus, daß Frau A. in all den Monaten gewartet hat, daß einer der beiden Männer sich entscheiden würde. Diese Entscheidung müßte auf ein «gegen sie» hinauslaufen, denn bislang hatten sich ja beide Männer für sie entschieden, wenngleich nicht gerade enthusiastisch.

Sie hat nicht nur Angst, «falsch» zu entscheiden, sondern sie will auch nicht «schuld sein». Sie will nicht diejenige sein, die «die Ehe kaputtgemacht» hat. Sie will keine Vorwürfe bekommen, und sie will sich selber keine Vorwürfe machen, wenn sie die Familie verläßt. Daß der Sohn beim Vater bleiben würde, haben die beiden ihr unmißverständlich klargemacht.

Andererseits möchte sie sich aber auch später nicht sagen müssen, *die* Chance ihres Lebens versäumt zu haben, indem sie den anderen Mann aufgibt. Sie will jedes Risiko ausschalten. Sie will gleichzeitig Lebensglück-Garantien. Sie will keine Verantwortung für ihr Handeln und Entscheiden übernehmen. Sie will gesagt bekommen, was sie tun und lassen soll. So, wie es immer gewesen ist. Von der autoritären Hand des Vaters in die schlaffe Hand des Ehemannes – noch nie mußte sie selber entscheiden, noch nie Verantwortung übernehmen. Selbst die Eheschließung war für sie kein Willensakt, denn da sie bereits im vierten Monat schwanger war, «mußte» sie heiraten.

Und nun plötzlich warten zwei Männer auf ihre Wahl. Wenn sich einer von ihr trennen würde, dann brauchte sie nichts zu unternehmen. Aber die beiden sind ebenso entschlußunfreudig wie sie.

Durch ihr «Aussteigen» in die Medikamente, durch die Selbstmordversuche – die keine sind, denn sie denkt gar nicht ans Sterben – zeigt sie ihren Mitmenschen überdeutlich: «So schwach bin ich, so hilflos, so unfähig – da muß doch jemand helfen!» Die Hilfe des Ehemannes ging über die Versorgung im Krankenhaus nicht hinaus. Am eigentlichen Problem wurde nicht gerüttelt.

Mit der Vorstellung konfrontiert, ihrem Mann könnte das spektakuläre Leben irgendwann einmal zuviel werden und er würde sich trennen, reagiert Frau A. ebenso hilflos wie auf die gesamte Thematik: «Ja...», sagt sie und zuckt die Achseln. «Möchten Sie das bezwecken?» – «Nein. Ich glaube nicht!» Erst auf die Frage, ob sie überlegt hat, daß es vielleicht beiden Männern auf die Dauer zuviel werden könnte und beide das Warten zeitgleich aufgäben, kommt das erste

Mal Bewegung in Mimik und Gestik. Sie erschrickt. Endlich! Endlich mal ein Zeichen von Leben in dieser Frau, denke ich. Erst der mögliche Verlust *beider*, erst die Aussicht auf Alleinsein (und Selbständigwerdenmüssen!) scheint Bewegung in die festgefahrene «So-hilf-mir-doch-einer»-Struktur zu bringen.

Frau A. will nicht sterben. Sie weist diese Vorstellung weit von sich. Ihre «Selbstmordversuche» haben starken Aufforderungscharakter. Indem sie regrediert (in eine frühere Entwicklungsstufe zurückfällt – sich ins Bett legt und vorübergehend zum «Pflegefall», zum Kind wird), weist sie ihrer Umwelt die Aufgaben zu, die sie nicht mehr zu tragen in der Lage ist. Sie entzieht sich der Verantwortung in der Erwartung, daß zwischenzeitlich «irgendwas» geschehen wird. Sie überläßt Mann und Freund die Szene – wie seinerzeit Vater und Mutter. Die beiden Männer können mit diesen Rollenzuweisungen auch nicht umgehen. Sie warten ab, und alles bleibt beim alten. «Irgendwann» hätte es sicher Änderungen gegeben: Der Mann wird des Ärgers überdrüssig. Oder er lernt eine andere Frau kennen. Oder der Freund beendet die auch für ihn unbefriedigende Situation. Frau A. könnte bei fortgeschrittenem suizidalem Verhalten jedoch auch in eine psychiatrische Klinik eingeliefert werden, in der weniger Hilfe angeboten als vielmehr das Etikett «psychiatrischer Fall» mit Folgen für Ehe und Berufstätigkeit gesetzt wird. Im schlimmsten Fall könnte sie sterben – unbeabsichtigt. Entweder weil sie die Dosis steigert, um ihrer Hilflosigkeit und ihren Erwartungen Nachdruck zu verleihen, oder aber weil der Körper aufgrund der dauernden Intoxikation oder eines Infektes geschwächt ist.

Ich kann Frau Ahrends motivieren, sich einer Eheberatungsstelle anzuvertrauen. Seither habe ich nichts mehr von ihr gehört. Sie wird noch einen weiten Weg vor sich haben, wenn sie jemals selbständig werden will. Immerhin hat sie wenigstens nicht gelernt, das suizidales Verhalten Konflikte löst – und also belohnt wird!

Frau Ahrends ist kein Einzelfall. Sie ist eher der Prototyp weiblichen Denkens und Handelns:
– keine eigene Entscheidung;
– keine Übernahme von Verantwortung;
– nicht schuld sein wollen;
– schicksalhaft ergeben die Entscheidungen anderer abwarten und annehmen, was entschieden wird (dann jedoch lange Zeit darüber klagen, daß die Entscheidung falsch war).

Die Reife des wirklich erwachsenen Menschen wird unter unseren Erziehungs- und Lebensbedingungen selten erreicht: die Reife, Entscheidungen selbstverantwortlich zu fällen und dann auch – egal, wie die Resultate aussehen – bejahend zu ihnen stehen zu können – und damit zu sich selber und der eigenen Entscheidungsfreiheit.

Die stärkste Ausprägung dieser Unfähigkeit finden wir in Selbstmordhandlungen, die wir «Gottesgerichtsurteilsselbstmorde» nennen. Hier handelt es sich um suizidale Handlungen, in denen bewußt keine Entscheidung gefällt wird, weil die Ambivalenz *zu* stark ist. Man könnte sagen, daß sich Lebenwollen und Sterbenwollen die Waage halten. Der Ausgang (Tod oder Leben) wird Gott, dem Schicksal, dem Zufall überlassen: «Wenn es denn so sein sollte...» Menschen mit dieser Einstellung leben ausnahmslos nach ihrem Wiederaufwachen unangefochten von weiteren Selbstmordplänen bis an ihr natürliches Ende. Gott hat es so entschieden, das Schicksal hat es nicht anders gewollt!

4. Auf der Suche nach den Ursachen

«Keines der angeführten Motive führt notwendigerweise zum Selbstmord
bei einem anderen Menschen. Gesetzmäßigkeiten lassen sich nicht ableiten.
‹Was als Sinn des Lebens bezeichnet wird, gibt auch einen vortrefflichen
Grund zum Sterben ab›, schreibt Camus im ‹Mythos von Sisyphos›
und benennt damit Absurdität, aber auch das anarchische
Moment des Freitodes.»
(Dietze 1981)

«Selbstmordtheorien sind rationale Erklärungen
für irrationale Handlungen»
(unbek.).

Warum versuchen Menschen, sich selber zu töten? Warum können
oder wollen sie ihrem natürlichen Lebensende zuvorkommen, «Hand
an sich legen»? Mit diesen Fragen beschäftigen sich Theologen, Mediziner, Psychologen, Pädagogen und andere Wissenschaftler und
Praktiker, die beruflich mit Selbstmordgefährdeten befaßt sind, seit
Jahrhunderten.

Als «Sünde gegen Gott», als totale Abwendung von Ihm und Seiner Schöpfung, die in der Folge dann kein christliches Begräbnis ge-
stattete und die Seelen unwiderruflich den Höllenqualen auslieferte,
haben die christlichen Kirchen den Selbstmord bis vor ein paar Jahren
aufgefaßt. Seelische Krankheit, Verzweiflung und vermeintliche Unfähigkeit zum Weiterleben spielten in diesen Überlegungen kaum
eine Rolle. Der Mensch hatte auch in äußerster Not und Bedrängnis
alles anzunehmen, was Gott ihm schickte. «Gott gibt und nimmt» –
und der Mensch hat sich nicht gegen Seine Gaben (hier: die Gabe des
Lebens) zu stellen.

Die religiösen Hilfen, die gegeben wurden, galten der Verhinderung des Selbstmordes, der unsterblichen Seele wegen, die im Falle
der Selbsttötung für immer verloren sein würde. Zwei Titel aus alter

Zeit mögen die Bemühungen der Theologen um den gefährdeten Menschen illustrieren: «Verwarnung und Tröstlein aus göttlicher Schrift, wider die schwere Anfechtung der Entleibung seiner Selbst, so oft aus Verzweiflung geschieht» (*Mechler*, Erfurt 1541) und «Nöthige Warnung für den verdammlichen Selbstmord nebst einem Unterricht und Trost für angefochtene Seelen aus wohlmeinender Liebe mitgeteilt» (*Marperger*, Nürnberg 1715).

Ärzte sammelten schon jahrhundertelang «besondere Fälle» und publizierten sie in ihren Mitteilungen: «Selbstmord mit Salmiakgeist, Tod nach 20 Stunden, auffallend geringe Beschwerden» (*Mader*, Berlin 1900). Über Einzelfälle gingen diese Betrachtungen und Ursachenklärungen jedoch nicht hinaus!

Eine systematische Erfassung und wissenschaftliche Bearbeitung des Phänomens begann erst 1897 mit den Arbeiten des französischen Soziologen Emile *Durkheim*. Er vertrat die Ansicht, daß Selbstmordverhalten nicht nur ein Problem des Individuums sein kann, sondern daß es zahlreiche Gemeinsamkeiten geben müsse, nach denen Selbstmorde kategorisiert werden könnten. Seine Frage war nicht, warum der einzelne sich tötet, sondern welche gesellschaftlichen Zustände zu einer hohen bzw. niedrigen Selbstmordrate führen. Er kam dabei zu folgenden Ergebnissen:

Der egoistische Selbstmord geschieht dann, wenn Menschen isoliert leben, nicht integriert sind, sich selber überlassen bleiben.

Der altruistische Selbstmord ist das genaue Gegenteil vom egoistischen. Hier leben Menschen zu sehr in ihrer Gruppe, sind integriert bis zur Entmündigung und folgen widerspruchslos ihren Gesetzen, auch wenn es dabei um ihr eigenes Leben geht. Die bekanntesten Beispiele dafür sind das japanische Harakiri, der Selbstmord von Offizieren nach Niederlagen oder der Massenselbstmord von 900 Menschen in Guayana im Jahre 1978 – befohlen vom Sektenführer. In all diesen Fällen besteht ein ausgesprochenes Selbstmord*gebot*. Häufig geht es dabei um eine individuelle oder soziale «Ehrenrettung» nach Versagen.

Zum anomischen Selbstmord kommt es nach *Durkheim*, wenn für einen Menschen (oder seine Gruppierung) althergebrachte Ordnungen zusammenbrechen, alte Normen nicht mehr gelten, neue noch nicht aufgestellt sind oder nicht akzeptiert werden können, wenn also ein Zustand der Anomie, der Gesetzlosigkeit herrscht. Das kann sich auf den Zusammenbruch eines politischen Systems (Ende des Zweiten Weltkrieges, Ende des Nationalsozialismus, Ende der DDR) ebenso beziehen wie auf den Zusammenbruch eines Familiensystems nach Tod oder Scheidung.

Auch wenn an *Durkheim*'s Methoden und Auffassungen immer wieder Kritik geäußert wurde, muß festgestellt werden, daß er der erste war, der sich auf die Suche nach solchen Ursachen für den Selbstmord begab, die weit über die Beurteilung eines Einzelschicksals hinausgingen. Sein Erklärungsansatz ist in den Grundüberlegungen auch heute noch gültig. Er wurde in den letzten 90 Jahren mehrfach erweitert, modifiziert und den neueren Erkenntnissen der Sozialwissenschaft angepaßt.

Zu Beginn dieses Jahrhunderts befaßte sich auch der Begründer der Tiefenpsychologie und Psychoanlyse, Siegmund *Freud*, mit dem Selbstmordgeschehen. Seine erste Annahme, daß dem Lebenstrieb eines jeden Menschen auch ein Todestrieb entgegenstehe, ließ er später fallen und betrachtete den Selbstmord fortan als eine Form der Aggressionsumkehr. Ein Mensch, der von einem anderen geliebten Menschen verlassen wird, richtet seine Aggressionen nicht gegen diesen Auslöser seiner Enttäuschung, Trauer, Verletztheit, sondern gegen sich selber. Er «bestraft» nicht den Verursacher seiner Schmerzen (auch deswegen nicht, weil das Gebot: «Du sollst nicht töten» internalisiert wurde), seine Bestrafung richtet sich gegen das Liebesobjekt, das narzistisch vereinnahmt worden ist. Um dieses ungetreue Objekt in sich zu töten, tötet der Mensch sich selber.

Die Psychiatrie geht bei der Betrachtung des Selbstmordes davon aus, daß der Mensch, der sich selber umbringt, krank ist. Ein gesunder Mensch lebt – mehr oder weniger – gerne. Lebt er nicht gerne, will er lieber sterben, so kann er nur krank sein. Einzelne Psychiater / Selbstmordforscher rücken in den letzten Jahren von dieser Auffassung wenigstens theoretisch ab – die Praxis zeigt jedoch immer wieder noch die alte Position. Menschen, die sich selber gefährden (töten wollen), können gesetzlich abgesichert auch heute noch in psychiatrische Anstalten zwangseingewiesen werden – «zu ihrem eigenen Schutz»! Für den Altvater der psychiatrischen Selbstmordforschung, *Erwin Ringel*, ist ein Mensch *nie so unfrei* in seinen Entscheidungen wie zum Zeitpunkt seiner Suizidgefährdung. Deshalb könne man auch nicht von «Freitod» sprechen! Die psychiatrische Literatur geht bei der Ursachenbenennung wenig differenziert vor.

Keine Theorie gibt damit (ungewollt) so klar über das eigentliche Problem der Ursachenforschung Auskunft wie die psychiatrische: Wir wissen nicht, warum Menschen sich selber töten! Wir wissen auch nicht, warum Menschen unter ähnlichen oder noch schlimmeren Lebensbedingungen weiterleben, Selbstmord nie ernstlich erwägen oder ihn versuchen.

Wir kennen allerdings Selbstmord-«Risikogruppen», von denen wir wissen, daß die Selbstmordrate bei ihnen besonders hoch ist. Zu dieser Gruppe gehören beispielsweise

– Alkoholiker,
– alte Menschen,
– Süchtige,
– Studenten,
– Flüchtlinge/Verfolgte.

So unterschiedlich diese Menschengruppen auch sind, sie haben eine Gemeinsamkeit: sie sind vollständig oder partiell isoliert, aus Bindungen herausgerissen, noch (oder nicht mehr) auf der Suche nach Neuorientierung. Aber nicht jeder isolierte Student, nicht jeder alte Mensch, nicht jeder Flüchtling ohne Heimat nimmt sich das Leben oder versucht es! Welche Faktoren suizidauslösend hinzukommen, weiß niemand *mit Sicherheit*, auch nicht, welche Faktoren *eindeutig* suizidhemmend wirken.

Alle Erklärungsversuche – es gibt noch wesentlich mehr, als die hier dargestellten – treffen sich nach meinem Dafürhalten in der Aussage: Selbstmörderisches Verhalten ist die Antwort auf die Abwesenheit des anderen!

Die Lerntheorie schließlich geht davon aus, daß jedes Verhalten erlernt wird – und also auch verlernt werden kann. Die Formen des Lernens sind unterschiedlich: Wir ahmen andere in ihren Handlungen nach (Modell-Lernen/Nachahmungslernen); wir lernen durch Lob und Belohnung (operantes Konditionieren) und *Ver*lernen durch Nichtbeachtung eines Verhaltens (nicht durch Bestrafung! Bestrafung ist auch Beachtung und in Fällen, in denen es die einzige Aufmerksamkeit ist, ist sie «besser als nichts!»). Die dritte wesentliche Form ist das «Lernen durch Versuch und Irrtum». Ein Verhalten wird ausprobiert. Hat es nicht den erwünschten Erfolg (Nichtbeachtung), wird es fallengelassen, und ein anderes Verhalten wird an diese Stelle gesetzt.

So wie jedes beliebige Verhalten irgendwann einmal gelernt wurde – Essen mit Messer und Gabel, Sprechen einer Sprache, Spielen eines

Musikinstrumentes, der Austausch von Höflichkeitsfloskeln usw. –, kann auch suizidales Verhalten gelernt werden.*

Meine vorliegende Arbeit befaßt sich *primär* mit diesem Aspekt – wobei ich nicht der Auffassung bin, daß das Erlernen die *einzige* Form ist, zu selbstschädigenden Verhaltensweisen zu kommen. Narzistische Kränkungen, soziale Isolation und mangelnder Sozialstatus spielen gewichtige Rollen. Sie bilden den Nährboden, auf den ein Modellverhalten wie ein Samenkorn fällt. Diese Faktoren können eine suizidale Disposition schaffen, die aktiviert wird durch die selektive Wahrnehmung suizidaler Ereignisse, die dann zur bewußten Nachahmung oder mindestens zum spielerischen Ausprobieren führen.

Alle in diese Arbeit eingefügten Beispiele und «Fälle» machen deutlich, wie suizidales Verhalten ein Ausdruck von Hilflosigkeit ist, die keinen anderen Ausweg erkennen ließ. Gleichzeitig wird aber auch deutlich, wie für manche Frauen der Rückzug auf die Selbstbeschädigung die einfachste Lösung zu sein scheint, sich mit akuten Konflikten (nicht!) auseinanderzusetzen. In dieser Form Schwäche zu zeigen – eine für Frauen durchaus gewünschte Eigenschaft – motiviert zum Eingreifen von «außen», zur Hilfe, zur Konfliktlösung und setzt einen Teufelskreis in Gang. Die Frau lernt nicht nur nicht, wie Probleme adäquat und mit Power angegangen werden können, sondern geht in ihrer Entwicklung einen gewaltigen Schritt zurück: sie lernt, daß Schwäche Hilfe bringt und viel Schwäche viel Hilfe. Sie lernt, den Selbstmordversuch «einzusetzen»! Die Gratwanderungen sind dabei sehr gewagt: sowohl die zwischen Leben und Tod als auch die zwischen Verzweiflung und Kalkül!

Der «situative Aspekt»

Selbstmord als Abschluß einer krankhaften Entwicklung, die schon bei der ungewollten Empfängnis begann, über ein «broken home» hin zu vielfältigen Lebensenttäuschungen und Beziehungsabbrüchen mit narzistisch-getönten Kränkungen führte, Zeiten der Isolierung, an-

---

* Im folgenden 5. Kapitel setze ich mich mit diesem Ideenmodell ausführlicher auseinander. Ich werde das Konzept der «Erlernten Hilflosigkeit» von Martin G. P. Seligman vorstellen und aufzeigen, wie Selbstmordverhalten auf verschiedene Arten – nicht zuletzt durch die Massenmedien – gelernt werden kann.

haltende Mißerfolge, des Ungeliebtseins und Abgelehntwerdens durch viele berufliche und private Beziehungen hindurch bis ins hohe Alter: alles bekannte und benannte Ursachen für eine Selbstmordgefährdung, alles aber auch Situationen, die in jedem Menschenleben zahlreich und schmerzlich vorkommen und kaum weggedacht werden können. Fast jeder Mensch kann sie durchstehen, durch*leben* – oft mit großer Kraftanstrengung, oft auch nur mit Hilfe von außen: von Familienmitgliedern, Freunden oder mittels psychotherapeutischer Maßnahmen.

Aber dann kommt für manche Menschen *ein Moment*, in dem scheinbar alle Schwierigkeiten kumulieren, in dem eine mißliche Alltäglichkeit in die Katastrophe führt: die «Fünf» in Mathe, die Beleidigung durch einen Kollegen, die telephonische Absage einer Verabredung...

Klaus Mann (der sich später selber tötete) hat diesen Augenblick in seiner Atemlosigkeit faszinierend beschrieben:

«Warum begeht man Selbstmord? Weil man die nächste halbe Stunde, die nächsten fünf Minuten nicht mehr erleben will, nicht mehr erleben *kann*. Plötzlich ist man am toten Punkt, am Todespunkt. Die Grenze ist erreicht – kein Schritt weiter! Wo ist der Gashahn? Her mit dem Phanodorm! Schmeckt es bitter? Was tut's? Das Leben hat nicht eben süß geschmeckt.»

(Aus: Klaus Mann: Nach so vielen Abschieden, 1942/in: Dietze 1981, S. 49

«Plötzlich» ist man am toten Punkt, und man hat das Gefühl, ab hier geht es einfach nicht weiter. An diesem «Todespunkt» ist Schluß, muß Schluß sein!

In der Arbeit mit Selbstmordgefährdeten und in der Selbstmordforschung wird dieser «Auslöser» von den «Ursachen» getrennt. Man nimmt (zu Recht!) an, daß einem relativ geringfügigen «Anlaß» viele Versagungen, Verletzungen oder Fehlentwicklungen vorausgegangen sein müssen, bis ein (unter Umständen minimales) Ereignis den Entschluß zum Selbstmord oft blitzartig reifen läßt und ihn zur sofortigen Ausführung drängt: «keinen Schritt weiter», keine fünf Minuten mehr!

Dieser situative Aspekt verschließt sich jedem Zugang von außen.

Kein Forscher, kein Praktiker kann ihn in seiner Komplexität, in der Plötzlichkeit seines Auftretens (und Abflauens!), in seiner scheinbaren Zufälligkeit und der Zufälligkeit der Verhinderung er-messen. Selbst der Betreffende ist (falls er seine selbstmörderische Attacke überlebt hat!) im nachhinein nicht mehr in der Lage, über sein Befinden, seinen spontanen Entschluß und seine Gedankengänge Auskunft zu geben.

In meiner Arbeit mit Selbstmordgefährdeten hat mich nichts so fasziniert, wie eben dieses *situative Moment*. Welches Ereignis, welches Empfinden hat «das Faß zum Überlaufen» gebracht? Oder auch: Durch welches Ereignis, welchen «Zufall» (gibt es ihn?) ist der Selbstmord in letzter Minute verhindert worden – für alle Zeiten?

Für beide Fragen möchte ich je ein Beispiel anführen. Beide Beispiele haben mir immer wieder die (unlösbare) Frage aufgedrängt, wie wir Selbstmorde wirksam verhüten wollen, wenn solche blitzlichtartigen «Aufnahmen», solche «Zufälle» über das Sein oder Nicht-Sein von Menschen entscheiden!

«Deine Füße riechen!»

Während meiner Arbeit mit Selbstmordpatienten im Krankenhaus bekam ich eines Tages Kontakt zu einer Frau, die mit einer Tablettenvergiftung – kombiniert mit Alkohol – zwei Tage zuvor eingewiesen worden war. Wir bekamen schnell Zugang zueinander, und die Gespräche mit ihr waren offen und locker. So schilderte sie auch die Situation, aus der heraus sie in einem spontanen Entschluß zu Tabletten und Flasche gegriffen hatte.

Wie fast alle Abende im Jahr schickte sie sich an, mit ihrem Mann die Zeit bis zum Schlafengehen vor dem Fernseher zu verbringen. Es sollte den zweiten Teil der dreiteiligen Serie von Jack Londons Goldschürferroman in Alaska geben. Beide freuten sich darauf, waren gespannt auf den Fortgang des Geschehens. Besonderheiten hatte es an diesem und an den vorangegangenen Tagen nicht gegeben, die Ehe floß so dahin wie hunderttausend andere Ehen auch. Es gab weder besondere Höhepunkte noch Tiefen. Man war mit sich zufrieden. Für diesen Abend hatte der Ehemann eine Flasche Wein geöffnet. Jeder setzte sich auf seinen angestammten Sesselplatz, der Fernseher wurde angeschaltet, das erste Glas Wein getrunken. Und dann zog die Frau ihre Hausschuhe aus und legte ihre Füße hoch! Ohne den Blick von Londons «Klondike» zu wenden, sagte der Mann in scharfem Ton: *«Deine Füße riechen!»*

Die Frau war einen Moment fassungslos, zog dann ihre Schuhe wieder an und verließ wortlos das Zimmer. Ihrem Mann fiel nicht weiter auf, daß sie fortblieb. Er sah den Film zu Ende und begab sich dann ebenfalls zu Bett. Neben ihm lag seine bereits tief schlafende Frau. Er nahm nur noch den Alkoholgeruch wahr – aber er hatte ja auch getrunken.

Am nächsten Morgen machte er sich alleine Frühstück, zwar verwundert, daß seine Frau nicht für ihn aufstand, doch ohne dieser Absonderlichkeit Bedeutung zuzumessen. Erst als er mittags nach Hause kam und seine Frau immer noch schlafend im Bett lag, wurde er mißtrauisch. Und erst da nahm er die leeren Tablettenröhrchen und die leere Cognac-Flasche auf dem Nachttisch wahr...

Im Gespräch mit der Patientin war dieser «Auslöser» für sie ebenso unverständlich wie für mich. Sicher, sie hielt immer auf Sauberkeit – sowohl in der Wohnung als auch an sich selber. Und der Ton ihres Mannes war auch recht barsch gewesen. Aber einen Grund, sich umzubringen, weil der Mann die «riechenden Füße» reklamierte, konnten weder die Klientin noch ich darin finden. Zudem handelte es sich um eine Frau, die nicht den Eindruck machte, als ob sie sich vom Tonfall ihres Mannes einschüchtern ließe. Sie war auch im Leben sturmerprobt – selbst eine Brustamputation wegen einer bösartigen Geschwulst fünf Jahre zuvor hatte in ihr nicht annähernd den Gedanken an ein «Nicht-mehr-Lebenwollen» aufkommen lassen. «Es ist plötzlich über mich gekommen» – mehr konnte sie an Erklärung für sich und mich nicht beitragen. Sie war ebenso fassungslos über das, was sie (beinahe) angerichtet hatte, wie sie froh war, gerettet worden zu sein.

Jeder professionelle Berater, jeder Psychotherapeut wird ähnliche Erfahrungen gemacht haben, und viele Selbstmordgefährdete könnten aus ihrem eigenen Erleben Gleiches oder Ähnliches beitragen, wenn sie in der Lage wären, diesen Moment zu reflektieren, und sich nicht «schämten», über dieses unerklärliche Phänomen zu berichten.

Auch zur Parallele – der plötzlich, «zufälligen» *Verhinderung* eines Selbstmordes – dürfte es vielfältige Erfahrungen geben. Wer weiß, wie viele Menschen heute durch eigene Hand tot wären, wenn nicht «irgend etwas dazwischengekommen» wäre. Der folgende Fall soll aufzeigen, welche Ereignisse manchmal ausreichen, einem Menschen das Weiterleben zu ermöglichen, selbst noch im letzten Moment, oft im wahrsten Sinne des Wortes im Moment des «Absprungs»!

«Nachporto» oder:
Wenn's klingelt, geht frau an die Tür!

Frau H. kenne ich seit einigen Jahren. Sie ist Sekretärin in einer großen Behörde. Ich habe öfter mit ihr zu tun und schätze ihre aufge-
schlossene, zugewandte Art, mit Menschen und Aufgaben umzugehen. Als sie erfährt, daß ich zum Thema Frauenselbstmord arbeite,
fragt sie mich, ob sie mir dazu etwas Privates mitteilen dürfe.

Als ihr Ehemann sie einer anderen Frau wegen verließ, war sie «wie
gelähmt». Sie hatte sich in einer guten Ehe gewähnt. Die beiden Kinder,
fünf und sieben Jahre alt, waren erwünscht und von beiden Eltern geliebt. Die Finanzen reichten aus. Größere Probleme gab es nicht – «natürlich hatten wir uns ab und zu mal in der Wolle – aber das gehört ja
dazu»! Sie hatte keine Veränderungen an ihrem Mann erlebt, lange
könne die Beziehung zu der anderen Frau auch nicht gedauert haben. Es
gab keine Erklärungen, keine Auseinandersetzungen, keinen Streit:
«Er zog eines Tages einfach aus. Er sagte: ‹Ich habe die Frau meines
Lebens gefunden›, und war weg. Es war nichts geregelt. Ich wußte nicht,
wie es weitergehen sollte. Die Miete überwies er zwar noch, aber sonst
passierte gar nichts. Ich mußte meine Ersparnisse angreifen, denn ich
mußte ja schließlich Essen einkaufen und den Kindern Geld fürs
Schwimmbad und für ein Eis geben. Und wenn die Kinder mich nach
Papa fragten, wußte ich noch nicht mal, was ich sagen sollte. Wo er war?
Wußte ich nicht. Warum er weggegangen war, wußte ich eigentlich auch
nicht. Ob er die Kinder noch liebte? Da konnte ich doch nur lügen – denn
ich glaube nicht, daß man Kinder von einem Tag auf den anderen verläßt, wenn man sie noch liebt.

Ich war mehrere Wochen lang wie betäubt. Es hat zwar alles noch
funktioniert, *ich* habe noch funktioniert – aber es war kein Leben mehr,
da war nur noch blankes Entsetzen.

Was sollte werden? Es war ja nichts geregelt, nichts besprochen. Ich
wußte ja noch nicht mal, ob er sich scheiden lassen oder ob er noch mal
heimkehren wollte? Ich konnte ihn nicht erreichen. Das war ja schlimmer, als wenn er tot gewesen wäre – da hätte ich gewußt, ich muß jetzt
handeln, alles liegt bei mir. Aber er hing ja bei allem dran – ich konnte
doch auch nicht einfach irgendwas entscheiden.

Eines morgens war dann Schluß bei mir. Ich hatte den Großen in die
Schule geschickt und die Kleine noch bis zur Ecke begleitet. Sie ging
damals in den Kindergarten. Dann kam ich nach Hause und wußte: Ich

kann nicht mehr. Ich stand da und hab immer nur gedacht: das ist das Ende. Es geht nicht mehr weiter. Gedacht? Nein, eigentlich nicht gedacht. Nur noch gefühlt. Der ganze Körper war nur noch ein Fühlen: hier ist das Ende.

Ich habe mir dann eine Wäscheleine vom Balkon geholt und eine Schlinge geknüpft – ob die richtig war, weiß ich nicht –, und die habe ich dann in der Tür aufgehängt, wo die Kinder früher ihre Schaukel und ihre Ringe dranhatten. Ich habe noch gedacht, wenn es früher das Schaukeln ausgehalten hat, hält es mich auch aus. Ich bin ja nicht schwer. Dann habe ich einen Küchenstuhl geholt – und gerade als ich draufsteige, klingelt es an der Wohnungstür. Komisch, ich hätte es ja klingeln lassen können. Es hätte mich ja nicht zu stören brauchen. Aber irgendwie ist diese Pflicht immer drin: Wenn jemand klingelt, wenn jemand fragt oder ruft, da muß man hin. Das war wie ein Reflex.

Ich bin also zur Tür. Da stand der Briefträger und hatte einen Brief von meiner Freundin, der nicht ausreichend frankiert war. Sie hatte Photos beigelegt, und da war er schwerer geworden, und ich sollte Nachporto bezahlen. Das habe ich getan, und dann bin ich mit dem Brief in die Küche, habe mir einen Kaffee gekocht, habe den Brief aufgemacht, die Bilder angeguckt – ja und da war ich wieder. *Da lebte ich wieder.* Der Brief war von meiner Lieblingsfreundin. Wir waren zusammen in die Schule gegangen und hatten uns nie aus den Augen verloren. Sie wußte noch gar nichts vom Wegzug meines Mannes, und sie schrieb so nett und so lustig und fragte, wann wir uns endlich mal wiedersehen, wir sollten doch nicht so große Pausen eintreten lassen, sonst würden wir uns gar nicht mehr wiedererkennen. Und damit das nicht eintrifft, schickte sie eben Bilder von sich mit. Und wissen Sie, da bekam ich plötzlich wieder so eine Lust auf Leben. Da wollte ich leben und mich mit ihr treffen und mit ihr klönen und rumalbern, so wie immer.

Und dann habe ich das Seil wieder abgemacht und auf den Balkon gebracht und habe den Stuhl weggestellt. Und als dann meine Kinder kamen, habe ich geweint vor Freude, daß ich noch lebe und daß ich zwei so süße Kinder habe.

Ja, das war vor zwölf Jahren. Und seither geht es mir gut. Vor allem: Ich lebe. Und ich habe alles gepackt. Was wäre gewesen, wenn meine Freundin das richtige Porto draufgeklegt hätte oder wenn der Brief einen Tag später gekommen wäre? Oder auch nur eine Stunde später?»

56

Die Plötzlichkeit der Entscheidung bzw. der Zufall der Verhinderung scheinen eine Beeinflußbarkeit des suizidalen Geschehens völlig unmöglich zu machen.

Im Kapitel über Maßnahmen zur Verhinderung/Vorbeugung von Selbstmord/-versuchen gehe ich noch einmal auf diesen Punkt ein unter dem Stichwort «Verfügbarkeit der Mittel».

5. Von der «erlernten Hilflosigkeit» zum erlernten Selbstmord

«Erlernte Hilflosigkeit»

Der amerikanische Psychologe *Martin E. P. Seligman* legte Mitte der 70er Jahre das Ergebnis seiner zehnjährigen Forschungstätigkeit zum Thema «Erlernte Hilflosigkeit» vor. *Seligman* geht davon aus, daß Angst und Depression «nicht einfach auftreten», sondern daß diese Gefühle auf eine ganz spezifische Weise gelernt werden. Ich fasse im folgenden seine Thesen kurz zusammen:

«Hilflosigkeit ist der psychische Zustand, der häufig hervorgerufen wird, wenn Ereignisse unkontrollierbar sind. Ein Ereignis ist unkontrollierbar, wenn wir nichts daran ändern können, wenn nichts von dem, was wir tun, etwas bewirkt, wenn der Ausgang einer Sache von unseren willentlichen Handlungen unabhängig ist. Erlernte Hilflosigkeit entsteht, wenn ein Individuum lernt, daß seine Aktionen und Reaktionen unabhängig von Verstärkungen (Lob, Belohnung, Beachtung...) sind, daß ein Agieren oder Reagieren völlig zwecklos ist» (Seligman 1979, S. 8).

«Ich kann machen, was ich will, es passiert nichts/es bleibt immer das gleiche/ich ändere nichts!» sind in Worte gefaßte Hilflosigkeit. Nach *Seligman* führt erlernte Hilflosigkeit zu drei Störungen bzw. Defiziten:

● Die Motivation, zu reagieren, aktiv zu werden, wird untergraben und erschöpft.

● Es wird langsamer gelernt, daß eigene Reaktionen Konsequenzen bewirken. Das bezieht sich sowohl auf negative als auch auf positive Konsequenzen: so wird z.B. die Fähigkeit gestört, eigene Erfolge wahrzunehmen.

● Es kommt zu emotionalen Störungen, vor allem zu Depressionen und Ängsten.

Ein zum erstenmal erlebtes traumatisches Ereignis verursacht einen Zustand gesteigerter Erregung, den man grob als Furcht bezeichnen kann. Dieser Zustand dauert an, bis eine der zwei möglichen Konsequenzen eintritt: Wenn das Individuum lernt, daß es die traumatischen Bedingungen kontrollieren und verändern kann, wird die Furcht abgebaut und kann völlig verschwinden; wenn das Individuum hingegen auf die Dauer lernt, daß es die traumatischen Bedingungen nicht kontrollieren, nicht verändern kann, wird die Furcht abnehmen, aber durch Depression ersetzt. Die akute, aktive Abwehr versagt.

Seligman hat in seiner Arbeit die wesentlichen Merkmale der erlernten Hilflosgikeit denen der Drepression gegenübergestellt und ist zu folgenden Ergebnissen gekommen:

● Die mangelnde Motivation zu willentlichen Reaktionen, die die gelernte Hilflosigkeit kennzeichnet, ist auch für depressive Zustände typisch. Sie führt zur Passivität, psychomotorischer Retardation, verlangsamten Denkprozeß und verminderter Ansprechbarkeit.

● Depressive zeigen eine negative kognitive Einstellung oder sind schwer davon zu überzeugen, daß ihre Reaktionen wirkungsvoll sein könnten. Dieselben Konsequenzen hat eine «gelernte Hilflosigkeit».

● Depressive Menschen entbehren jeder offenen Feindseligkeit gegenüber anderen. Dieses Merkmal stimmt mit dem beobachteten Merkmal mangelnder Aggressivität bei erlernter Hilflosigkeit überein. Aggressivität als willentlicher (aktiver!) Akt wird durch die Überzeugung eigener Hilflosigkeit untergraben.

Der depressive Patient glaubt oder hat gelernt, daß er jene Aspekte seines Lebens, die Leiden erleichtern, Befriedigung verschaffen oder Nahrung sichern, nicht kontrollieren kann. Er ist überzeugt davon, daß er hilflos ist. Oft bedeutet dies, daß alle Anstrengungen einer Person vergeblich waren, daß es ihr nicht gelang, ihre Ziele zu erreichen. Aus dem sich daraus ergebenden Gemütszustand lassen sich viele depressive Symptome ableiten, einschließlich:

● Entschlußlosigkeit
● Handlungsunfähigkeit
● steigende Anforderungen an andere
● Gefühle der Wertlosigkeit
● Schuld angesichts nicht erfüllter Pflichten.

Zusammenfassend kann gesagt werden, daß der Mensch, der nicht mehr an seine eigene Wirksamkeit glaubt, auch nichts mehr unternehmen wird, um etwas zu bewirken. Wird jedoch nichts mehr unternommen, so kann auch nie mehr die Erfahrung gemacht werden, *Wirkun-*

gen zu erzielen. Mangelnde Aktivität verstärkt also die Erfahrung, nichts ausrichten zu können, und führt zu weiterer Passivität bis hin zur Depression.

Martin Seligman hat sein Konzept der «erlernten Hilflosigkeit» einige Jahre später noch erweitert. Ausschlaggebend für Hilflosigkeit sei nicht nur das, «was uns tatsächlich zustößt, sondern wie wir die Situation *einschätzen.* Unser Verhalten wird wesentlich davon beeinflußt, wie wir ein negatives Ereignis erklären und begründen.» Jeder Mensch gibt dann eine für ihn charakteristische Erklärung ab, wenn die Realität mehrere Möglichkeiten zuläßt. Jeder hat also seinen eigenen Erklärungsstil: man kann die Ursachen von Ereignissen entweder in *veränderbaren* oder auch *unveränderbaren* Umständen sehen. Ursachen werden in die eigene Person verlagert oder in eine andere.

Nach *Seligmans* revidierter, in Versuchsreihen mehrfach überprüfter Theorie reagiert derjenige bei negativen Ereignissen *besonders depressiv, der dazu neigt, die Ursachen als unveränderbar, allgemeingültig und in der eigenen Person begründet zu interpretieren* (Trotter, 1987, S. 33 f., Hervorhebungen – Sw.).

Die «sich selbst erfüllende Prophezeihung» dürfte auch hier Wirkung zeigen: Wer glaubt, grundsätzlich alles falsch zu machen, ohnehin nie Erfolg zu haben, sowieso keine Partner zu finden, der wird sich entsprechend verhalten und seinen Erwartungen recht geben. Der Mißerfolg ist programmiert, der Teufelskreis geschlossen. Die erneute Erfahrung von Erfolgs-, Hilf- und Machtlosigkeit gibt den vorangegangenen Einschätzungen recht: «Die Umstände waren nicht beeinflußbar, ich bin eben unfähig, ich habe kein Glück, bei mir klappt nichts...»

Mädchenerziehung – Erziehung zur Hilflosigkeit

> «Die erste und wichtigste Eigenschaft der Frau ist Sanftmut. Geboren, um
> einem Manne zu gehorchen, der unvollkommen und voller Fehler ist,
> muß sie frühzeitig lernen, Ungerechtigkeit und Unrecht zu ertragen
> und zu erdulden, ohne sich zu beklagen.»
> (Jean-Jacques Rousseau, 1712–1778)

> «Man kommt nicht als Frau zur Welt, sondern wird es.»
> (Simone de Beauvoir)

Daß Mädchen «anders» erzogen werden als Jungen, ist auch heute
noch eine Binsenweisheit. Daran hat weder die Koedukation noch die
Diskussion um Frauenemanzipation etwas geändert. Im Schuleltern-
rat werde ich laufend mit Beispielen konfrontiert: die Tochter, die
selbstverständlich im Haushalt helfen muß, während der Sohn sich
auf die Schule und den Sport konzentrieren soll. Die Tochter, die
«hübsch» gemacht wird, während der Sohn «etwas Unempfindliches»
anziehen darf, weil er sich beim Toben ja doch schmutzig macht. Bei
Lehrerinnen gelten Mädchen vom ersten Schuljahr an als artiger, über
Jungen wird permanent Klage geführt. Ab der sechsten Klasse sind
Mädchen dann «zickiger» und Jungen «fauler» und «schlampiger».

Diese Beispiele wirken klischeehaft, oberflächlich und sind «nichts
Neues»! Dennoch sind sie alltäglich, und die mit der Klischierung
verbundene Erwartungshaltung an die Rolle des Mädchens «wirkt».
Daß es aber nicht nur diese deutlich zu beobachtbaren Oberflächlich-
keiten sind, die Mädchen «anders» werden lassen als Jungen, zeigt
eine Arbeit der Psychologin *Ursula Scheu*, die die Ergebnisse vieler
und vielfältiger Forschungsprojekte zusammengetragen hat, die sich
mit der unterschiedlichen Erziehung von Mädchen und Jungen *ab der
Geburt* befaßten.

Die unterschiedliche Behandlung der Kinder geschieht vermutlich
zumeist unbewußt – sie ist jedoch durch ihre Permanenz prägend.

Im folgenden werde ich die wesentlichen Aussagen zusammenfassen bzw. wörtlich zitieren und daraufhin betrachten, wieweit die unterschiedlichen Erziehungsstile und -handlungen zu einer «erlernten
Hilflosigkeit» oder einer eingeschränkten Persönlichkeit im Sinne
von Wert- und Wehrlosigkeit, mangelnder Autonomie und stärkerer
Einengung führen können.

«Die Mütter tendierten dazu, die männlichen Babys mehr zu stimulieren und anzuregen durch taktile als auch visuelle Stimulation. Umgekehrt reagierten sie auf die weiblichen Babys mehr mit Imitation als bei den männlichen – indem sie die Bewegungen und Geräusche an sie zurückgaben» (Scheu, S. 53).

«Das heißt, weibliche Babys werden akustisch auf sich selbst zurückgeworfen, werden nicht gefordert, lernen wenig Neues, während an männliche Säuglinge akustisch Neues herangetragen wird. Auch das geschieht aller Wahrscheinlichkeit nach unbewußt» (S. 53).

«Neugeborene Mädchen werden nicht nur im Bereich taktiler und kinästhetischer Stimulation benachteiligt, sondern häufig auch in ihrer Motorik eingeengt. (...) Die Mädchen werden und wirken damit passiver» (S. 53).

Auch im Stillverhalten wurden in Untersuchungen eindeutige geschlechtsspezifische Differenzen gefunden. So wurde festgestellt, daß «34 % der Mütter es ablehnten, ihre Töchter an der Brust zu stillen, während mit einer Ausnahme alle Söhne gestillt werden sollten. (...) Die Mahlzeiten der Mädchen wurden um rund 50 % kürzer gehalten als die der Jungen, den Jungen wurden mehr Pausen zugestanden» (S. 54).

«Dem Kind die Freiheit zuzugestehen, sich auszuruhen, bedeutet, es als ein Wesen anzuerkennen, das durch seinen eigenen Rhythmus seiner individuellen Bedürfnisse gekennzeichnet ist. Gerade in diesen ersten, scheinbar unbedeutenden Zugeständnissen an seiner Autonomie zeigt sich der Respekt der Erziehungsperson» (S. 55).

«Der Junge ist (...) – obwohl klein und wehrlos – bereits Symbol einer Autorität, der die Mutter selbst unterworfen ist» (S. 56).

Mädchen werden auch früher entwöhnt, die Mischnahrung (Brust und Flasche) setzt bei ihnen wesentlich eher ein.

«Untersuchungen zeigen, daß bei kleinen Jungen die Mütter weitaus häufiger zugegen sind als bei kleinen Mädchen» (S. 62), so daß sich hier auch Unterschiede in der unbeabsichtigten Stimulation ergeben. Etwa ab dritten Monat beginnt eine deutliche Erziehung zu den Geschlechtsstereotypien: die Jungen werden in ihrer Muskelaktivität (Bewegung) gefördert, die Mädchen zum sozialen, anhänglichen und zärtlichen Verhalten (Schmusen) animiert. «Auffallend ist, daß die jeweiligen Schwergewichte in der Stimulierung beim Mädchen immer *konträr* zu den jeweiligen Bedürfnissen liegen und beim Jungen *konform* mit diesen Bedürfnissen» (S. 63).

Die Sauberkeitserziehung setzt bei Mädchen viel eher ein als bei Jungen. «Man akzeptiert, daß Jungen, auch wenn sie groß sind, ‹Schmutzfinken› sind. Von Mädchen dagegen erwartet man, daß sie ihre Bedürfnisse so unmerklich wie nur möglich verrichten und daß sie sauber sind. Natürlich wird diese Art Selbstkontrolle auch später noch von Mädchen verlangt. Das Ziel schwebt von Anfang an vor Augen, und das ist ein wesentlicher Faktor zur späteren Erlangung des gewünschten Verhaltens» (S. 64).

Die Spielzeugauswahl ist bereits ab Säuglingsalter hinsichtlich Farben und Formen geschlechtsunterschiedlich – entsprechend entwickeln sich die Spielinteressen und Rollenfestlegungen, «denn das Kind übernimmt die Spielrolle in ihrer Totalität». «Zwar dürfen Mädchen schon mit Jungenspielzeug spielen, Jungen aber fast nie mit Mädchenspielzeug. Denn alles, was zur männlichen Rolle gehört, wird als Norm gesetzt, zu der sich auch schon mal das Mädchen versteigen darf. Alles, was zur weiblichen Rolle gehört, ist jedoch minderwertig und wird daher für Jungen verachtet» (S. 65).

«Auch Sprache wird Mädchen anders vermittelt als Jungen. Es darf nicht so laut reden, nicht vorlaut sein, es muß leise sein, zurückhaltend, diszipliniert, deutlich und mädchenhaft hoch sprechen» (S. 78).

Väter sind mehr als Mütter an einer strikt konservativen Geschlechtsrollenerziehung interessiert. Sie tendieren eher dahin, bei Söhnen stärker auf «Männlichkeit» zu achten, bei Töchtern auf «Weiblichkeit». Erwartungen von Vätern an ihre Töchter: Interesse an hübscher Kleidung, häuslichen Gewohnheiten, Familie und Babys; Identifikation mit Frauen, Interessen an Beziehungen, Menschen, deren Gesichtern. Ihre Mädchen seien kokett, sagen Väter, flirten gerne – auch mit ihnen! –, seien verführerisch, gespielt schüchtern und erreichen mit diesem Verhalten bei den Vätern fast alles.

Bei Rollenspielen im Vorschulalter übernimmt (und bekommt zugewiesen!) das Mädchen in der Regel die untergeordnete, der Junge die übergeordnete Rolle (Pilot: Stewardess/Arzt:Schwester).

Je älter die Kinder werden, um so stärker unterscheidet sich die von ihnen geforderte Mitarbeit im Haushalt. «Die weiblich-männliche Teilung drinnen/draußen ist offensichtlich. Die quantitativen Unterschiede erheblich: mit 12 Jahren werden doppelt so viele Mädchen wie Jungen zu längeren Hausarbeiten angehalten, bei 16jährigen sind es viermal so viele Mädchen wie Jungen» (S. 95).

Die Reihe der Aufzählungen, die Ursula Scheu aus den unterschiedlichsten Forschungsarbeiten herausgefiltert hat, ließe sich fortführen. Ich habe hier nur die deutlichsten herausgegriffen. Daß die Mädchenerziehung auch im außerhäuslichen Bereich anders verläuft als die Jungenerziehung, wird von Seligman in seinen Untersuchungen zur «erlernten Hilflosigkeit» erwähnt: Es gäbe «zahlreiche Belege dafür, daß Mädchen sich in der Schule hilfloser verhalten als Jungen. Nach den Ergebnissen mehrerer Untersuchungen scheint dies auf eine unterschiedliche Behandlung durch die Lehrer zurückzugehen. Wenn ein Lehrer ein Mädchen kritisiert, so geschieht das eher in Form von unveränderbaren und allgemeingültigen Aussagen, indem er beispielsweise die Intelligenz des Mädchens kommentiert. Wird dagegen ein Junge kritisiert, neigen Lehrer zu spezifischen und veränderbaren Aussagen. Dem Jungen wird vorgehalten, daß er nicht aufgepaßt hat. Und offensichtlich kommt die Botschaft bei den Kindern auch an.

Während zehnjährige Jungen in einer Studie (Lösen unlösbarer Rechenaufgaben!) als Begründung für ihr «Versagen» eher angaben, nicht interessiert gewesen zu sein, machten Mädchen dagegen «oft ihre Inkompetenz oder ihre Dummheit für ihr Versagen verantwortlich: ‹Ich kann das einfach nicht!› *Wenn man Kindern ständig vermittelt, daß sie bestimmte Dinge nicht können, kann das sehr wohl dazu führen, daß sie auf Niederlagen hilflos reagieren*» (Trotter 1987, S. 38).

Das weibliche Rollenangebot: Unterordnung und Abhängigkeit

Sein heißt wahrgenommen werden!

Die Untersuchungen, die *Ursula Scheu* zitiert, lassen die Folgerung zu, daß viele Mädchen von Geburt an «anders» erzogen werden als Jungen. Weniger Anreize, weniger Zuwendung durch weniger Anwesenheit, weniger Aktivierung von frühester Kindheit an «zeigen» Mädchen, daß sie sich beschränken müssen. «Auf seiten der kleinen Jungen wird von Anfang an eine relative *Autonomie* gewährt und gefördert. Auf seiten der kleinen Mädchen hingegen wird diese Autonomie gebrochen und Anpassung und Unterordnung unter einen fremden Willen gefordert. Ihre physische und psychische Selbständigkeit wird massiv behindert. Auffallend dabei ist, daß die mädchen-spezifischen Fertigkeiten und Eigenschaften nur dort gefördert werden, wo sie die Erziehungspersonen von Arbeit entlasten» (Scheu, S. 56 u. a.).

In einer Phase größerer Verselbständigung werden sie stärker an die Erziehungspersonen gebunden. Jungen «sollen Meister ihrer Welt werden, sie erforschen und beherrschen», «kleine Mädchen sollen sozial werden (...), dabei aber auf ihre kleine Welt beschränkt bleiben. Gleichzeitig bleiben sie damit immer greifbar, kontrollierbar und beeinflußbar» (Scheu, S. 69).

Diese «Andersartigkeit» der Mädchenerziehung bedeutet, daß es sich in der Realität um eine Erziehung zur «Minderwertigkeit» handelt. Die räumliche Einengung entspricht der Einengung des allgemeinen Aktions- und Aktivitätsradius, der Einengung in Sprachverhalten und Sauberkeitserziehung (matschen, schmieren, drecken, schreien, toben, raufen...), der Einengung der verfügbaren Freizeit (Hilfe im Haushalt), der Unterordnung unter elterlichen Willen und der Rollenzuteilung durch männliche Mitspieler. «Das weibliche Rollenangebot ist gekennzeichnet durch Unterordnung und Abhängigkeit in Relation zu Männern. Die männlichen Rollen zeichnen sich durch eine relative Autonomie und Überordnung im Verhältnis zu Frauen aus.» (Scheu, S. 86).

Qualität und Quantität eines aktiven Austausches von Signalen zwischen Mutter und Säugling (später Kleinkind) sind ausschlaggebend für die kindliche Erfahrung, ob seine Aktionen Re-Aktionen auszulösen imstande sind. Wird sein Lächeln, Lallen, Greifen herausgefordert, ermuntert und dann positiv beantwortet, nimmt es weiterhin erfreut Kontakt auf, bemüht sich herauszufinden, durch welche Aktivitäten es welche Re-Aktionen beim Partner herbeiführen kann. Das Kind lernt auf diese Art spielerisch, selber Menschen zu aktivieren. Je mehr es ermutigt wird, je mehr Anreize ihm geboten werden, um so aktiver kann es selber werden, entwickelt auf diese Weise eine Form von «Macht» und «Kontrolle» über sich selbst, seine Aktionen und die Re-Aktionen der Interaktionspartner. Es macht die Grunderfahrung: Ich bin wert, angesprochen zu werden. Wenn ich etwas tue, wird mir geantwortet. Wenn ich aktiv bin, reagieren andere auf mich.*

Mehr Kommunikation bedeutet mehr Beachtung, mehr Aufmerk-

---

* Für die Aktivitätsentwicklung ist nicht primär ausschlaggebend, ob die Reaktionen negativ oder positiv sind. Durch negative Reaktionen lernt das Kind, sein Fehlverhalten zu kontrollieren – es ist aber in seinem Verhalten beachtet und somit als Mensch bestätigt worden.

samkeit. Je mehr ein Kind angesprochen und zur Aktivität aufgefordert wird, um so mehr wird es darauf reagieren und lernen: *mein Verhalten löst etwas aus*. Das bedeutet gleichzeitig, daß das Kind gelernt hat, daß es Wirkung erzielen kann. In den Fällen, in denen die Kommunikation qualitativ und quantitativ eingeschränkt ist, wird die eigene Werthaftigkeit und Wirkungsmöglichkeit ebenso eingeschränkt erfahren. Für Mädchen gilt das in vielen Fällen insbesondere dann, wenn sie ihres Geshlechts wegen vom Vater abgelehnt werden. Häufig zeigen die Mütter dieser Mädchen entsprechende Reaktionen, weil sie sich schuldig fühlen, «nur» ein Mädchen geboren zu haben. Der Spruch «Der Wunsch nach einem Sohn ist der Vater vieler Töchter» erweist sich in manchen Familien für Mädchen als tragisch für ihre ganze Lebensbiographie. Als Mädchen erhalten sie keine oder wenig Beachtung, während die Familie aus verschiedenen Gründen auf einen Sohn wartet. Das Mädchen erfährt hier von Anbeginn an durch mangelnde Zuwendung und aktive Ablehnung, daß es wertlos ist. Gleichzeitig erfährt es, daß seine Wirksamkeit total eingeschränkt ist: Es kann tun, was es will, es wird immer Mädchen bleiben. Es ist somit seiner Rolle hilflos ausgeliefert, hat keine Macht und Möglichkeit, dieser Rolle zu entkommen und sich damit Zuneigung und Zuwendung zu erwerben.

Ein Mädchen, das – aus welchen Gründen auch immer – nicht wahrgenommen wird, *ist* nicht. Es erfährt nur, daß jegliche Aktion und Reaktion sinnlos bleibt. In diesen Fällen, die keine Einzelfälle sind, können wir von einer extremen erlernten Hilflosigkeit sprechen.

Aber auch dort, wo Mädchen als solche anerkannt werden, bekommen sie ein Gefühl von minderem Wert, da häufig geringere Forderungen (Schule, Leistung, Wissen!) an sie gestellt werden – «sie heiraten ja doch!». Selbstbewußtsein kann nur dann entstehen, wenn einem Individuum seinen Fähigkeiten entsprechende Aufgaben gestellt werden, mit denen es sich erfolgreich auseinandersetzen kann. Wenn Maßstäbe zu gering angesetzt werden, wenn sie gar nicht existieren, wenn sie nicht erwartet oder sogar ausgeredet werden, kann durch mangelnde Übung an Aufgaben und den entsprechenden Erfolgserlebnissen der eigene Wert nicht gemessen werden. «Ein Gefühl für Wert, Bewältigung oder Selbstwert wird nicht geschenkt. Es kann nur verdient werden. Wird es geschenkt, verliert es seinen Wert und hört auf, zur Würde des Individuums beizutragen» (Seligman 1978, S. 151). Wird jedoch gar nicht erst die Möglichkeit geschaffen, sich seinen Selbstwert zu erarbeiten und zu verdienen, besteht auch keine Chance, je zu erfahren, wo die eigenen Möglichkeiten, die Grenzen und Fähigkeiten liegen.

Vor allem in Familien (schichtunabhänig!), in denen bewußt geschlechtsspezifisch erzogen wird, schauen sich Mädchen die Hilflosigkeit darüber hinaus bei den Müttern ab. Wenn diese selbst wehrlos sind oder sich aus Kalkül hilflos geben nach dem Motto «Dumm stellen ist auch klug sein» oder «Meine weibliche Schwäche ist meine Stärke», kann die Tochter in der Regel kein anderes Frauenbild erwerben als das der abhängigen, hilf- und machtlosen Frau.

Nur ein paar Beispiele sollen dies hier illustrieren:

● Der Ehemann trinkt, schlägt seine Frau, und diese wagt nicht, den Mann zu verlassen, aus Angst vor dem Selbständigsein-Müssen.

● Der Ehemann verbietet seiner Frau die Rückkehr in den Beruf, um sie materiell abhängig und sozial isoliert zu halten. Die Ehefrau «gehorcht», obwohl sie gerne eigenes Geld und mehr Ansprechpartner hätte.

● Die Mutter fordert gelegentliche Mithilfe des Vaters im Haushalt, weil sie sich durch Beruf, Haushalt, Mann, Kinder überfordert fühlt. Der Vater reagiert nicht oder durch strikte Ablehnung, woraufhin die Mutter jegliche weitere Forderung dieser Art einstellt und sich in ihr Frauenlos fügt.

● Der Vater mißbraucht seine Tochter sexuell. Die Mutter «übersieht» dieses Verbrechen an ihrem Kind, weil sie sich zu schwach für eine Auseinandersetzung mit dem Mann fühlt oder weil er sie durch Scheidungsdrohung, mit Unterhaltsentzug, Selbstmord oder Mord erpreßt.

Hilflosigkeit kann auf vielfältige Weise für eine Frau zur Lebensform werden: Einmal gelernt und laufend bestätigt, bei gleichzeitiger Bestrafung größerer Aktivität, gibt es letztlich keinen «vernünftigen» Grund mehr, die *Hilflosigkeit als Lebensprinzip* aufzugeben! Muß dennoch in Extremsituationen Durchsetzung erfolgen, greift die Frau zu dem extremsten Ausdrucksmittel der Hilflosigkeit zurück, das es gibt: dem Selbstmordversuch. Sie sagt damit: «Sieh, so hilflos bin ich! Wende dich mir zu, hilf mir! Ich habe meine schärfste Waffe in Anschlag gebracht – die Selbstvernichtung. Sie richtet sich gegen mich und dich. Ich bin bereit, meinem Leben ein Ende zu machen, und du wirst schuld daran sein!»

Erst wenn dieser Ruf um Hilfe ungehört verhallt oder wenn er nicht so beantwortet wird, wie erhofft, sieht die hilf- und machtlose Frau keine andere Möglichkeit mehr – sie vernichtet sich selbst!

Ist Selbstmord lernbar?

Im vergangenen Jahrhundert galt Selbstmord als ansteckend. Man sprach von regelrechten «Selbstmord-Epidemien», von Familientradition, Familienübel und Selbstmörderfamilien. Selbstmord – so glaubten viele Psychiater – könne erblich sein. Auf alle Fälle sei die Depression vererbbar, und Depression führe zum Selbstmord. Grundlage dieser Annahmen waren Beobachtungen, daß sich Selbstmorde und Selbstmordversuche in manchen Familien häuften.

In empirischen Untersuchungen von Suizidenten wurden seit der Jahrhundertwende *familiäre* Selbstmordvorbilder gefunden, deren nachweisbare Anteile bei 20–30 Prozent, bei Kinder- und Jugendselbstmorden sogar bei rund 50 Prozent lagen. Unter Hinzurechnung der Selbstmordvorbilder aus dem Freundes- und Bekanntenkreis steigen diese Zahlen noch erheblich an.

Ärzte und Selbstmordforscher nahmen – als die Idee der Erblichkeit fallengelassen wurde – deshalb an, daß suizidales Verhalten am Modell gelernt werde. Ein Familienmitglied tötet sich, ein anderes ahmt diese Tat nach. Diese Imitation setzt bestimmte Bedingungen voraus. Zunächst muß eine differenzierte Beobachtung erfolgen. Diese Beobachtung wird um so wirkungsvoller, je positiver die Beziehung des Beobachters zum Beobachteten ist, je mehr er ihn oder seine Erfolge, sein Prestige bewundert, je mehr er sich mit ihm identifiziert. Ein alltägliches Beispiel mag dies illustrieren:

> Die 16jährige Angelika erlebt den Selbstmordversuch ihrer Mutter mit, zu der sie eine gute Beziehung hat. In einem später auftretenden Konflikt gleicher oder ähnlicher Art wird dieses beobachtete und gespeicherte Modellverhalten abgerufen, zumal wenn am mütterlichen Modell stellvertretend gelernt wurde, daß dieses Verhalten zum Erfolg führen kann – z. B. indem aufgrund des Selbstmordversuchs der Ehemann gegen seinen eigentlichen Willen von der Freundin in die Ehe zurückkehrte.

Angelika wurde hier mit einer Situation konfrontiert, die sie als «erlaubt» erleben mußte, weil die Mutter als Vorbild und Identifikationsperson dieses Verhalten im Konfliktfall an den Tag legte. Sie konnte außerdem beobachten, daß der Wunsch der Mutter nach Fortführung der Ehe durch den Selbstmordversuch erfüllt wurde: dieses Verhalten war also äußerst erfolgreich. So konnte Angelika nicht nur am *Modell* lernen, sondern auch noch am *Erfolg*, der sich prompt einstellte.

Warum sollte sie dieses Verhalten in einem eigenen Konflikt später nicht ebenso anwenden?

Der amerikanische Soziologe *Jerry Jacobs* beschreibt in seiner sehr einfühlsamen Studie über Selbstmord bei Jugendlichen, wie Mädchen und Jungen bei Schul- und Partnerschaftsproblemen versuchen, durch alle möglichen Störungen auf sich und ihre Not aufmerksam zu machen. Sie zeigen Symptome der Auflehnung gegen die Eltern, später Symptome des Rückzugs auf sich selbst und letztendlich einen physischen Rückzug aus ihren sozialen Bindungen. Wenn diese Auffälligkeiten überhaupt Beachtung fanden, dann in negativer Form: durch Strafe! Die Störungen mehrten sich daraufhin, die Emotionen schaukelten sich auf, die Jugendlichen erwarteten Hilfe, und die Eltern zeigten durch ihre Reaktionen Unverständnis. *Erst nach einem Selbstmordversuch* erhielten die Jugendlichen das, was sie gebraucht und erhofft hatten: Aufmerksamkeit, Zuwendung, Suche nach den Ursachen der Probleme, Bemühen um Hilfestellung. So hatten sie durch *Versuch und Irrtum* gelernt: Ein scheinbar unlösbares Problem, das mit allen bisherigen Erfahrungen nicht gelöst werden konnte, wird ausprobierend angegangen. Erst die Aktion schließlich, die zum Ziel führt, wird gelernt und erfolgt beim nächstenmal, bei gleichem oder ähnlichem Anlaß, schneller und ohne Umwege über das Ausprobieren.*

Massenmedien als Lehrmeister

Die Frage, ob die Medien an der Entstehung von Suizidalität einen ursächlichen Anteil haben, wird spätestens seit Erscheinen von Goethe's «Werthers Leiden» diskutiert. 1775 wurde auf Antrag der Theologischen Fakultät der Universität Leipzig den Buchhändlern der Vertrieb des Werkes untersagt, nachdem bei zahlreichen jungen Männern, die sich selbst getötet hatten, das Buch gefunden worden war.

Spektakuläre und von den Medien besonders herausgestellte Selbstmorde haben immer Nachahmer gefunden, so der Selbstmord der Marilyn Monroe oder die Selbstverbrennung des tschechischen

---

* Ich stelle diese Formen des Lernens deswegen so ausführlich dar, weil sie für die Interventionsmöglichkeiten bedeutsam sind und diese ad absurdum führen können, wenn die Lerneffekte nicht bedacht werden.

Studenten Jan Pallach 1964, nach dessen Vorbild sich in Frankreich innerhalb von drei Monaten 16 Schüler zu verbrennen versuchten.

Aktualisiert hat sich die Diskussion 1986 mit der Veröffentlichung einer Studie von *Schmidtke* und *Häfner*, die sich mit den Imitationsselbstmorden nach der zweimaligen Ausstrahlung der Selbstmordserie «Tod eines Schülers» von *Bromberger* befaßt. Diese sechsteilige Serie, in deren Vorspann jedesmal erneut die Szene gezeigt wurde, in der der 19jährige Hauptdarsteller sich vor den Zug wirft, wurde sowohl 1981 als auch 1982, trotz Warnungen von seiten der Suizidforschung, ausgestrahlt. Als sie 1987/88 noch ein drittes Mal ausgestrahlt werden sollte, erhob die Deutsche Gesellschaft für Suizidprävention heftige Einwände. (Sie haben jedoch nichts genutzt!)

Mit Hilfe der Deutschen Bundesbahn untersuchten *Schmidtke* und *Häfner* die vorliegenden und die prognostizierten Selbstmordzahlen und ermittelten einen deutlichen Anstieg in den Wochen der Ausstrahlung sowie unmittelbar danach. Am stärksten nahm die Form der Selbsttötung in den Gruppen der Bevölkerung zu, die dem «Helden» der Serie nach Alter und Geschlecht am ähnlichsten waren. Junge Männer im Alter von 15 bis 19 Jahren verübten in der Zeit von 70 Tagen während und nach der ersten Ausstrahlung der Serie mehr als zweieinhalbmal so oft Selbstmord nach diesem Modell als in den Vergleichszeiträumen. Insgesamt töteten sich mindestens 21 junge Menschen nach dem Modell des Fernsehvorbildes.

In bezug auf die Nachahmung von Suizidverhalten wurde bislang in der Literatur ausschließlich die These vertreten, daß es sich hier um eine reine Imitation handele. Meinen eigenen Untersuchungen nach ist aber auch ein anderer Aspekt wichtig. Taucht ein bestimmtes Verhalten in Massenmedien immer wieder in verschiedenen Formen mit unterschiedlichen Darstellern auf, so sprechen wir von einer «Habituierung» (Gewöhnung) an diese Szenen bzw. an das gezeigte Verhalten. Durch den häufigen Konsum oder die häufige Betrachtung bestimmter Medieninhalte werden Gewohnheiten gebildet. Die aufgenommenen Botschaften werden im Laufe der Zeit inhaltlich als unvermeidbar und quasi «natürlich» akzeptiert. Als anschauliches Beispiel mag hier eine Mitteilung aus Schweden gelten, nach der weit mehr als die Hälfte aller befragten Kinder in einer Studie meinten, Menschen würden eben durch Mord oder Totschlag sterben. Als typische Situation wurde die Frage eines kleinen Mädchens zitiert, die nach dem Tod ihres Großvaters gefragt haben soll, wer diesen denn umgebracht habe. Die Ergebnisse meiner eigenen Untersuchung, die ich gemeinsam mit Studenten durchgeführt habe, lassen sich sehr kurz wie folgt zusammenfassen: Wer regelmäßig die Bildzeitung liest und die Abendprogramme von ARD und ZDF verfolgt, *wird täglich mit bis zu 18 suizidalen Handlungen konfrontiert. Dazu ein paar Zahlen:*

● Im Januar 1983 (dieser Monat wurde beliebig gewählt, weil Examensarbeiten anstanden) zeigten das ZDF und die ARD in ihren Abendsendungen 124 suizidale Handlungen.

● Nur an zwei von 31 Abenden wurden keine suizidalen Handlungen gezeigt.

● An den anderen Abenden flimmerten ein bis 15 Selbstmorde, Selbstmordversuche, Selbstmordandrohungen in die Wohnzimmer der Bevölkerung, im Durchschnitt waren es vier pro Abend.

● Die höchste Quote lag an den Freitagen und Montagen (die höchste reale Selbstmordquote liegt freitags und in der Nacht von Sonntag auf Montag!)

● Die meisten gezeigten Selbstmordhandlungen erschienen zwischen 20 und 22 Uhr. Das ist die Zeit der höchsten Zuschauerzahlen, beim ZDF sehen noch 8% aller Kinder unter 14 zu dieser Uhrzeit fern!

● Die größte Anzahl der gezeigten Selbstmordhandlungen machten wir in Spielfilmen aus, die gleichzeitig die höchste Einschaltquote hatten.

Eine genaue Analyse der gezeigten suizidalen Handlungen erbrachte eine *exakt abgelichtete Wirklichkeit*: Sowohl die Altersverteilung als auch die Methoden und die sozio-biographischen Daten stimmten mit der Realität überein. Exakter als in diesen Sendungen mit dem ausschließlichen Anspruch auf Unterhaltung hätten die Darstellungen auch in einer Dokumentarserie über Selbstmord nicht sein können!

Die Wirkungen dieser *Dauerkonfrontation* mit einem Thema, das gesellschaftlich als tabu gilt (d. h., «man spricht nicht darüber»!), halte ich für vielfältig:

1. Durch diese permanente und zum Teil nicht bewußt aufgenommene Darstellung suizidaler Handlungen, die zudem fast ausschließlich den positiven Charakter von Konfliktlösungsstrategien aufwiesen, kann sich langsam eine latente Problemlösungsbereitschaft mit der Zielrichtung eines suizidalen Verhaltens aufbauen. Durch die *Beständigkeit* der Darbietung kann sich diese Möglichkeit oft unbewußt und teilweise unreflektiert «festsetzen» und so in das Verhaltensrepertoire eines Menschen aufgenommen werden. Es entsteht eine Sensibilisierung für die Selbstmord*erwägung* im Krisenfall, die dann als Konfliktlösungsmöglichkeit jederzeit abrufbar wird.

2. Der Selbstmordforscher *Jerry Jacobs* spricht in seiner Untersuchung über Selbstmord bei Jugendlichen von dem «Bau einer Brücke zwischen Selbstmorderwägung und Selbstmordversuch». Gemeint ist damit der auslösende Effekt, die Situation, durch die sich bereits gespeichertes Verhalten manifestieren kann – zumal wenn sich der Beobachter gerade in einer akuten Krise befindet und seine Wahrnehmung eingeengt ist. Die gezeigten Handlungen erfüllen diese Funktion der Brücke.

3. Erschwerend kommt hinzu, daß insbesondere die Printmedien nahezu perfekte Anleitungen für den Selbstmord geben. So fanden sich in der Bildzeitung innerhalb des Untersuchungszeitraumes von 60 Tagen 121 Selbstmorddarstellungen, bei denen in 26 Fällen der «todsichere Ort» und in weiteren 51 Fällen die «todsichere Methode» detailliert dargestellt wurden. Wir können in diesem Zusammenhang geradezu von «Erfolgsgarantie-Meldungen» sprechen. Das Spektrum der Modelle in der Zeitung deckte auch bei diesem Medium alle Altersstufen zwischen 12 und 77 Jahren ab, alle Gesellschaftsschichten und alle selbstmordrelevanten Problemkonstellationen wie z. B. «broken home», Isolation, Alter, Sucht, Schulden, Einsamkeit, Schulprobleme, Familienkonflikte usw., mit denen das Gros der Leser sich mühelos identifizieren kann.

Nicht die spektakulären Szenen werden nachgeahmt, sondern die allgemein als unerheblich und alltäglich betrachteten, die auch aus der Umwelt des Zuschauers stammen könnten und die nachzuahmen er die Möglichkeit hat.

Was haben nun «erlernte Hilflosigkeit» und erlernter Selbstmord miteinander zu tun, und was bedeuten sie für die suizidalen Verhaltensweisen bei Frauen?

Frauen, die durch intentionale Erziehung und später durch laufend entsprechende Erfahrungen gelernt haben, daß sie im Vergleich zu Männern wesentlich geringere Wirkungsmöglichkeiten und Durchsetzungsstrategien zur Verfügung haben, wenn sie weiterhin angepaßt (und somit geliebt!) bleiben wollen, beobachten am direkten oder am stellvertretenden Modell, daß selbstschädigendes Verhalten zu Erfolgen führen kann, die bislang mit keiner anderen Verhaltensweise erzielt werden konnten.

Probieren sie es selber aus, finden sie sowohl beim Krankenhauspersonal und bei Ärzten (im Gegensatz zu ihren männlichen Mitpatienten!) als auch bei Freunden und Verwandten Zuwendung. Wenngleich die physische Behandlung oft wenig sensibel und die psychische Betreuung unzweckmäßig ist, erleben sie (vielfach erstmals seit Jahren!) Aufmerksamkeit. Sie finden geduldige Zuhörer und Menschen, die *aktiv* (nicht aktivierend!) versuchen, Abhilfe zuschaffen. Endlich passiert etwas, endlich hat eine «weibliche», d. h. schwache, hilfesuchende, passive Verhaltensweise Erfolg gezeigt!

Ich bezweifle, daß Selbstmordversuche nur deshalb so ansteigen, weil die psychosozialen und sozioökonomischen Verhältnisse sich für viele Menschen mehr und mehr verschlechtern. Selbstschädigendes Verhalten gehört in seinen unterschiedlichen Erscheinungsformen und Ausprägungen längst zum gesellschaftlichen Umgangsrepertoire. Selbstmordversuche sind in vielen Fällen zu einer generalisierten Durchsetzungsstrategie geworden, und sie werden weiter zunehmen, solange vom Selbstmord nur geflüstert wird, die Massenmedien ihn jedoch permanent «werbewirksam» vorführen.

6. Fluchten: Depression und Sucht

Depression als Signal

> «Depression statt Aggression ist die weibliche Antwort
> auf Enttäuschung oder Verlust.»
> (Phyllis Chesler)

> «Ich will keinen Tag mehr und sterbende Wochen
> Ich weine und kann nichts tun...
> Ich will nicht mehr bleiben und nie mehr gehen...
> Wen immer ich liebte, den hab ich verloren
> Ich fühle nur Wut und Kälte in mir
> Werden wir schon als Fremde geboren
> Der Tod ist die einzige Tür.»
> (Bettina Wegner)

Die Depression hat unendlich viele Aspekte. Jede psychologische
«Schule» betrachtet und benennt sie aus einem anderen Blickwinkel.
Bis auf sehr wenige Ausnahmen sind sich alle Autoren darüber einig,
daß zwischen (mindestens) zwei großen Formen unterschieden werden muß: der endogenen und der exogenen (auch reaktiven oder
psychogenen). Die endogenen Formen (geschätzt auf ca. 10–25%)
sind die noch unbekanntesten. Man nimmt eine erbliche Disposition
und/oder auch körperliche Auslöser an.

Als reaktive Depression werden die Formen bezeichnet, die infolge
schwerwiegender Verluste und Versagungen auftreten – eben als Re-
Aktion auf ein schwer oder nicht zu verarbeitendes Ereignis.

«Depression» ist zum Schlagwort und zum Sammelbegriff geworden für alle möglichen Verstimmungszustände, Erschöpfung, körper-
lich-seelisches Unwohlsein (der «Kater»), Unlust- und Enttäu-
schungsgefühle, vorübergehende Leistungsminderung, gekoppelt mit
Unmut, Unsicherheit, mangelnder Motivation. «Ich bin heute so de-

pressiv», meint etwas anderes als die Diagnose «Depression». Ich werde im folgenden nur die Aspekte aufgreifen, die im Zusammenhang mit der «erlernten Hilflosigkeit» bei Frauen stehen *und* die im Zusammenhang mit suizidalem Verhalten bedeutsam sind (d. h. *nicht* die endogene Depression!).

Einig sind sich alle Depressionsforscher und Psychiater über die Symptome als Merkmale einer Depression:
- stark herabgesetzte Aktivität
- Verlangsamung der Bewegungen und Handlungen
- Verlangsamung von Sprache und Reaktionen
- Vernachlässigtes Äußeres
- Lähmung des Willens
- Blockierung jeglicher Kommunikation
- Appetitlosigkeit / mangelnde Nahrungszubereitung und -aufnahme
- Schlafstörungen bis zur Schlaflosigkeit
- mangelnde Feindseligkeit und Aggressivität gegen andere, statt dessen Aggressivität gegen sich selbst
- Mut- und Hoffnungslosigkeit
- Versagensängste
- unangemessene Schuldgefühle

Diese Symptome können gleichzeitig oder in unterschiedlicher Kombination und Intensität auftreten. Sie können sich bei Nicht-Behandlung (aber Ruhepause!) von alleine verlieren, und sie können sich verstärken, vertiefen bis zur Selbstmordgefährdung. Der Schweizer Psychiater *Kielholz* geht sogar soweit, zu behaupten, daß «Depression immer ein Verlust des Selbstwertgefühls ist. Deshalb haben alle wirklich Depressiven immer auch den Wunsch zu sterben. Wenn ein Mensch diesen Wunsch nicht hat, dann ist er auch nicht depressiv» (Kielholz 1988, S. 30).

Ein Beispiel für diesen intensiven Wunsch zu sterben, d. h. für eine ausgeprägte Depression, ist Sabine, 42 Jahre alt, Chefsekretärin in einem Krankenhaus:

«Alles ist so schwer, so ernst...»

«Es gibt immer wieder Zeiten, wo ich sage – nein denke, ich sprech ja nicht darüber – nun mag ich nicht mehr. Das sind nicht immer schlechte Zeiten. Das sind Zeiten – wie soll ich sagen –, da ist alles erschöpft bei mir, in mir. Dann möchte ich nur noch die Augen zumachen. Dann denke ich, nun ist es genug. Selbst wenn ich Schönes vor mir hab: zehn Tage Urlaub an der See. Da steh ich vor dem leeren Koffer und denk: Nein, laßt mich alle zufrieden. Ich will das alles nicht mehr. Blumen in die Badewanne, Schlüssel zum Nachbarn, hier anrufen, dort absagen, Therme abstellen, Briefkasten nicht vergessen, Hund unterbringen... Und dann fällt mir noch alles mögliche ein, was ich für den Chef hätte machen sollen. Und dann noch sechseinhalb Stunden Bahnfahrt und Fähre und Bus... Und dann denke ich: Du betrügst dich doch nur selber. Zehn Tage Urlaub – und dann? Das war's dann wieder, und bevor ich mich einmal umdrehe, sind die um, und ich sitze wieder an der Schreib-maschine. Als ob man Leben gewinnen würde durch Urlaub. Da täuscht man sich doch nur, und diese Täuschungen gehen immer fort und immer fort und immer fort über das ganze Leben. Das ist wie Lebensverlänge-rung in der Intensivmedizin: irgendwann muß man ja doch sterben, warum noch so lange leben, noch so lange...

Ich habe mal gelesen – ich lese ja immer mal wieder was über Suizid auch in den Fachzeitschriften meines Chefs –, daß es so etwas wie eine Basissuizidalität geben soll. Also es wird angenommen, daß die meisten Menschen aufgrund von plötzlichen Krisen gefährdet sind, vielleicht nur ein- oder zweimal im Leben. Und wenn die Krise überstanden ist, dann ist der Mensch auch wieder lebensfroh und stark und schafft es wieder. Aber es soll Menschen geben mit einer ständig vorhandenen Selbst-mordgefährdung, die mal stärker und mal wieder schwächer ist, die aber nie völlig verschwindet. Ich fand den Artikel faszinierend, ich habe mich da wiedergefunden. Auch bei mir ist die Grundstimmung, seit ich mich erinnere: ich mag nicht leben. Das braucht gar keine Anlässe, es ist ein-fach so. Es ist alles so mühsam, so zäh. Ich wünschte mir mein Leben ein wenig locker und heiter, irgendwie leichtlebig, beschwingt, fröhlich. Aber davon ist nichts in meinem Leben. *Alles ist so schwer, so ernst*, alles muß so zäh durchlebt werden. Und mit den ganzen Einsprengseln täu-schen wir uns doch nur selber: ein paar Geburtstagsfeiern im Jahr und zweimal Urlaub und so.

Und dabei ist das auch alles immer nur mit Arbeit und Mühe verbun-den. Da tut man nur so, als ob das alles so fröhlich und locker wäre. Also ich richte schon lange keine Feier mehr aus – das stimmt doch alles nicht mit dem wirklichen Leben mehr überein.

Wenn ich diese Zeiten habe, in denen ich sterben möchte, dann bin ich ganz nüchtern und sachlich. Das braucht keinen Anlaß – oder doch nur ganz, ganz winzige Sachen, wo ich sage: Schiet, auch das noch, ich mag

einfach nicht mehr. Es soll zu Ende sein. Ja, ich habe schon näher geplant. Ich würde Medikamente nehmen. Das ist irgendwie das Sauberste
und Problemloseste. Ich will auch nichts davon merken. Die Minuten,
die ich von einem Hochhaus falle oder von einer Brücke – nein, so will
ich mein Leben nicht beenden. Was ist, wenn mir im Fallen plötzlich klar
wird: Ich will doch nicht? Ich will doch leben! Was dann? Solche Probleme will ich mir nicht machen. Wenn ich schlafe, dann schlafe ich hinüber – ohne Gedanken, ohne Bedauern, ohne Skrupel. Vielleicht mit
Träumen.

Ja, es ist denkbar, daß ich mich mal umbringen werde. Manchmal denke
ich, ich habe mich schon ganz gut eingerichtet in meinem Selbstmordle-
ben. Vielleicht werde ich alt damit. Ich kenne es nicht anders, als ungern
zu leben und dauernd an Selbstmord zu denken. Da überfällt mich nichts
mehr plötzlich. Damit lebe ich. Nein, ich fand am Leben noch nichts
schön: Ich lebe halt, man hat mich ja nicht gefragt, ob ich leben will.
Natürlich kenne ich Menschen, mit denen ich gut auskommen kann.

Ich war auch schon ein paarmal verliebt, und meinen Job habe ich mir
auch selber ausgesucht. Aber nichts und niemand war bisher in der Lage,
mir das Gefühl zu nehmen: Ich möchte lieber tot sein als leben, ich
möchte lieber fort als hier sein (sie lacht). Oder besser noch: Nie gelebt
zu haben. Therapie? Was für eine? Oder: Was soll sie? Was sollte eine
Therapie denn ändern? Kennen Sie eine Therapie, die einen Menschen
lehrt, gerne zu leben? Die mir vermittelt: Juhu, ich darf leben?»

Soweit wie *Kielholz* gehen andere Depressions-Fachleute nicht unbedingt. Sie sehen durchaus Abstufungen in den Symptomen der Depression. *Seligman* betont in seiner Arbeit die Gefühle von *Selbstverachtung* und *Wertlosigkeit* des Depressiven, sowie die Überzeugung,
am eigenen Zustand und an allen möglichen anderen Unwegsamkei-
ten des menschlichen Lebens *schuldig* zu sein. Insbesondere diese
drei Merkmale finden wir gehäuft bei Frauen, die eine geschlechtsspezifische Mädchen-Erziehung durchlaufen haben – ohne daß sie
gleichzeitig an einer Depression leiden. Es ist sicher nicht übertrieben
zu behaupten, daß Frauen aufgrund ihrer Sozialisation der Depression näherstehen. Sie zeigen schon in «gesunden» Zeiten Verhaltens-
züge, die das (pathologische) Bild der Depression ausmachen. Ihr
«Spielraum» zwischen «Normalität»/Gesundheit und depressiver Erkrankung ist geringer. Während Männer auf Versagungen eher aggressiv reagieren, werden Frauen depressiv. Dörner und Plog sehen
darin aber nicht nur einen passiven Effekt, sondern einen *aktiv-gestal-*

tenden! Der depressive Patient «ist weniger Opfer seiner depressiven Gefühle als vielmehr jemand, der in Abwehr seiner Kränkung Beziehungen depressiv gestaltet!» (1984, S. 306).

Bei dieser «Gestaltung der Beziehung» ist es wichtig, die Mitwirkung der Kommunikationspartner zu beobachten. Bei häufig oder andauernd depressiven oder depressiv-verstimmten Frauen müssen wir auch fragen, worin ihr «Krankheitsgewinn» liegt:

– Welche Vorteile bringt ihnen ihr «Kranksein»?
– Was bringt ihnen ihre Passivität und ihre Handlungsunfähigkeit ein?
– Wer springt wie herbei, wenn sie «nicht können»?
– Wie sieht die Rücksichtnahme aus, wenn es «ihr» mal wieder nicht gutgeht?
– Braucht sie weniger oder gar nicht zu arbeiten? (Krankschreibung)
– Bekommt sie Zuwendung, auf die sie sonst verzichten muß?
– Wird sie also für ihre Depression belohnt?
– Muß sie beim Abflauen der Depression auf alle Annehmlichkeiten des Krankseins verzichten: aktiv sein, sich überfordern, zurückstecken, verzichten, wieder nur für andere und nicht für sich selbst dasein?

Erfährt die Frau also in einer depressiven Phase, daß ihr «Schwäche» wesentlich mehr «Vorteile» einträgt als Stärke? Daß sie nur dann Zuwendung erhält, wenn sie darniederliegt, während sie sonst «ranklotzen» muß, den Alltag nicht nur für sich, sondern auch noch für all ihre Lieben «bewältigen» muß?

Wenn dies geschieht (und es ist anzunehmen, daß das der Fall ist), dann setzt sich in der Depression als einer «normalen Phase» im Leben eines Menschen die Erfahrung der gesamten Kindheits- und Jugenderziehung des Mädchens fort:

> **«Sei nicht:** objektiv, abenteuerlustig, kraftvoll, an der eigenen Entwicklung interessiert, widerstandsfähig, selbstbewußt, analytisch, ehrgeizig, aggressiv, dominant, stark, athletisch, wetteifernd, entscheidungsfähig, ein Führer, unabhängig, durchsetzungsfähig, individuell, jemand, der für seine Überzeugung eintritt …
>
> **sei:** fürsorglich, stützend, mit deiner äußeren Erscheinung beschäftigt, liebevoll, heiter, leichtgläubig, vertrauensvoll,

warm, sanft, loyal, nachgiebig, kindlich, mitfühlend, schmeichlerisch, von anderen abhängig, leicht zu beunruhigen, sensitiv, an anderen interessiert, verständnisvoll, kinderlieb...»,

(Frauke Teegen, nach P. Butler «self-assertion for women», 1976).

Zu der einmal erlernten Hilflosigkeit kommt auf diese Weise zeitlebens die Erfahrung: Andere lassen es mir besser ergehen, wenn ich klein und schwach und hilflos bin – und schlechter, wenn ich so bin, wie ich eigentlich sein könnte: stark und kompetent. Die Mädchenerziehung setzt sich somit fort und fort – bis zur alten Frau, die dann, sofern sie sich nicht hat aus diesen Abhängigkeiten befreien können, endgültig hilflos-depressiv ist. Dann allerdings mit der Folge, daß sie nicht mehr die umsorgte kleine Frau darstellt, der Mann helfen muß, sondern die lästige, anhängliche, Arbeit verursachende Greisin, die niemand in ihrer Hilflosigkeit und Passivität mehr haben will. (Siehe dazu die Kapitel: Lebenskrisen!)

Betrachtet man *Dörners* Beschreibung der «typisch» Depressionsgefährdeten, so kann diese Beschreibung gleichzeitig die Kennzeichnung der Gruppe «Frau» sein:

«Dazu würde jemand gehören, der selbst-verbietend mit sich umgeht, sich in Schwierigkeiten kleiner macht, als er ist, der Leistungsehrgeiz und Unabhängigkeitskampf mit Versagensangst und Neigung, sich abhängig zu machen, kombiniert.»

Wird ein Mädchen also frauenspezifisch erzogen, bedeutet das gleichzeitig, daß sie recht nah an die Depression «heranerzogen» wird: an eine Depression, deren wesentliches Merkmal die Aggressionshemmung (gegen andere), die Wertlosigkeit und das permanente Schuldgefühl ist.

Zur Illustration füge ich einen Gesprächsausschnitt mit einer 40jährigen Frau an, die nie etwas für sich erwartete (deshalb auch nichts bekam), die nie etwas wünschte, sich nie etwas schuf, die aufgrund ihrer «Wertlosigkeit» nicht einmal zum Wollen imstande war!

«Ich habe nicht gewagt zu fordern...»
Wertlosigkeit und gehemmte Aggression

«Ich war schon immer so. Immer so – wie soll ich sagen –, so lahm oder ein bißchen traurig. Und eher langsam. Ich war auch nie was Besonderes. Für niemanden. Und irgendwann mit 15 oder 16 habe ich plötzlich wie mit einem Hammer auf dem Kopf gespürt: Auf dich kommt es ja gar nicht an. Ob es dich gibt oder nicht, die Welt dreht sich weiter. Nach dir dreht sich keiner um, und keiner hält die Luft an, wenn du nicht mehr bist.

Das war eine ganz furchtbare Erkenntnis, die mich damals wahnsinnig erschüttert hat. Ich habe das dann irgendwann mal meiner Mutter gesagt. Sie hat das nur bestätigt, das sei so und wer oder was ich denn sein wollte. Keiner sei was besonderes – mit ganz wenigen Ausnahmen in der Weltgeschichte. Aber die hätten es auch nicht leicht. Und sie hat dann gleich ein paar abschreckende Beispiele parat gehabt.

Heute denke ich mir, eigentlich hätte sie mir spätestens zu diesem Zeitpunkt sagen oder zeigen müssen, daß ich *wenigstens für sie* etwas Besonderes war. Aber das war ich eben wohl nicht. Vielleicht hat *das* alles so grau in grau gemacht. Und ich hatte ja sonst auch niemanden. Mein Vater war ziemlich früh gestorben. Der hat mich geliebt – aber der war schwer krank aus dem Krieg zurückgekommen und ist dann bald gestorben.

Und sonst? Ich war eben auch sonst für niemanden attraktiv. In der Schule immer so mittel. Immer ging ich unter. Nichts konnte ich besonders gut. Von zu Hause wurde ich auch nicht extra gefördert – mit Schule hat sich meine Mutter damals auch gar nicht beschäftigt. Ich glaube, das war damals auch noch nicht so wie heute.

Und das viele drumherum gab es auch nicht. Mit Musikunterricht und so. Irgendwann war ich mal in einem Turnverein in einem Vorort – aber da war ich auch unter ferner liefen. Nie, nie war ich wer. Manchmal hatte ich so Anfälle von Hochmut. Da habe ich gedacht, ich brauch niemanden, ich bin anders. Aber das war nur ein Wunsch. Ich war wie alle anderen, und ich hätte so dringend jemanden gebraucht. Für meine Mitschülerinnen hatte ich auch nichts zu bieten. So gut, daß sie von mir abschreiben wollten, war ich nicht. Jungen haben mich auch nie besonders beachtet, da hatte ich auch keine Aura für andere Mädchen. Als alle an die Ostsee fuhren, mußte ich zu Hause bleiben. Als ich dann auch an die Ostsee durfte, fuhren die anderen schon alle nach Italien – das war damals ‹in›. Dort bin ich erst mit 26 hingekommen. Ich hatte also nie was vorzuweisen.

Ich habe eigentlich nie darunter *gelitten* – so, daß ich irgendwas gewollt oder angestrebt hätte. Ich wußte: Da gibt's nichts, da brauchst du dich gar nicht anzustrengen. Meine Mutter war furchtbar bedürfnislos, reiste nicht, ließ mich auch nicht weg. Und mit Kleidung, mit Feiern, mit Besuchemachen war es ebenso.

Manchmal fühlte ich mich gut. Da dachte ich, was bin ich doch bescheiden, was bin ich doch genügsam. Aber wenn ich das heute sehe, war ich nur stumpf. *Ich habe nicht gewagt, zu fordern oder auch nur zu wünschen.* ‹Wünschen kann man *alles*›, sagte meine Mutter oft. Das sagte sie so nachdrücklich und aggressiv. Da stand der zweite Teil des Satzes schon dahinter: ‹... aber kriegen tut man nichts.›

Ich habe oft das Gefühl gehabt, draußen geht das Leben vorbei. Das habe ich auch noch als Erwachsene gehabt. Draußen, da gab es alles – aber ich war drinnen. Und irgendwie gefangen. Natürlich hätte ich rausgekonnt, aber leben, das Leben, das war nicht für mich. Das war alles immer nur für die anderen. Oft war ich darüber traurig. Dann habe ich ganz starr dagesessen oder mich ins Bett gelegt. Und immer habe ich gedacht: vielleicht kommt's ja noch mal. Was? Das Leben... vielleicht.

Ich hätte auch gern Familie gehabt: einen Mann und Kinder. Irgendwie war das auch nicht drin. Vielleicht habe ich das auch nicht genug gewollt. Vielleicht hätte ich dafür auch was tun müssen. Aber mir fiel nie was ein. Tanzen fand meine Mutter Sünde. Und Männer wollten immer nur das eine. Das habe ich dann aber auch bald bemerkt. Ich hatte mehrere. Na ja, so nicht, wie sich das anhört. Zwischen 25 und 35, da hatte ich vier oder fünf. Aber da war nichts besonderes dabei. Und gewollt hat mich keiner richtig. Mal so zum Rummachen und dann wieder weg. Und wenn ich nur mal «Kino» oder «Essengehen» oder so was sagte, da hab ich dann auch schon mal gehört: Ich bezahl doch nicht fürs Bumsen.

Aber meistens hatten sie gar keine Zeit für mich. Essen und Fernsehen, dann ins Bett und Schluß. Die nächsten Wochen dann noch ein paarmal, und dann war meist auch schon Schluß. Einfach so. *Natürlich muß es an mir gelegen haben.* Klar. Heute denke ich, ich hatte wohl einfach keine Ausstrahlung. Die habe ich auch heute nicht. Noch nicht. Oder auch nicht mehr – jetzt mit 40. Da kommt auch nichts mehr.

Nein, ich erwarte nichts mehr. Ich arbeite das, was man von mir verlangt, und irgendwann gehe ich in Rente. Manchmal denke ich, ich war eben auch nur eine von Millionen Arbeitsameisen. Ich wurde geboren, habe mein Soll erfüllt – so daß ich Berechtigung hatte zu leben –, und dann werde ich sterben.

Ich hinterlasse nichts: kein Kind, kein Bild, kein... ach was. Das sind doch alles Träume. Wer ist schon ein Maler oder ein Komponist. Die paar Unsterblichen! Aber mit irgendwas wäre ich auch gerne unsterblich. Mit irgendwas. Vielleicht einmal im Leben wäre ich gerne wichtig gewesen!»

Sie weint.

Wollen und nicht können –
Wunsch und erzwungener Verzicht

Daß Depressionen bei Frauen mit einer erheblichen Diskrepanz zwischen Wollen und Können zusammenhängen, ist gesichert. Dabei wird selten deutlich gemacht, daß das Nicht-Können sowohl von außen als auch von innen kommen kann. Einerseits «läßt» man sie ihre Möglichkeiten und Fähigkeiten nicht ausleben – sie werden beruflich behindert, hintangestellt, nicht ge- und nicht befördert. Sie haben sich aufzureiben zwischen Haushalt, Mann, Kind und Beruf (es sei denn, sie verzichten von vornherein – was kein Mann je brauchte, wenn er Familie und Beruf miteinander vereinbaren wollte!) und – sie spüren, daß für alles nie die Kräfte reichen *können*!

Andererseits ist das Nicht-Können bereits in der Erziehung angelegt: «Du kannst ja doch nicht... du bist ja nur ein Mädchen... als Mädchen brauchst du nicht... das ist Jungensache». Sie internalisieren diese Zuschreibungen perfekt – und können dann wirklich nicht.

Frauen können nicht wollen, und sie wollen oft auch nicht mehr können! Und wenn sie wollen können und können wollen, werden sie entweder aktiv behindert, oder sie «behindern» ihr Leben durch eine Vierfach-Rolle, der sie nur gerecht werden können bei gleichzeitiger massiver Überforderung und großen Verzichten auf ein Eigenleben.

1963 tötete sich die amerikanische Schriftstellerin Sylvia Plath, Mutter von zwei kleinen Kindern, im Alter von 30 Jahren. Ihre Arbeiten hatten bereits Anerkennung gefunden, so daß ihr Freitod für viele Menschen Bedeutung bekam. Selbstmordforscher und Schriftstellerkollegen machen sich seither Gedanken um Motive, Gründe und

Auslöser für ihr freiwilliges Sterben. Nach Durchsicht ihrer Biographien fiel *mir* die oben beschriebene Diskrepanz in ihrem Leben auf, auf die sie selber immer wieder Bezug nahm. Ich zitiere einige Passagen aus ihren eigenen Schriften und aus der Biographie von *Frederik Hetmann*, die erst in dieser Aneinanderreihung Bedeutung bekommen:

Ihr Lebensentwurf ist ins Wanken geraten.

Die Heldin ihres Romans «Die Glasglocke» sagt von sich selbst, als sie sich in derselben Situation befindet: «Das Schlimme war, ich war immer unzulänglich gewesen, ich habe nur nie darüber nachgedacht. Ich war nur gut im Einsammeln von Stipendien und Preisen, und diese Epoche ging zu Ende.»

Nach diesen Erfahrungen und solchen Ängsten stellt sie nun ihre Rolle als Frau überhaupt in Frage: «Ich hasse es, ein Mädchen zu sein, denn als solches wird mir bewußt, daß ich kein Mann sein kann. Mit anderen Worten, ich kann meiner Energie nur Richtung und Macht verleihen durch meinen Partner. Frei steht mir nur, zu wählen oder mich zu verweigern. Und doch ist es, wie ich fürchtete: ich gewöhne mich und füge mich dieser Vorstellung.» Sie fragt sich hingegen, «ob Kunst, abgetrennt vom normalen und konventionellen Leben, so vital ist wie Kunst, die mit diesem Leben verbunden bleibt. Mit einem Wort: Würde eine Ehe meine kreative Energie verzehren, meinen Wunsch auslöschen, mich in Wort und Bild auszudrücken, der mit diesem zutiefst unbefriedigten Gefühl zunimmt... oder würde ich, sofern ich heirate, einen vollkommeneren Ausdruck in meiner Kunst wie auch durch die Geburt von Kindern finden... bin ich stark genug für beides?» (Hetmann 1988, S. 45)

Diese Frage stellt die Autorin sich schon etwa zehn Jahre vor ihrem Tod. 1956 heiratet sie – und verliert damit das Wohlwollen ihres Stipendien-Ausschusses. «Auf die Pläne zu promovieren muß sie verzichten! 1957 glaubt sie, schwanger zu sein. Was bei einer jungen Frau sonst Anlaß zur Freude wäre, würde Sylvia Plath zum jetzigen Zeitpunkt in eine Katastrophe stürzen. Im Falle einer Schwangerschaft könnte sie ihre Dozentur nicht antreten... Das für eine zur Berufstätigkeit genötigte Frau in dieser Situation Bezeichnende: Sie, sie allein hat Schuldgefühle. Ted (der Ehemann) scheint seine Mitverantwortung für diese Krise nicht einmal erwogen zu haben» (Hetmann 1988, S. 67ff.).

Kurz vor ihrem Selbstmord lebte sie allein mit zwei kleinen Kindern – finanziell ungesichert –, der Mann geht seiner Schriftstellerkarriere nach – ungehindert durch die Kinder, mit neuer Partnerschaft. Sie ist

«Die Leistung der Frau in der Kultur

Zu deutsch: ‹Die klägliche Leistung der Frau.›
Meine Herren, wir sind im Bilde.
Nun, Wagner hatte seine Cosima
Und Heine seine Mathilde.
Die Herren vom Fach haben allemal
Einen vorwiegend weiblichen Schatz.
Was uns Frauen fehlt, ist «des Künstlers Frau»
Oder gleichwertiger Ersatz.

Mag sie auch keine Venus sein
Mit lieblichem Rosenmund.
So tippt sie die Manuskripte doch fein
Und kocht im Hintergrund.
Und gleicht sie auch nicht Rautendelein
In wallendem Lockenhaar,
So macht sie doch täglich die Zimmer rein
Und kassiert das Honorar.

Wenn William Shakespeare fleißig schrieb
An seinen Königsdramen,
Ward er fast niemals heimgesucht
Vom ‹Bund Belesner Damen›.
Wenn Siegfried seine Lanze zog,
Don Carlos seinen Degen,
Erging nur selten an ihn der Ruf,
Den Säugling trockenzulegen.

Petrarcas Seele, weltentrückt,
Ging ans Sonette-Stutzen
Ganz unbeschwert von Pflichten, wie
Etwa Gemüseputzen.
Doch schlug es Mittag, kam auch er,
Um seinen Kohl zu essen
Beziehungsweise das Äquivalent
In römischen Delikatessen.

Gern schriebe ich weiter
In dieser Manier,
Doch muß ich, wie stets, unterbrechen.
Mich ruft mein Gemahl.
Er wünscht, mit mir
Sein nächstes Konzert
Zu besprechen.   (Mascha Kaleko)

aus: Hervé u. a., Kleines Weiberlexikon, Dortmund 1985, Weltkreisverlag, S. 280

am Ende angekommen. «Wahr ist», schreibt ein Rezensent im Spiegel 24/1989, «daß ihr zum Schreiben am Ende nur noch die nervöse Zeitspanne zwischen vier Uhr morgens und dem ersten Schrei des Babys blieb!»

Alltägliche Sucht und Selbstmord

«Tausende von Tabletten lagen – teilweise noch verpackt – in Gebüschen...
Die Feuerwehr mußte mit einem LKW anrücken, um die Arzneimittel zu
transportieren. Sie wurden vom Fuhramt als Sondermüll behandelt.
Hintergrund: Ein 20 Jahre alter Mann hatte *die Wohnung seiner verstorbenen
Mutter aufgelöst...*»
(Neue Hannoversche Presse vom 29.4.88)

«Mehr als doppelt so oft wie bei den männlichen Patienten diagnostizieren
die Mediziner bei ihrer weiblichen Klientel psychische
Befindlichkeitsstörungen, die sie mit blumigen Formeln wie vegetative
Dystonie, Psychosomatose oder psychovegetative Dysregulation
umschreiben. Der Nicht-Diagnose folgt in aller Regel die Nicht-Therapie:
mother's little helper, die Beruhigungspille, deckt die Probleme zu.»
(Spiegel Nr. 35/1988)

Eine schwere depressive Verstimmung kann als ein Signal gesehen werden, daß an der Lebenswirklichkeit etwas geändert werden muß. Die Depression kann ein Versuch der Seele sein, sich zeitweilig aus den Turbulenzen des Alltags zurückzuziehen: Schonung, «Pause», Ausspannen, «die Seele mit den Beinen baumeln lassen».

Wenn die Anzeichen (Erschöpfung, Dauermüdigkeit bei Schlaflosigkeit, alle möglichen körperlichen «Wehwehchen») jedoch nicht ernst- oder nicht wahrgenommen werden, wenn keine Pause gemacht, kein Urlaub von der überfordernden Situation und vom nervenden «Du» genommen wird, scheint es für viele Frauen nur zwei Lösungen zu geben: eine «parasuizidale Pause» einzulegen (siehe oben) oder – schneller, unauffälliger, leichter, häufiger – die depressive Verstimmung, die beginnende Krise mit Medikamenten zuzudecken.

Nach Daten der Arzneimittelindustrie werden «Frauen doppelt so häufig wie Männer mit Diagnosen belegt, die etwas mit psychischen Problemen zu tun haben:

Psychosomatosen, neurodystonische Beschwerden, neurovegetative Dystonie, psychovegetative Dysregulation, Nervosität, Schwäche, Depression usw. (...) Diese psychischen Probleme werden von den Ärzten in der Regel mit Psycho-Pillen ‹behandelt›: Frauen in der Bundesrepublik Deutschland werden jedes Jahr mit rund 37 Millionen Packungen Psychopharmaka beruhigt, Männer «nur» mit 16 Millionen. (...) Psychopharmaka gelten bei vielen Ärzten als risikoarme Problemlöser vor allem für Frauen» (Weiss 1985).

In Untersuchungen wurde festgestellt, warum Ärzte Psychopharmaka-Rezepte ausstellen: weil sie Schwierigkeiten haben, sich mit ihren Patientinnen zu verständigen; weil sie nicht wissen, was sie sonst für sie tun sollten; weil die Beschwerden nur vage geschildert werden und weil «der Arzt mit dem Ausstellen eines Rezeptes zum Ausdruck bringen will, daß die Sprechstunde beendet ist».

Auch zu Schmerzmitteln greifen Frauen eher und öfter als Männer – überhaupt neigen sie sehr viel stärker zur «Multitoxikomanie» (Mehrfach-Medikamentensucht). Die Hamburger Psychologin *Sibylle Ellinger* hat die Medikamentenabhängigkeit von Frauen untersucht und festgestellt, daß Frauen um so stärker über gesundheitliche Beschwerden klagen, je *geringer ihr Handlungsspielraum*, ihr Grad an Selbstbestimmung zu Hause und im Beruf ist, je mehr sie sich mit Kollegen arrangieren müssen, *ohne* wirklich *Einfluß* nehmen zu können, und «je mehr von ihnen erwartet wird, daß sie, ‹typisch Frau›, für ein freundliches Klima zu sorgen haben. (...) Wer darauf getrimmt ist, für andere dazusein, und dies tagein, tagaus und selbstverständlich, kann sich Ausfälle nicht leisten» (Anna von Münchhausen, 1986).

Die «Deutsche Hauptstelle gegen Suchtgefahren» in Hamm/Westfalen schätzt die Zahl der Arzneimittelabhängigen in der Bundesrepublik Deutschland auf 800 000. 1988 wurden 638 Millionen Tagesdosen von Benzodiazepin-Tranquiliziern und Schlafmitteln verordnet. *Arzneimittel sind Drogen* – nur sind diese Drogen «legal»! Es gibt sie problemlos zu kaufen, manche rezeptfrei, viele nur gegen ärztliches Rezept. Wie problemlos diese Verschreibungen teilweise aber gehandhabt werden, weiß manche Frau aus ihrer eigenen Arztbesuchspraxis. Viele dieser alltäglichen Drogen lösen Sucht aus, d. h., sie machen physisch und psychisch abhängig. Aus dem Versuch, Alltagsprobleme per Medikament (oder Alkohol) zu lösen, wird über Monate und Jahre die Unfähigkeit, selbst geringfügige Anforderungen noch zu meistern.

«Süchtige» sind in der Meinung der Bevölkerung die Junkies, Fixer, Hascher und Kiffer – die «Drogenabhängigen». Es sind immer «die anderen», die Ausgeflippten, mit denen man selber nichts zu tun hat, die nicht in die eigene Welt gehören. Der tägliche abendliche Rausch, die Schlaftabletten zum Einschlafen, das Aufputschmittel am Morgen danach, die Beruhigungsdragees, über den Tag verteilt, das permanente Fremdsteuern der Körperfunktionen und des seelischen Befindens gelten als normal. Trinker sind gesellig, die Bitte um Mineralwasser auf einer Gesellschaft gilt fast als anstößig. Allzeit fit, ausgeglichen und uneingeschränkt leistungsfähig zu erscheinen (!) entspricht dem erwünschten Menschenbild.

Der Arzt Ekkehart Adler hat gemeinsam mit dem Journalisten Hans Oberländer Fälle aus einer Arztpraxis dokumentiert («Stern» vom Nov. 89), in denen «die verordnete Sucht» zum vollständigen Verfall, zu Todeswünschen und Selbstmordversuchen führte:

«Über eine Frau, die er (der Hausarzt – Sw.) mit dem Schlafmittel Rohypnol versorgt hatte, notierte er: ‹Seit gestern läge sie im Bett, röchele nur, nichts gegessen. Laut Oma nehme sie oft fünf bis sechs Schlaftabletten auf einmal, wolle dann weg sein.› Doktor S. wies die Patientin ins Krankenhaus ein. Nach etwa drei Wochen wurde sie entlassen. Doch statt die Frau mit Hilfe des nicht süchtig machenden Antidepressivums Aponal 10 von ihrer Schlafmittelabhängigkeit zu befreien, wie dies die Klinikärzte empfohlen hatten, verschrieb Dr. S. wieder Rohypnol. Später vermerkte er in der Kartei, die Patientin habe erklärt: ‹Sie könne gar nicht mehr, werde behandelt wie ein Hund.›»

Ein Teufelskreis entsteht: Das momentane Mißbehagen führt zum Griff nach dem Medikament, die Droge führt zur Abhängigkeit, sie muß verstärkt – häufiger und in höheren Dosen – eingenommen werden. Darüber werden soziale Beziehungen vernachlässigt und familiäre wie berufliche Aufgaben nicht mehr ausreichend wahrgenommen. Die Beschaffung der Drogen steht im Mittelpunkt des Lebens, denn bei vorübergehender «Ernüchterung» reagiert der Körper mit Entzugssymptomen, und das soziale Dilemma rückt scharf in das Bewußtsein. Dieses Mißbehagen kann noch weniger denn je ausgehalten werden und bedarf der erneuten Betäubung. Der Teufelskreis ist geschlossen. Es ist eine Spirale abwärts.

Der Selbstmord scheint für die Süchtige unter diesen Umständen geradezu etwas Zwingendes zu bekommen: Bei vollem Bewußtsein (ohne Beeinflussung durch Drogen) wird die Sucht in ihrem gesamten Ausmaß klar, mit allen Folgen und bei gleichzeitigen schweren körperlichen und seelischen Entzugserscheinungen. «Ohne» weiterzuleben scheint ebenso unmöglich wie «mit» – es wird kein Ausweg mehr gesehen.

Wieweit die *Vergiftung* des Körpers, wieweit die Chemikalien im Nervensystem eine Suizidalität zu erzeugen imstande sind, ist noch fraglich. Die Selbstmordforschung hat diesen Aspekt in den letzten Jahrzehnten kaum beachtet: Psychosoziales stand und steht im Mittelpunkt der Überlegungen zur Verursachung der Suizidalität.

Eine 43jährige Patientin, seit ca. acht Jahren von Medikamenten abhängig, seit fünf Jahren latent selbstmordgefährdet, schildert ihren «Drogenalltag»:

«Also mich beruhigt es schon, wenn ich meine Tabletten bei mir habe. Da muß die Packung im Bad sein, und wenn ich außer Haus gehe, muß ich ein paar mithaben. Ich habe mir extra ein kleines Pillendöschen gekauft, mit petit-point-Stickerei, damit... na ja, damit nicht gleich jeder sieht, was ich nehme. Es ist ja nicht so, daß ich immerzu was einnehme. Ich bin ja nicht abhängig davon, da habe ich schon aufgepaßt. Ich kann immer noch gut ohne auskommen. Aber ich muß sie bei mir haben. Es sind ja im Büro immer wieder Situationen, da ist es besser, wenn man nicht gleich scharf reagiert. Da heißt es sonst gleich: ‹Hysterische Ziege› oder ‹Die kommt wohl in die Jahre›. Also ich nehme immer drei oder vier Tabletten mit. Meistens nehme ich eine in der Mittagspause wegen des Nachmittags.»

Auf Nachfrage: «Ja, das ist ein Beruhigungsmittel. Aber das macht mich nicht müde. Das – wie soll ich sagen – ich kann damit besser arbeiten. Ich bin nicht so nervös, nicht so schnell aus der Ruhe zu bringen. Nein, ich bin im Arbeiten gar nicht eingeschränkt. Ganz im Gegenteil!»

Nachfrage: Morgens vor Dienstantritt, mittags, um den Nachmittag zu bewältigen – und abends?

«Ach, abends. Ja, das ist so ein Problem. Da bin ich oft ganz flattrig. Ich bin ja vorsichtig. Wenn ich eine Verabredung habe, dann nehme ich meist nur eine halbe – weil ja doch immer ein bißchen getrunken wird. Aber zum Einschlafen brauche ich dann wirklich was, ich kann es mir nicht leisten, morgens unausgeschlafen im Büro zu erscheinen, und meine sieben Stunden Schlaf brauche ich schon noch!»

Also sind das etwa vier bis fünf Beruhigungstabletten pro Tag?

«Ja, nein – also so ist das nicht. Nicht immer. Und wenn, dann verteilt sich das ja auch über 16 bis 17 Stunden. Nein, süchtig bin ich nicht. Ich kann jederzeit aufhören. Ich muß ja auch nichts einnehmen, ich muß sie nur bei mir haben – dann geht's mir manchmal schon besser, wenn ich weiß, es kann ja nichts passieren, ich kann ja jederzeit einen kleinen Anteil nehmen.»

Und ein Zusammenhang zwischen der Medikamenteneinnahme und den immer wieder auftretenden Selbstmordideen?

«Ja, die sind schon schlimm. Aber mit dem Mittel krieg ich das ganz gut in den Griff. Da komme ich doch ganz gut drüber weg.»

Umgekehrte Wirkung?

«Wieso das denn? Nein, nein – so ist das schon richtig!»

Und was sagt der Hausarzt?

«Ja, der sagt, ich soll vorsichtig sein, aber er weiß ja auch, unter welchem Druck man als Berufstätige heutzutage steht. Er sagt dann auch schon mal: ‹Wenn Sie das Klimakterium erst einmal hinter sich haben, wird es sowieso wieder besser.› Das muß ich eben überbrükken.»

Das sind aber noch einige Jahre!

«Was soll's! Seit ein paar Jahren bin ich ja auch an dieses Medikament gewöhnt, ich will sagen, ich bin ganz gut drauf eingestellt. Und wenn ich bis heute davon nicht süchtig geworden bin, dann kann mir auch in den nächsten Jahren damit nichts passieren. Wenn ich die ganze Zeit dann hinter mir habe und dann auch Aussicht habe auf Rente – ich will ja nicht bis 65 machen –, ja dann kann ich davon auch wieder lassen, und dann wird es mir auch wieder bessergehen. Das ist ja wirklich nur für eine Zeit der Überbrückung!»

10 bis 12 Jahre Überbrückung?

Sie sieht mich sehr lange, sehr nachdenklich an. Dann: «Na ja, so natürlich auch nicht. 10 Jahre ist schon eine lange Zeit. Aber ich habe auch nicht immer soviel genommen, und ich sehe schon zu, daß es an manchen Tagen auch weniger sind. Was soll ich machen? Ich muß doch leistungsfähig bleiben. Und Gott sei Dank gibt es nun mal diese Medikamente, die uns Frauen diese Zeiten erleichtern.»

Die in diesem Fall deutlich bestehende Sucht wird von meiner Gesprächspartnerin nicht verdrängt – sie wird gar nicht als solche interpretiert. Über «Sucht» herrschen bestimmte (Vor-)Urteile, die assoziieren:

● Grenzenlosigkeit, völliges Beherrschtsein, totale Auslieferung, keinerlei Steuerungsfähigkeit, Einnahme zum Vergnügen, Müßiggang, Nutzlosigkeit.

● Solange die Medikamenteneinnahme einen Sinn gibt und nicht dem Vergnügen (der Sucht) dient, solange dieser Sinn sogar gesellschaftlich anerkannt bzw. gefordert ist (Leistungsfähigkeit ohne Schwankungen!), ist das, was sie tut, legitim.

● Solange die Medikamenteneinnahme noch einigermaßen in ihrer Quantität steuerbar zu sein scheint, solange die Nutzerin entscheiden kann, ob sie dreieinhalb, vier oder fünf Tabletten pro Tag nimmt und sich auch einmal für «Nein» entscheiden kann, wenn die Situation es nicht zwingend erfordert – so lange besteht keine Sucht! Sucht ist unsteuerbar, süchtig sind nur völlig Haltlose!

Diese Auffassungen herrschen bei Medikamentenabhängigen und Alkoholikern vor, die noch nicht offiziell zu den Süchtigen zählen. Da sie selbst sich nicht als abhängig erleben, da sie ihrer Medikamentenabhängigkeit noch einen Namen geben (berufliche Notwendigkeit) und solange sie noch die Flaschen bzw. die einzelnen Tabletten zählen, glauben sie, alles im Griff zu haben. Der gefährlichste Irrtum bei diesen Abhängigen ist, daß sie meinen, jederzeit aufhören zu können, wenn sie entweder nur wollten oder wenn sich die Situation, die sie zur Einnahme von Mitteln führt, verändern würde.

Alkoholismus bei Frauen

Übereinstimmend sagen Studien zum Alkoholismus bei Frauen, daß diese aus anderen Gründen zum Alkohol greifen als Männer. Gemeinsam ist beiden Geschlechtern, daß sie durch Alkoholgenuß eine größere Rollensicherheit anstreben: Männer die Stärke, die Macht, das Imponieren und Frauen ein Mehr an Weiblichkeit.

Trinkerinnen – das steht inzwischen fest – haben Probleme mit ihrem Frausein. «Die potentielle Trinkerin *zweifelt an ihrem Wert als Frau*. (Daß Frauen sich durch Alkohol «männlicher» fühlen und gebärden wollen, ist widerlegt). Diese Zweifel entstehen teilweise durch mangelnde weibliche Identifikation auf unbewußter Ebene. (...) Die potentielle Trinkerin lehnt sich auf bewußter Ebene nicht dagegen auf, Frau zu sein. Sie akzeptiert bewußt ein traditionelles weibliches Rollenverständnis. Jahrelang mag sie mit den Spannungen, die sich aus *mangelndem weiblichen Selbstwertgefühl* ergeben, fertig werden, aber wenn diese Zweifel durch ein aktuelles Ereignis sehr starke Nahrung bekommen, dann kann es sein, daß sie zu trinken anfängt, um sich künstlich ein Gefühl von Weiblichkeit zu schaffen» (Sharon Wilsnack, 1976, S. 26).

Alkoholikerinnen leiden vor allem – auch das belegt die Forschung eindeutig – in jenen Bereichen unter Störungen, die für Frauen die größere Bedeutung haben: im Bereich von Partnerschaft und Freundschaft und im Bereich eigener Interessen und Aktivitäten. Sie sind dabei nicht, wie oft angenommen, besonders unangepaßt, sie sind überangepaßt. «Sie haben bereits sehr früh in ihrem Leben gelernt, auf Aggressionen und Druck mit *Hilflosigkeit und Anpassung* zu reagieren. (...) Auch als Erwachsene nehmen sie die Möglichkeiten nicht wahr, auf Belastungen aktiv und kontrollierend einzuwirken, sondern setzen ihr *Rückzugs- und Vermeidungsverhalten* fort» (Mantek 1977, S. 40 ff.). Risikofaktoren für weibliche Alkoholiker sind u. a. *gehemmte Durchsetzungsfähigkeit* und *starke Schuldgefühle* beim Trinken. «Da die Schuldgefühle allerdings erst immer später eintreten, wirken sie nicht positiv korrigierend. Sie liefern vielmehr eine weitere Grundlage für Gefühle von Minderwertigkeit, Hilflosigkeit und Streß und werden somit zu einem zusätzlich auslösenden Reiz für erneutes Trinken» (Mantek, ebd.).

Wessely und Pernhaupt haben 1973 in einer detaillierten Studie zum Männer- und Frauenalkoholismus die Motivierungen zum Trinken herausgearbeitet. Sie entsprechen bei den Frauen weitgehend den Gründen und Motiven des suizidalen Verhaltens:

Störungen im Zusammenleben	81 %	(22 % Männer)
Depression	51 %	(20 % Männer)
Kontaktstörungen	59 %	(32 % Männer)
sexuelle Problematik	24 %	(4 % Männer)
(Wessely/Pernhaupt, 1973, S. 475)		

Beim Frauenalkoholismus finden wir also (unabhängig vom Untersucher und seiner psychologischen «Schule») die gleichen Grundbedingungen wie bei der Tablettensucht und beim Selbstmordverhalten: die «privaten» Bereiche – Familie, Partnerschaft, Sozialbereich, Frausein – sind entscheidend für die Frau – so wie ihre Erziehung es gewollt hat! Ist das Funktionieren in diesen Primärbereichen gestört, dann gibt es für die meisten Frauen keinen adäquaten Ausgleich –

beispielsweise durch berufliche Anerkennung, Können, Auftreten oder befriedigendes Freizeitverhalten. Bei Störungen im «weiblichen» Sozialbereich ist die Frau all ihrer Werte und Fähigkeiten beraubt. Ihr bleibt (scheinbar) nur der vorübergehende oder endgültige «Ausstieg».

Depression, Sucht und Selbstmordverhalten

Depression, Sucht und Selbstmordverhalten sind engstens miteinander verknüpft: In der Depression wird zu Medikamenten oder Alkohol gegriffen, um die Situation erträglicher zu machen. Sie wird auf die Dauer jedoch unerträglicher, weil die Abhängigkeit die Fähigkeit, mit der Realität umzugehen, weiter untergräbt. Gleichzeitig führt Sucht tiefer in die Depression: sowohl physiologisch als auch psychisch bedingt. Beides kombiniert ergibt eine Potenzierung: die Verstimmung setzt die Sucht in Gang, die Sucht führt zu weiteren Verstimmungen und zu schweren Störungen im Sozialbereich, der ohnehin Auslöser für die Depression (und die Sucht) war. Die Ausweglosigkeit aus Sucht und Depression führt geradewegs in den Selbstmord(versuch).

Nach *Wessely* und *Pernhaupt* weisen Alkoholikerinnen rund fünfmal so häufig Selbstmordtendenzen und Selbstmordversuche auf wie ihre männlichen Leidensgenossen. Auch ihr zusätzlicher (!) Medikamentenmißbrauch liegt fünfmal so hoch wie beim männlichen Alkoholiker.

Der Alkoholismus der Frau ist – wie die Medikamentensucht – eine individuelle Reaktion auf persönliche Erlebnisse. Er ist in nahezu allen Fällen eine Flucht vor der Konfrontation mit der Realität. Aufgrund der erlernten Hilflosigkeit stehen vielen Frauen keine Strategien zur Verfügung, mit ihrem Streß, ihrer Über- und Unterforderung adäquat umzugehen. Sie flüchten in angenehmere Gefilde, sie entziehen sich – sie stellen sich nicht. Sie fallen zurück in kindliche Verhaltensweisen – sie wollen umsorgt und gepflegt und geliebt werden. Sie wollen genau das sein, was sie sein sollen: hilflos.

Sucht und suizidales Verhalten haben einen weiteren Aspekt, der nicht «im Gespräch» ist, der scheinbar in die Diskussion von «krank und hilflos» auch nicht paßt: der Aspekt von *Macht und Kontrolle*.

Eine Frau mit ausgeprägtem Selbstmordverhalten (andeuten, drohen, versuchen) übt auf ihre Umwelt ebenso Macht aus wie die (offen!) Alkoholsüchtige, die Magersüchtige und die Krankheitssüchtige: Wenn ihr nicht tut, was ich will, was mir guttut, wenn ihr nicht gut zu mir seid, dann... trinke ich, esse ich nicht, werde ich krank, bringe ich mich um! Diese Verhaltensweisen bringen Kontrolle über die Umwelt und sind daher ungeheuer wirksam. *Es sind die Strategien der Macht von Menschen, die ihrer Macht und Wirkung per Erziehung und Rollenzuschreibung beraubt wurden!*

7. Die weiblichen Standardrollen – Partnerschaft und Reproduktion

Auf der Suche nach dem Mann

«Das ist das große Drama der begabten Frauen, daß sie nicht wagen, zu etwas zu stehen, zu sich selbst, zu ihren Fähigkeiten, sondern, sobald irgend etwas Männliches am Horizont auftaucht, sich klein und hilflos zu geben.»

(Julia Onken)

Mädchen werden zum Frausein erzogen, und Frausein bedeutet: Suche nach einem Mann, Heirat und Kinderkriegen. Selbst fortschrittlichere Mütter geraten in Besorgnis, wenn ihre 17jährige Tochter noch keinen festen Freund hat. Ist diese dann 25 Jahre alt und noch nicht «unter der Haube», wird bereits gemunkelt, und eine Frau, die seit drei Jahren verheiratet ist, ohne sichtbar schwanger zu sein, ist in Familie und Freundeskreis vielen Attacken ausgesetzt, ob sie nicht wolle oder nicht könne (viele Ehepaare werden erst durch diesen Druck – nicht primär durch die ungestillte Kindesliebe – in die Arme von Reproduktionsmedizinern getrieben!). Die unverheiratete 30jährige, die ihren Beruf über alles (und über alle Männer) liebt, gilt als Emanze, Blaustrumpf und hoffnungsloser Fall. Mann muß sein – und Kinder gehören dazu.

Die politische Diskussion um den Wert von Familie und Kindern geht dabei inhaltlich mit der kirchlichen Version konform. Das «Elend der heutigen Familien», so habe ich Silvester *1989* von der Kanzel zu hören bekommen, liegt ausschließlich an der Weigerung der Frauen, mehr als ein Kind zu bekommen, und an ihrer Aushäusigkeit. Ihre Berufstätigkeit sei Egoismus und würde die nächste Generation bedenkenlos aufs Spiel setzen.

Diese «offizielle» Meinung teilen viele Frauen nicht deswegen, weil Kirche und Staat es so wollen. Je geringer bei einer Frau jedoch die schulische und berufliche Vorbildung ist, um so mehr wird sie sich auf den privaten Sektor ihrer Lebensplanung konzentrieren: auf Familienbildung. Dort findet sie sich geliebt, dort gehört sie mit Anfang bis Mitte 20 der Meinung ihrer personalen Umgebung nach hin, und dort bekommt sie die Anerkennung, die ihr im Beruf versagt ist und auch versagt bleiben wird.

Die konzentrierte und angestrengte «Suche» nach einem Ehemann leitet dann häufig schon das Dilemma ein, denn die Männer, die als Zukünftige ausgeguckt sind, haben nur selten das Bedürfnis, so schnell wie möglich zu heiraten. In diese Spannung geraten Mädchen und junge Frauen aller Schichten und Bildungsgrade. Selbst wenn «sie» nicht gleich heiraten will, so soll «er» eine Heirat doch nicht von vornherein ablehnen.

Auszüge aus einem Abschiedsbrief von Adele Hugo, der jüngsten Tochter des Schriftstellers Victor Hugo, an ihren geliebten Albert Pinson aus dem Jahre 1861 sowie Abschiedsbriefe von jungen Frauen heute zeigen verblüffende Übereinstimmungen: Wenn du mich verläßt, wenn du mich nicht heiratest, dann bringe ich mich um! Und du bist schuld!

«Ich werde fortfahren, Ihnen zu beweisen, daß Sie mich unglücklich machen, wenn Sie mich nicht heiraten. Die Lage wird sich verschärfen...

Ich lasse Ihnen zwei Tage Bedenkzeit für Ihren Brief... Er läßt mich in meinem Elend, ohne zu versuchen, mich durch einen Brief daraus zu erlösen. Das ist der Mann, den ich geliebt habe und den ich liebe! Er benimmt sich nicht einmal wie ein Mann, wenn er das unglückliche junge Mädchen nicht dem Unglück und dem Grabe entreißt. Ah, ah, dann wird von uns beiden nicht mehr die, welche auf ewig entschlafen ist, zu beklagen sein, sondern der, welcher das Unglück verursacht hat. Sagen Sie nicht, sie wird es nicht tun; die Gefahr und die Möglichkeit sind jedenfalls vorhanden. Sie schicken mich in den Kampf auf dem Schlachtfeld der Verzweiflung...

Es ist möglich, daß ich nicht wiederkehre!

...schreiben Sie, solange noch Zeit ist.

Es ist entschieden! Ich bin entschlossen, ein Ende zu machen, entweder indem ich Sie heirate, und das wäre das Glück, oder indem ich mich umbringe, und das wäre das Unglück.

> ...Wenn Sie also weiterhin schweigen oder Einwände vorbringen, mache ich Schluß mit diesem unmöglichen, schrecklichen, verhaßten Leben und werde im Grabe das Vergessen meiner Leiden finden und die Ruhe derer, die man nicht mehr erweckt.
>
> Auf Wiedersehen oder adieu!
>
> Bis zu unserer Heirat oder bis zu meinem Tode!»

Er hat sie nicht geheiratet, und sie hat sich nicht umgebracht – Adele Hugo, die «Königstochter» von Victor Hugo!

Der Brief ist fast 130 Jahre alt, und er ist so aktuell, als wäre er heute geschrieben. Der Unterschied zwischen damals und heute mag allenfalls in der Länge liegen. Heute sind derartige Mitteilungen/Abschiesbriefe meist kürzer – wenngleich ebenso deutlich und prägnant. Gefordert wird heute auch nicht immer gleich die Ehe, sondern «nur» das Zusammenbleiben. Die Drohung mit dem Selbstmord, die Ankündigung des «Unglücks», die Erpressung: «Wenn du nicht, dann...», und die Verzweiflung, nicht genug geliebt zu sein oder weniger zu gelten als eine andere, hat keine Änderung erfahren:

> Lieber Jürgen, ich liebe Dich, und ich habe alles für Dich getan! Heute habe ich dich wieder mit der anderen gesehen, obwohl Du mir versprochen hattest, mit ihr Schluß zu machen. Ich bin völlig am Ende. Komme bitte morgen abend zu «Karlchen». Dann können wir uns noch einmal aussprechen. Wenn du bis 22 Uhr nicht dort bist, bringe ich mich um. Ich habe genug Medikamente gesammelt. Dann hast du mich auf dem Gewissen. Wenn ich nicht mit dir glücklich werden darf, dann sollst du auch nicht glücklich werden.
>
> In Liebe Karin
>
> P.S.: Ich meine es ernst! Du solltest es auch ernst nehmen. Ich lasse nicht mehr mit mir spielen. Ich bin verzweifelt und will ohne Dich nicht mehr leben.»
> (22jährige Frau, 1984)

1861 gab es für eine «Tochter aus gutem Hause» nur die Wahl zwischen recht früher Heirat (die 25jährige war für den Heiratsmarkt schon überholt!) oder einem abwartenden Leben bei den alten Eltern als «alte Jungfer», die Klavier spielt, Lampenschirme bemalt und zur Konversation beiträgt und die nach dem Tod der Eltern in den Haushalt eines verheirateten Bruders überwechselt, um dort versorgt zu werden und die Tantenrolle für Nichten und Neffen zu übernehmen.

Vom «Einführen in die Gesellschaft» im Alter von 16–18 Jahren an war das Leben der jungen Frau auf die gute Partie, auf Aussteuer, Verlobung, Heirat ausgerichtet. Die Familie – insbesondere die Mutter – sah in der Verheiratung der Töchter eine ihrer wichtigsten Aufgaben. Die ganze Familie «arbeitete» daran. Das Ziel wurde von niemandem in Frage gestellt, zumal die Alternative (alte Jungfer) alle Familienmitglieder gleichermaßen belastet hätte – emotional und nicht zuletzt finanziell.

Hinter einem Drohbrief wie dem der Adele Hugo steckte Verzweiflung, die sich aus einer objektiven Einschätzung der Zukunft ergab. Es war nicht nur der Schmerz über die Untreue des geliebten Mannes, über sein nicht eingehaltenes Versprechen, es war auch nicht nur die narzißtische Kränkung, nicht ausreichend geliebt zu werden – es war das drohende Gespenst, «sitzenzubleiben» und keinen Mann «abzubekommen». Hatte sich dann in der «guten Gesellschaft» herumgesprochen, daß bereits eine Beziehung zu einem Mann bestanden hatte, sanken die Heiratschancen auf Null.

Heute stehen Frauen zwar nicht mehr unter diesem gesellschaftlichen Druck: Wenn sie unverheiratet bleiben, liegen sie keinem Verwandten auf der Tasche. Aber ihre Alternative ist eine 40 Jahre lange Berufstätigkeit im Kaufhaus, der Post, dem Krankenhaus, dem Frisiersalon, der Schule, der Fabrik, der Putzkolonne. Was Männern als selbstverständlich in ihrer Kindheit anerzogen worden ist, lebenslange Erwerbstätigkeit, der «Beruf fürs Leben», ist bei den meisten Frauen eben doch nur als Übergangsphase und Notbehelf gedacht – und so auch bei ihnen angekommen. Die wenigsten Frauenberufe sind wirklich ausbaufähig, und selbst in diesen finden sich dann «oben» schon die Männer als Vorgesetzte.

Neben der wenig verlockenden Aussicht für eine 20jährige, bis zur Verrentung untergeordnet zu malochen, kommt die geringe Anerkennung als Frau ohne Mann hinzu – und auch das ist unabhängig vom Alter und der Gesellschaftsschicht.

«Keinen abgekriegt» zu haben ist ein deutlicher Hinweis auf Minderwertigkeit. Von keinem Mann «begehrt», «auserwählt» und «heimgeführt» worden zu sein ist ein Zeichen für andere Männer, daß mit dieser Frau «etwas nicht stimmt», für andere Frauen hingegen eine fortwährende Bedrohung – weniger, weil sie die andere Frau fürchten, als vielmehr, weil sie ihre Männer kennen!

Die (körperliche) Treue gehört in unserem Kulturkreis zu einer festen Partnerschaft. Bei beiden Geschlechtern löst die körperliche Untreue unterschiedliche Reaktionen aus. Während Frauen leichter an ihrem vermeintlichen Ungenügen für den geliebten Mann kranken, die Untreue als *gegen* sich und *wegen* ihrer Minderwertigkeit interpretieren, haben Männer diese Ängste weniger. Für sie ist die Treue der Frau ein Teil ihres Besitzstandes. Ihr Körper gehört ihm und keinem anderen Mann.

Wegen einer anderen Frau verlassen zu werden trifft somit viele Frauen an ihrer empfindlichsten Stelle: der Überzeugung, sowieso nicht zu genügen, nicht auszureichen, nicht liebens- und begehrenswert zu sein, nichts unternehmen, sich nicht wehren zu können. Sie müssen es geschehen lassen, denn was könnten sie entgegensetzen?

Einem Bericht von Wolfersdorf (1989, S. 197) entnehme ich den Teil eines Falles, der die Partnerproblematik verdeutlicht. «Er» droht, «sie» zu verlassen. Daraufhin unternimmt sie (Warnung!) einen Selbstmordversuch, der ihn tatsächlich kurzfristig «zurückbringt» und in ihrem Sinne aktiviert. Doch hält dieses Arrangement nicht über die Klinikentlassung hinaus:

«Eine 22jährige Frau wird nach einem Suizidversuch nach Streit mit ihrem Freund, der drohte, sie zu verlassen, stationär eingewiesen. Während des 5tägigen stationären Aufenthaltes kann die Beziehung zwischen der Patientin und ihrem Freund in mehreren Gesprächen geklärt werden. Die Patientin wirkt entspannter, beruhigter, ist gemeinsam mit ihrem Freund bereit, in eine nachstationäre Partnertherapie zu gehen. Nach einem längeren Gespräch mit ihrem Vater, der vor der Kündigung der Arbeitsstelle warnt (er hatte gerüchteweise Andeutungen gehört), besteht die Patientin auf ihrer umgehenden Entlassung. Dies erscheint verfrüht. Gründe für eine Unterbringung nach dem Landesunterbringungsgesetz gegen den Willen der Patientin sind nicht hinreichend, die Patientin ist weder psychotisch noch akut suizidgefährdet, die Wahrscheinlichkeit für eine aktuelle suizidale Verhaltensweise ist gering, eine tiefe depressive Verstimmung liegt nicht vor. Die Nachbetreuung scheint geregelt, wenngleich die zugrundeliegende Beziehungsproblematik wei-

terer Psychotherapie bedarf. Wie später von der Kriminalpolizei zu erfahren war, verstirbt die Patientin am selben Tag durch Suizid; sie besucht am Abend des Entlassungstages eine Diskothek mit ihrem Freund,
dieser tanzt sehr eng mit einer Bekannten der Patientin, küßt diese, es
kommt zu einem Streit zwischen Patientin und Freund, sie läuft aus der
Diskothek heraus, mehrere Stockwerke im Haus hoch und stürzt sich aus
einem zufällig offenstehenden Fenster zu Tode.»

Geschafft! Verheiratet! ... Und dann?

«Wer heiratet, muß wach sein. (...) Wer heiratet, muß um die Gunst der
Götter buhlen. (...) Wer heiratet, muß mit dem Schlimmsten rechnen;
finstere Mächte umgarnen sein Glück. (...) Wer heiratet und dennoch
glücklich werden will, muß sich – das glaubten die Völker aller Kontinente –
sein Erdenreich ertrotzen, muß die Dämonen überlisten, muß dafür opfern
und es abbezahlen, lebenslänglich. Und doch – großes Mysterium der
Weltgeschichte –: Der Homo sapiens zeigte sich durch Jahrtausende bereit
zu solchem Trotz und Opfer. Stets hat er sich tapfer den Fährnissen gestellt,
die Boten des Bösen herausgefordert, die Ehe gewollt.»

(Leona Siebenschön)

«Zwei Ängste wechseln in der Ehe ab, die Angst vor der Einsamkeit und die
Angst vor dem Gebundensein. Die Furcht vor der Einsamkeit ist größer als
die Angst vor dem Gebundensein, deshalb wird geheiratet!»

(Palinurus)

Die höchste Ehescheidungsrate liegt inzwischen im fünften, nicht
mehr wie früher im «verflixten siebten» Jahr. Die Scheidung setzt
hinter eine Beziehung, die *so* nicht mehr gelebt werden kann, einen
Schlußpunkt. Sie gibt, nach einer gewissen Phase des Verpustens,
Raum und Zeit für eine neue, bessere, beständigere Verbindung oder
für ein befriedigendes Alleinleben. Eine Scheidung ist häufig «ein
Ende mit Schrecken» – viele Ehen jedoch bleiben (ungeschieden!)
ein «Schrecken ohne Ende».

«Nein zum Ehemann» sagten 52% der Frauen, die der Bevölke-
rungswissenschaftler Hans Jürgens von der Kieler Universität sechs
Jahre nach Eheschließung befragte. 52% würden ihn nicht wieder

heiraten und auch nicht mit ihm zusammen leben wollen. Von den Ehemännern bevorzugten zum gleichen Zeitpunkt immer noch 80% ihre Frau, «nicht zuletzt, weil sie bei ihr ein bequemes Paschaleben führen konnten – spätestens, wenn das erste Kind kam und die Frau ihren Job aufgab». Professor Jürgens: «Es waren immer die Männer, die die Spielregeln nicht einhielten und sich flugs vom Partner zum Pascha wandelten, sobald die Frau im Haus blieb.» «Sie hielten es auch nicht mehr nötig, mit ihren Frauen täglich länger als acht(!) Minuten zu sprechen. Zu Anfang der Ehe waren es immerhin noch 30 Minuten Gedankenaustausch am Tag. Wen wundert es da, wenn Dreiviertel aller Scheidungen von Frauen eingereicht werden!» (aus: Tarantel Okt. 1984).

Wenn jedoch viele Ehefrauen sich *nicht* scheiden lassen, sondern lieber ausharren, leiden, dulden, depressiv und tabletten- oder alkoholabhängig werden, dann liegt der Grund nicht (mehr) in der Angst vor der Verurteilung der Scheidung durch die Kirche oder in der Angst, als Geschiedene diskriminiert zu werden, sondern fast immer in ihrer Unbeweglichkeit, Unentschlossenheit und Passivität. «Frauen in diesen Lebensjahren sind ja so anhänglich», schreibt die Psychologin Elisabeth Müller-Luckmann. «Ich höre da immer wieder: ‹Er trinkt, er gibt mir nicht genug Geld, er schlägt mich, er ist nicht gut zu den Kindern – aber ich hänge doch so an ihm! Dahinter steckt die Unlust an einer Veränderung schlechthin!» (in: Schreiber, 1978, S. 84).

Was zusammenhält, ist oft nur noch die Gewöhnung an die Situation und die Angst vor einem Schritt «raus in die Freiheit». Im Gegensatz zu Männern, die sich meist erst dann trennen, wenn sie eine neue Partnerin schon in petto haben, ist für Frauen die Trennung ein Seilakt ohne Netz und doppelten Boden. «Da unten» steht nur selten einer, der sie auffängt – sie fallen erst mal ins Nichts. Für Frauen, die sehr früh geheiratet haben, ist diese Situation ganz besonders bedrohlich: sie haben noch nie allein gelebt. Aus dem Elternhaus sind sie in die Ehewohnung übergesiedelt. Immer war jemand da, der sagte, wo es langgeht. Immer hat jemand gesteuert, während sie «nur» gerudert haben.

Die Angst vor dem Unbekannten ist größer als das ständige Mißempfinden, der ständige Kleinkrieg und sogar die seelischen und körperlichen Mißhandlungen. Die Frauen ahnen, daß sie erstmals eine Leistung erbringen müssen, die noch nie jemand von ihnen verlangt hat: mit Zeit alleine umzugehen, sich selbst zu genügen, den «eigenen Mann zu stehen», sich ohne «Mein Mann hat gesagt» oder «Das besprechen sie am besten mit meinem Mann» durch den Alltag und ein (neues!) Berufsleben zu bewegen. Der Ehemann als Krücke für die Behinderung der Frau: ihre Weiblichkeit, das heißt ihre erlernte Hilflosigkeit!

> «Eine Überzeugung von Unkontrollierbarkeit dürfte die Initiative zu revolutionären Akten unmöglich machen.»
>
> (Seligman)

Wenn die Schilderungen mancher Frauen in Interviews nicht jeder Nachfrage standgehalten hätten – ich hätte es kaum für möglich gehalten: Es gibt zahllose Frauen, die sich beim Scheitern ihrer Ehe gedanklich eher und öfter mit ihrem Selbstmord beschäftigen als mit einer Trennung oder Scheidung von ihrem Ehemann, der ihr Eheleben bis zur Unerträglichkeit gestaltet.

Der Mann, der immer wieder andere Frauen «hat», der Ehemann, der eine sehr junge Freundin ins Haus bringt und vor den Augen seiner Ehefrau mit ihr im Schlafzimmer verschwindet, der Ehemann, der trinkt und im betrunkenen Zustand randaliert, schreit und prügelt: all dies ist für viele Frauen weniger ein Anlaß, sich zu trennen, als vielmehr in Betracht zu ziehen, sich selber umzubringen. Warum packen sie nicht ihre Koffer, bestellen den Spediteur, räumen die Wohnung aus, schlagen die Haustür hinter sich zu – und beginnen ein neues *Leben*? Warum nur kommen sie überhaupt auf die Idee, sich töten zu wollen, sollen, müssen, weil ihr Mann sie betrügt, weil er das Geld vertrinkt, weil die Ehe tot ist? Warum warten diese Frauen eher auf den unwahrscheinlichen Unfalltod ihres Mannes und schlucken anschließend eine Überdosis Medikamente oder planen, sich selber mit dem Auto totzufahren, wenn der Mann alle Fährnisse des Straßenverkehrs überlebt?

Ich habe mit drei Frauen versucht, dieses Phänomen ausführlicher als in den üblichen Interviews zu erörtern. Alle drei hatten von massiven Selbstmordideen, -plänen, -phantasien berichtet, die über einen jeweils jahrelangen Zeitraum anhielten. Alle drei hatten mehr oder weniger intensiv gehofft, geharrt, gewartet, ob nicht auch mal *ihr* Ehemann einem Verkehrsunfall zum Opfer fallen würde. Sie hatten in Gedanken mit seinem Tod gespielt, ohne ihre (teils verdrängten) aggressiven Gefühle ihm gegenüber in Tötungsphantasien oder -plänen zuzulassen. Die Tötung eines Menschen ist in unserem Kulturkreis tabu. Die Erziehung – ob christlich oder nicht – folgt dem 5. Gebot: «Du sollst nicht töten». Das Strafgesetzbuch setzt ein Zuwiderhandeln in exakte Strafzumessung um. Daß dieses Gebot nicht nur für Fremdtötung, sondern auch für Selbsttötung gelten könnte, ist scheinbar weniger anerzogen. Der Selbstmord, in dem Täter und Opfer identisch sind, scheint für sehr viele Frauen weitaus denkbarer zu sein als aggressive Handlungen gegen den Verursacher ihrer Nöte. Unsere Erziehung läuft auf eine Hemmung der Aggressivität hinaus – insbesondere bei Mädchen. Schimpfen, Fluchen, Raufen, Schlagen sind auch heute noch allenfalls Verhaltensweisen, die Jungen zugestanden werden.

Alle drei Frauen fühlten sich den Verhaltensweisen ihrer Männer hilf- und machtlos ausgeliefert. Alle drei hatten die «üblichen» weiblichen Strategien durchprobiert: Bitten, Weinen, Schimpfen, Verweigerung von Hausarbeit, Verweigerung von Geschlechtsverkehr, Verhandeln, psychosomatische Erkrankungen unterschiedlicher Schweregrade bis hin zu längeren Krankenhausaufenthalten.

Alle drei hatten sie «taggeträumt» vom plötzlichen Unfalltod ihres Mannes, der ihnen die Rolle des armen Opfers, der armen, bedauernswerten hinterbliebenen Witwe zugeschoben hätte. Sie haben auf das Schicksal gewartet, das jedoch anders waltete, als es sollte. Und sie haben über lange Monate und Jahre mit dem Gedanken an Selbstmord gespielt, ihn geplant, durchdacht. Zwei von ihnen haben ihn auch versucht. Keine von ihnen hat ihr eigenes Leben so wertgeschätzt, daß sie es selbst in die Hand genommen hätte. Alle drei haben sich auffällig von ihrer Umwelt dominieren lassen, haben sich eingeengt, haben sich Bescheidenheit einreden lassen und waren letztendlich überzeugt davon, daß sie es weder anders verdient hatten noch anders selber gestalten konnten.

Zwei der Gespräche gebe ich nachfolgend wieder:

«Ich konnte einfach nichts mehr bewegen!»

Heidemarie ist 45 Jahre alt. Ihre beiden Kinder (20 und 24 Jahre) sind außer Haus, berufstätig bzw. im Studium. Heidemarie lebt seit 25 Jahren mit ihrem Ehemann zusammen in einem kleinen geerbten Einfamilienhaus. Schon vor der Geburt des zweiten Kindes hatte ihr Mann Klaus eine Freundin, später wechselten seine Frauen. Als Heidemarie davon erfuhr, ging sie zu einem Rechtsanwalt. Der riet von Scheidung ab – warum, weiß sie heute nicht mehr. Sie fand es aber völlig richtig, sich nach dem Rat des Anwaltes zu richten. Als ihr Mann

immer seltener nach Hause kam, sich um die Kinder ohnehin nie
kümmerte und das Haushaltsgeld von Quartal zu Quartal abnahm,
gab Heidemarie ihre beiden Kinder zur Schwiegermutter ins Nach-
barhaus und ging arbeiten. Da sie ihre Lehre im Büro wegen der ersten Schwangerschaft nicht abgeschlossen hatte, ließ man sie zunächst
nur Hilfsarbeiten ausführen.

Als die Kinder sechs und zehn Jahre alt waren und Heidemarie
schon gar nicht mehr wußte, wie ihr Ehemann eigentlich aussah, ging
sie erneut zum Anwalt. Es war derselbe wie vor sechs Jahren und er
hatte denselben Ratschlag parat: Ausharren! Sie ließ sich von ihm
überzeugen, ob verheiratet oder geschieden, das sei in ihrer Situation
doch das gleiche. Es brächte nichts, schlafende Hunde zu wecken.
Ohne Scheidung behielte sie selbstverständlich Wohnung und Kinder,
und immerhin liefere ihr Mann ja auch einigermaßen regelmäßig
Geld zu Hause ab. Ob er ihr diese Bedingungen auch nach einer
Scheidung garantieren könne, wisse er nicht, hatte der Rechtsanwalt
ihr gesagt. Da dieser Rat auch ganz im Sinne der Schwiegermutter
war, die den Schein einer heilen Ehe ihres Sohnes gewahrt wissen
wollte und deshalb (!) die Kinder versorgte, fügte Heidemarie sich
auch dieses Mal. Einen Vorteil hatte der Rechtsanwaltbesuch jedoch:
Heidemarie wurde für 30 Wochenstunden als Bürokraft bei ihm ange-
stellt, verdiente besser als vorher und fühlte sich anerkannt. An langen einsamen Abenden, wenn die Kinder im Bett lagen und der Ehemann sich nicht hören und sehen ließ, beklagte sie ihr Los: sie war
einsam, sehnte sich nach Gemeinschaft, hatte Angst, eine alte Jungfer
zu werden, und sah das Leben vorübergehen und sich alt werden – nur
mit Beruf und Kindern.

Ein Jahr später änderte sich die Situation abrupt: Klaus wurde ar-
beitslos. Er war mehrfach alkoholisiert in der Firma angetroffen worden, und auch der Polizei war er nicht nur nüchtern bekannt. So saß er
ab sofort zu Hause, trank, sah fern, tat nichts und mischte sich in die
Erziehung der Kinder ein, die keine Beziehung zu ihrem Vater hatten
und sich deshalb auch nichts von ihm sagen lassen wollten. Als Heidemarie durch Zufall dahinterkam, daß ihr Mann gar nicht auf Arbeits-
suche war und daß er Geld von ihrem Sparbuch abgehoben hatte, um
damit seinen Alkohol zu finanzieren, forderte sie ihn auf, sofort aus-
zuziehen. Natürlich gab es für Klaus keinen Anlaß, das warme Nest zu
verlassen – und von diesem Zeitpunkt an herrschte nur noch Unfrie-
den.

Heidemarie verlegte sich aufs Bitten und Betteln: er solle mit dem

Trinken aufhören und wieder arbeiten. Sie bot ihm Geld an, wenn er auszöge. Sie schlug ihm Scheidung vor – vor allem dann, wenn sie deutliche Hinweise hatte, daß es mal wieder eine «neue» Frau gab. Sie warf mit Geschirr nach ihm. Sie begann selbst zu trinken. Sie schrie und tobte durchs Haus wie eine Furie – und Klaus saß im Sessel, spielte mit der Fernbedienung und öffnete eine Bierflasche nach der anderen. Nach einigen Monaten gab Heidemarie auf. Sie wurde krank. Sie mußte sich häufig übergeben, verlor rapide an Gewicht, war blaß, müde und kaum noch arbeitsfähig. Beide Kinder blieben in der Schule sitzen, ihr Chef drohte mit Kündigung. Als auch das alles ihren Mann nicht anrührte, begann Heidemarie ihrem Mann den Tod zu wünschen. Wenn er weg wäre, dann würde sie wieder in Ruhe mit den Kindern leben können. Aber Klaus passierte nichts. Sein Leben lief gefährdungsfrei zwischen Sessel, Kühlschrank und Bett ab.

Hast du mal daran gedacht, ihm etwas anzutun?

«Nein, nie! Kein bißchen! Ehrlich gesagt, es erstaunt mich heute noch. Ich hab nie daran gedacht, und ich würde es auch nie tun. Ich könnte es nicht, und ich wollte es nicht!»

Du würdest aber dich selber umbringen?

«Ja, das würde ich. Zweimal habe ich es versucht. Beim zweitenmal hätte es beinahe geklappt.»

Warum wolltest du dich töten, um diese unerträgliche Situation zu beenden? Warum bist du nicht einfach von ihm fortgegangen?

«Das weiß ich nicht. Das konnte ich einfach nicht. Da waren die Kinder und das Haus. Und wo hätte ich hingehen können? Mit der Arbeit war ich auf meine Schwiegermutter angewiesen, daß sie die Kinder nimmt. Wenn ich fortgezogen wäre, wäre das aus gewesen – so oder so. Das hat sie mir immer wieder deutlich gesagt. Und da dachte ich, ich kann den Kindern doch nicht den Vater nehmen. Klar, von dem hatten sie nicht viel! Besser gesagt, gar nichts! Nur das schlechte Vorbild und ab und zu mal Gemotze. Aber trotzdem! Und dann das Haus. Sollte ich es ihm überlassen? Mit anderen Frauen drin? Und dann hat meine Schwiegermutter auch immer gesagt: ‹Du mußt bei ihm bleiben, du bist sein einziger Halt. Ohne dich geht er vollends kaputt.› Na ja, und wenn wir mal ein ruhiges Gespräch hatten – das war sehr selten, wir haben uns doch immer nur noch angeschrien –, da hat er mich auch gebeten, bei ihm zu bleiben. Ich sei doch seine Frau. Und wir hätten uns auch Treue für schlechte Tage versprochen. Und bald würde es bergauf gehen, er

brauche eben mal ein bißchen Zeit für sich. Und dann habe ich wieder
nachgegeben und bin geblieben!»

Du hast doch aber versucht zu gehen!

«Nein, hab ich nie.»

*Du hast versucht endgültig zu gehen! Du wolltest dir das Leben neh-
men.*

«Ja, das stimmt.»

Wolltest du deinen Mann damit strafen?

«Nein, das wollte ich bestimmt nicht. Ich glaube auch nicht, daß ihn
mein Tod sehr getroffen hätte. Da wäre er schnell drüber weggekom-
men.»

Du hättest deine Kinder damit auch alleine gelassen.

«Ja, das ist mir dann später auch klargeworden. Aber so weit hatte ich
damals nicht mehr gedacht. Ich konnte das einfach nicht mehr aushalten.
Ich wollte bloß noch einfach weg.»

Aber du bist nicht weggegangen.

«Nein, ich glaube, davor hatte ich Angst. Ich habe das auch nie richtig
geplant. Bei einer Scheidung, dachte ich, kann ich mit den Kindern im
Haus bleiben. Da bleibt alles, wie es war. Aber er wollte ja keine Scheidung. Und seine Mutter hatte mir für diesen Fall ja auch gedroht, die
Kinder nicht mehr zu nehmen. Und er zog auch nicht aus. Und er tat
nichts als dasitzen. Es war so furchtbar, und es hat sich nichts mehr bewegt.»

Du hast nichts mehr bewegt.

«Nein, ich konnte einfach nichts mehr bewegen. Ich wußte auch nicht,
was und wie.»

Hast du dich hilflos gefühlt?

«Ja, hilflos, das ist der richtige Ausdruck. Ich hätte Hilfe gebraucht.
Ich hätte jemanden gebraucht, der gekommen wär und gesagt hätte:
Hier, pack die Taschen, mein Auto steht vor der Tür, ich bring dich und
die Kinder weg.»

Wohin?

«In eine neue Wohnung oder so.»

Wo sollte die hergekommen sein?

«Na ja! Eben! Wo sollte die hergekommen sein. Genau das war es ja.
Ich hätte so viel regeln müssen, Wohnung suchen, Kinder unterbringen,
vielleicht eine neue Stelle und dann der Umzug – und mein Mann hätte
doch keinen Finger krumm gemacht.»

Und da hast du Tabletten genommen.

«Ja, das war das einzige, was mir noch einfiel.»

Du bist nicht gestorben – wie hast du dich gefühlt, als du wieder wach wurdest?

«Beim erstenmal ganz furchtbar. Ich war so enttäuscht. Da lag ich und lebte noch. Und es hatte sich doch nichts geändert.»

Wie hat denn dein Mann reagiert?

«Er hat noch nicht mal was gesagt. Als ich aus dem Krankenhaus kam, war es nicht anders, als wenn ich von der Arbeit gekommen wäre. Nichts, nichts hatte sich geändert.»

Und da hast du es noch mal gemacht?

«Ja, diesmal aber richtig, habe ich gedacht. Aber meine Schwiegermutter hat mich gefunden, und da wurde wieder nichts draus. Sie war ja mißtrauisch geworden nach dem erstenmal.»

Und dann?

«Mein Gott, und dann! Nun leb ich halt. Du weißt ja wie. Die Kinder sind aus dem Haus. Der Alte säuft – aber meistens woanders. Gott sei Dank. Ich weiß auch nicht, woher er das Geld nimmt. Wahrscheinlich von Frauen. Wenn er nach Hause kommt, ist er friedlich. Meist geht er gleich auf sein Zimmer. Wir reden kaum noch miteinander. Gerade so: Da hat jemand für dich angerufen. Oder ich sage ihm, wenn ich ein Wochenende wegfahre. Mehr nicht.»

Lebst du heute gerne?

«Gerne? ... Nun, ich lebe. Mir geht es besser als damals, als alles so aus den Fugen war. Natürlich wünsch ich mir ein anderes Leben. Ich bin doch noch keine alte Frau!»

Wie siehst du heute deine Hilflosigkeit von damals? Daß dir nichts anderes einfiel, als dich selbst umzubringen?

– Lange Pause! –

«Ich glaube, ich bin heute nicht viel anders. Wenn du mich jetzt so fragst, würde ich sagen: Ich mach es diesmal anders. Aber frag mich nicht, wie. Du siehst doch, wie ich noch immer lebe. Außer daß die Kinder außer Haus sind und für sich alleine sorgen, hat sich nichts geändert. Für mich hat sich nichts geändert. Ich habe mich irgendwie reingefunden.»

Hast du resigniert?

«Ja. Resigniert. Das habe ich.»

Stell dir mal eine neue Partnerschaft vor – und da würde auch so einiges schieflaufen. Wie würdest du reagieren?

«So kann ich das nicht sagen. Vielleicht ähnlich. Aber ich glaube, daß ich nicht mehr versuchen würde, mich umzubringen. Aber wie ich das schaffen würde, weiß ich nicht. Vielleicht mit Hilfe. Also vielleicht mit

einer anderen Frau, die es geschafft hat und die sagt: Mensch, trenn
dich. Das bringt doch nichts. Aber du darfst auch nicht vergessen: Alle
waren damals dagegen, daß ich mich trenne – der Anwalt, meine Schwiegermutter, mein Mann.»

*Aber es war doch dein Leben. Dein Anwalt hat doch nicht unter deinem
Mann gelitten und deine Schwiegermutter auch nicht. Du konntest doch
nur dein Leben ändern.*

«Nein, das konnte ich eben nicht. Ich konnte daran nichts ändern.»

«Selbstmörder sind furchtsame Mörder. Masochismus statt Sadismus.»
(Pavese)

«Ich wurde immer kleiner, immer weniger!»

Marion, 42 Jahre alt, hat es – im Gegensatz zu Heidemarie – geschafft,
ihren Mann zu verlassen. Möglicherweise war es ihr nur deswegen
möglich, weil ihr Ehemann sich in der Durchsetzung seiner Ansprü-
che besonders aggressiv und rücksichtslos verhielt. Heidemaries Ehemann unterminierte die Ehe durch Passivität, Abwesenheit und dadurch, daß er absolut nichts beitrug zum Familienleben. Marions
Mann «sorgte» materiell – nahm sich dafür aber auch alle vermeintlichen Rechte.

Marion hat heute – in Scheidung lebend – das, was sie immer befürchtet hatte: nichts! Trotzdem ist sie «froh», diesen Schritt endlich
getan zu haben.

«Als das damals losging mit meinem Mann, da wußte ich wirklich nicht
mehr ein und aus. Er hatte ja unsere ganze Ehe durch immer mal andere
Frauen. Oft aus der Firma. Er hat damit nicht gerade geprahlt, aber er
hat es auch nicht versteckt. Für ihn war das normal – er mußte eben
immer mehrere Frauen haben. Ich hatte nichts zu vermelden. Ich war die
Mutter seiner Kinder, und er fand, daß das reicht. Ich meine, daß das für
mich reichen sollte. Ich sollte doch zufrieden sein, weil er mich *dazu*
ausgewählt hatte. Immerhin wollte er von anderen Frauen keine Kinder.
Das war *mein* Privileg.

Mit der Zeit wurden die Frauen immer jünger. Er hatte in der Firma
auch einen ziemlichen Wechsel – ich weiß nicht, ob das mit seinem Se-
xualleben zusammenhing, ob er die dann gefeuert hat oder ob die gegangen sind, wenn er sich die nächste nahm.

Ich hab immer sehr darunter gelitten. Einmal unter dem Wissen, und dann natürlich hatte er für die Familie sehr wenig Zeit. Normalerweise kam er gegen 19 Uhr aus der Firma. Und wenn es viel später wurde, wußte ich, nun macht er wieder einen los. Das ging bei ihm immer ziemlich schnell – einmal zusammen Essen gehen, das Flirten geschah ja schon bei der Arbeit – und dann eben auf die Couch. Dafür hatte er die extra in seinem Büro. Wenn er mal über Wochen pünktlich kam, dann wußte ich: Nun hat er keine. Aber das war dann auch nicht das Wahre. Er wurde immer gereizter und maulte mit den Kindern rum, und nichts war ihm recht zu machen. Da hab ich manchmal direkt gedacht: Hoffentlich hat er bald wieder eine, dann kann ich wenigstens mit den Kindern in Ruhe leben.

Und dann hat er eines Tages eine mit nach Hause gebracht. Ich war mit den Kindern ein paar Tage zu meiner Mutter gefahren, und als ich wiederkam, hab ich das gleich gemerkt. Er hat sich da auch gar nicht rausgeredet. Für ihn war das normal. Er hat gesagt, daß es ihm immer nur auf der Couch im Hinterzimmer schließlich auch keinen Spaß machte. Und wozu er einen teuren Bungalow hingestellt hätte, wenn er den noch nicht mal benützen dürfte. Was ich dazu dachte und was ich fühlte, das war ihm völlig egal. Aber das war es ihm immer. Ich soll mich nicht so anstellen, und schließlich ist man heute großzügiger als bei unseren Großeltern. Und ich täte ja auch sonst so modern – damit meinte er meine Erziehung.

Ja, und das wurde dann zur Norm. Die eine, das war eine 19jährige, die kam ein-/zweimal die Woche. Dann verschwanden sie im Schlaftrakt, nahmen sich Getränke aus dem Kühlschrank mit, und irgendwann brachte er sie dann mit dem Wagen nach Hause. Wenn er zurückkam, tat er, als wäre nichts. Und wehe, ich habe was gesagt. Da war ich dann die alte Zicke, die sich ja nicht zu wundern braucht, wenn ihr Mann mal was Freundliches braucht. Schließlich wäre seine Arbeit schwer genug, und schließlich würden ich und die Kinder davon profitieren. Ich wäre ja gerne arbeiten gegangen, damit ich ein bißchen unabhängiger bin, aber das hat er verboten.

Das war alles so schlimm. Ich habe das über fünf Jahre mitgemacht. Eigentlich wegen der Kinder. Aber es war so demütigend, so demütigend. *Ich wurde immer kleiner, immer weniger.* Ich habe mich manchmal schon vor mir selber geekelt. Oft habe ich gedacht, er soll doch sterben – er hat so einen hohen Blutdruck –, oder er soll verunglücken. Er fährt immer die schnellsten Renner, und die müssen dann auch voll ausgefahren werden. Aber solchen Leuten passiert ja nie was!

Und dann hab ich gedacht eines Tages: Ich kann doch hier nicht nur sitzen und warten, ob er mal kaputtgeht. Ich muß selber Schluß machen. Nein, nein, natürlich nicht mit ihm oder so – nein, ich dachte, ich bin doch sowieso nur noch ein Niemand, ob es mich gibt oder nicht. Und die Kinder wurden ja auch langsam größer und selbständiger. Nach der Schule gleich zu Freunden oder zum Sport – die brauchten mich doch gar nicht mehr.

Ich hab's ein paarmal versucht. Ich hab mir seinen Wagen genommen und hab auch mal ordentlich draufgedrückt. Der schafft leicht 240 und mehr. Und dann hab ich geguckt: Diese Mauer oder dieser Brückenpfeiler? Man liest ja immer wieder davon. Ja, und dann habe ich es nie geschafft. Ich bin immer heil nach Hause gekommen. Ich habe einfach diesen Absprung nicht gekriegt, dieses «Rum mit Steuer». Ich war wohl auch zu langsam. Bis ich das überlegt hatte, war die Brücke schon wieder vorbei.

Und vielleicht wollte ich auch gar nicht! Nein, *ich wollte* ja auch wirklich nicht, aber irgendwie hatte ich das Gefühl, ich müßte es tun, weil es keine andere Möglichkeit gab.

Scheidung? Na ja! Da hat er mir ja alles mögliche angedroht, und da hatte ich Angst. Sie sehen ja, wie es heute ist: Die Kinder sind bei ihm, und ich krieg nach 17jähriger Ehe nichts. Ich gehe als Aushilfe. Und davor hatte ich Angst.»

Frauen, denen der Absprung aus der Ehe nicht gelingt, werden wohl oder übel mit ihren Männern alt. Was sie gehalten hat, bleibt oft sowohl ihnen selbst als auch Außenstehenden unklar. Vielleicht ist es das, was der japanische Dichter Issa in seinem Haiku sagte:

«Wie beneide ich einen,
der gescholten wird.
Letzter Tag im Jahr.»

Viele Frauen bevorzugen lieber «Schelte», Ärger und Unannehmlichkeiten, als die bloße Gefahr der Einsamkeit zu beschwören: eines Alleinseins, das ihrem anerzogenen Rollenverständnis diametral entgegensteht.

«Mutterglück» und Selbstmordgefährdung

In dieser Gesellschaft, die das ungeborene Leben schützt, nahm sich Hedi
K., geb. am 01.06.1956, ledig und mit ungeborenem Leben im 3. Monat, aus
Angst vor dem Schutz der Gesellschaft das Leben.»

(Ulla Hahn)

«Das Leben geht weiter», sprach er immer,
«Das Leben geht weiter», sprach er, nachdem ich mit
　　　　　　　　　　　　ihm geschlafen hatte und weinte.
«Das Leben geht weiter», sprach er, als ich schwanger
　　　　　　　　　　　　war und er mich zu einer
　　　　　　　　　　　　Abtreibung zwang.
«Das Leben geht weiter», sprach er, als ich abgetrieben
　　　　　　　　　　　　hatte und mit den Nerven fertig war.
«Das Leben geht weiter», sprach er, auch als er von
　　　　　　　　　　　　mir ging.
Und nun stehe ich da «mit meinem weitergehenden Leben».

(Claudia Fuchs, 15 J. in: Arbeitskreis für Jugendlit.)

Der «schönste Zustand», die «schönste Zeit» im Leben einer Frau:
Schwangerschaft, Geburt und das Dasein als junge Mutter, gehören
zu den Mythen, mit denen Frauen auf ihren Platz gewiesen werden.
Kinderkriegen als Erfüllung des Daseins, Kinderhaben als vornehm-
ste Aufgabe und Krönung des Lebens einer Frau.

Es gibt Frauen, die diesen Anforderungen genügen und auch gerne
genügen wollen. Sie haben ihre Rolle gelernt, ihren Auftrag verstanden und versuchen, darin aufzugehen. Das Erwachen kommt für viele
andere aber sehr schnell: selbst erwünschte Schwangerschaft ist nicht
nur freudige Erwartung, der Geburtsvorgang nur selten die große Be-
glückung (vor allem nicht in technisch durchgestylten Großkranken-
häusern und der Fließbandabfertigung durch herrschsüchtige Heb-
ammen). Die Tage nach der Entbindung sind nicht selten geprägt von
Verlust- und Versagensängsten, weil sich die erwarteten Mutter-
glücksgefühle nicht sofort einstellen wollen.

Können Frauen darüber sprechen, dann finden sie zahlreiche «Lei-
densgenossinnen», die alle miteinander merken, daß nicht jede
einzelne von ihnen «versagt», sondern daß diese Empfindungen da-
zugehören und eine Mutter nicht deswegen «schlechter» ist, weil sie
Mißgefühle hat und äußert.

Solche Erlebnisse und Empfindungen sind fast allen Frauen eigen, auch wenn sie in festen und guten Partnerschaften leben, in denen das Kind gewollt war und bei seiner Ankunft gute sozioökonomische Verhältnisse vorfindet.

Ist die Schwangerschaft jedoch von beiden Elternteilen (oder auch nur einem) nicht gewollt, wird um einen Schwangerschaftsabbruch gestritten (nicht selten gegen den Willen der Schwangeren!), wird die werdende Mutter vom Kindesvater verlassen, obwohl oder weil sie ein Kind erwartet, dann gerinnt dieses «schönste Erleben im Leben einer Frau» zum Alptraum.

Abtreiben – auch wider willen –, Austragen mit der Angst vor allen Hindernissen in der Zukunft, vor Diskriminierungen und Armut, vor Verlassenheit und völliger beruflicher und privater Kursänderung, oder Freigeben zur Adoption, für viele Frauen sind diese Alternativen nur die Wahl zwischen Schwert, Gift und Strick! Und letzteren wählen manche dann auch.

Es gibt auch Schwangerschaften, die von vornherein und ohne Einschränkungen unerwünscht sind. Viele zunächst ungeplante Schwangerschaften erzeugen jedoch eine erhebliche Ambivalenz, deren Ausgang abhängig ist von den Reaktionen der Umwelt.

Sagt der Kindesvater: «Ist mir eigentlich noch zu früh, aber wir packen das schon!», freuen sich die Eltern der werdenden Mutter auf das Enkelkind und bietet der Vermieter ein weiteres Zimmer an, bekommt die Einstellung zur Schwangerschaft eine völlig andere Qualität, als wenn der Kindesvater sich abwendet, die Eltern nur um ihren Ruf besorgt sind und der Vermieter vorsorglich wegen des zu erwartenden Kindergeschreis kündigt.

Die psychische Situation vieler Schwangerer ist sehr offen. Eine differenzierte Studie über «Gründe, Legitimationen, Alternativen» zum Schwangerschaftsabbruch ergab, daß sich 25 Prozent der werdenden Väter «negativ» und 20 Prozent «sehr negativ» über die Schwangerschaft äußerten. 33 Prozent verhielten sich «neutral», was nichts anderes bedeutet, als daß der Frau jegliche Entscheidung und Verantwortung über Abtreiben oder Austragen allein übertragen wird – unter dem Deckmäntelchen weiblicher Selbstbestimmung.

Ich habe nur wenige unfreiwillig werdende Mütter betreut, bei denen nicht auf die eine oder andere Weise der Selbstmord thematisiert wurde. Er wurde immer als eine der vielen Lösungsmöglichkeiten herangezogen. Dabei war mir in *diesen* Fällen am wenigsten deutlich, wo die Verzweiflung aufhörte und die Erpressung begann. Daß es sich oft um den letzten Versuch handelte, die Beziehung zu retten, kann nicht übersehen werden. Gleichzeitig ist die ungewollte, neue Situation für viele Frauen so erschreckend, die Zukunft so offen, die Eltern so ablehnend, die Freunde so distanziert abwartend, daß die kommende Zeit unkalkulierbar scheint. Die Eheschließung würde – wie anerzogen! – aus allen Problemen führen. Selbst Frauen, die wissen, daß die Beziehung zum Kindesvater nicht von Dauer sein wird, ziehen die Heirat vor, um «erst mal» den Ehefrauenstatus, die gesellschaftliche Anerkennung zu haben und nicht in Ausbildung, Beruf und Freizeitbereich als ledige Mutter geächtet zu werden. Scheidung wird oft schon einkalkuliert, wichtig ist nur, daß das Kind in eine Ehe hineingeboren wird.

Ein nicht zu klärendes Phänomen ist für mich, daß Schwangere des zu erwartenden Kindes wegen von einem Selbstmord absehen, anschließend jedoch einer Abtreibung zustimmen. In beide Bereiche spielt scheinbar viel Irrationales hinein. Die unreflektierte Einstellung zu Leben und Töten, Am-Leben-bleiben und Am-Leben-lassen, Sterbenwollen und doch Weiterleben kennzeichnet die ganze Ambivalenz des Menschen, der sich situativ hilflos fühlt und der in «Du-oder-ich-Schemata» denkt.

Selbstmordversuche in Schwangerschaftskonfliktsituationen sind jedoch immer nur von sehr kurzer Wirkung – wenn überhaupt! Der Schreck rüttelt manchen Partner wach, aber statt einer neuen Liebe erwächst eher Mißgunst und das Gefühl, in eine Ehe gezwungen und manipuliert worden zu sein. Hinzu kommt die Angst vor weiteren Erpressungen dieser Art in Konfliktfällen. Selbstmordversuche belasten eine Partnerbeziehung schwer. Je weniger Hilfe für beide Beteiligten von außen kommt, um so hilfloser und inadäquater werden beide in Zukunft miteinander kommunizieren.

Schwangerschaft und Selbstmordversuch als letztes «Mittel»

Frau Friedrich ist 31 Jahre alt, als sie in einer Gastwirtschaft einen Soldaten kennenlernt, der in ihrer Heimatstadt stationiert ist. Gleich am ersten Abend – bevor die beiden miteinander ins Bett gehen – teilt der Mann seiner neuen Freundin mit, daß er Familie habe, von der er sich nicht zu trennen gedenke. Sie habe von ihm also für die Zukunft nichts zu erwarten! Für ihn sind damit «klare Verhältnisse» geschaffen. Für sie entwickelt sich eine zunächst stark sexuell geprägte Beziehung, die langsam zu Liebe wird.

Eine Schwangerschaft drei Monate nach dem Kennenlernen läßt sie abtreiben, ohne den Erzeuger zu informieren. Nach zwei Jahren – die Beziehung hält unvermindert auch über einen größeren räumlichen Abstand an – ist sie erneut schwanger. Der Mann wiederholt seine Aussage, daß er sich nur an seine Familie gebunden fühle, außerdem kein weiteres Kind finanzieren wolle – und im übrigen sei das alles ihre Sache! Sie treibt wieder ab.

Als Frau Friedrich ihren Freund eines Tages überraschend und gegen dessen Willen in seiner Wohnung besucht, wird ihr bewußt, daß hier sein Lebensmittelpunkt liegt, und wie fest er emotional in seiner Familie verankert ist. Sie beschließt, es nun «drauf ankommen zu lassen». Ihre Rolle als Gelegenheitsgeliebte reicht ihr nicht mehr, sie will den Mann «ganz», sie verlangt das erstemal deutlich die Trennung von seiner Familie. Er will nicht, erinnert an frühere Gespräche und verweist sie deutlich auf ihre Rolle. Frau Friedrich droht daraufhin mit Beendigung der Beziehung, mit dem Informieren der Ehefrau und mit Selbstmord. Ihr Freund fürchtet zwar, daß seine Frau etwas erfahren könnte, hält seine Freundin jedoch für «so anständig», daß sie nichts sagen wird. Die anderen Drohungen lassen ihn kalt: «Das ist deine Sache!»

Er macht keinen Hehl aus der inzwischen stark gestörten Beziehung zu seiner Frau, betont aber immer wieder, wie wichtig sie ihm ist und daß er seine beiden Kinder nie verlassen würde. Darüber hinaus verändert er seine Beziehung zur Freundin weder qualitativ noch quantitativ.

Frau Friedrich – inzwischen 38 Jahre alt geworden – beschließt, «alles auf eine Karte» zu setzen. Ihre Rolle als immer noch begehrtes Sexualobjekt macht sie sicher. Ein gemeinsamer Bekanntenkreis und gemeinsame Hobbys bestehen auch – sie wird schwanger. Um diesmal nicht wieder seinem Abtreibungsbegehren nachgeben zu müssen, teilt sie ihm die Schwangerschaft erst Ende des vierten Monats mit. Sie stellt ihn somit vor vollendete Tatsachen. Zur gleichen Zeit erfährt die betrogene Ehefrau durch eine gezielte Indiskretion, die von der Freundin initiiert wird, vom Doppelleben ihres Mannes. Sie stellt ihn vor die Wahl: Entweder die oder ich. Der Mann entscheidet sich spontan für seine Familie und teilt seiner Freundin in ein paar Zeilen mit, daß «alles aus» sei – ungeachtet ihrer Schwangerschaft, von deren Unerwünschtheit sie schließlich Kenntnis gehabt habe.

Frau Friedrich sieht nun nicht nur ihre Familiengründungspläne irreparabel zerstört, sondern merkt, daß sie nicht einmal den Status quo erhalten kann. Nach 7jähriger Beziehung zu dem Mann, in der sie weitestgehend hinter der Familie zurückstecken mußte, hat sie plötzlich alles verloren. Sie versucht ihren Freund telefonisch zu erreichen. Er läßt sich jedoch von der Vorzimmerdame abschirmen. Zu Hause ist immer nur die Ehefrau am Apparat – woraufhin Frau Friedrich gleich auflegt. Sie fährt zu seiner Dienststelle, um ihn abzufangen und ihn zur Rede zu stellen. Er sieht sie vor dem Tor warten und verläßt das Haus durch einen Hinterausgang und über die Felder. Anschließend wird ihr mehrfach mitgeteilt, daß er sich im Urlaub befände.

Frau Friedrich erkennt die Aussichtslosigkeit ihrer Bemühungen. Sie begreift, daß sie durch ihre Schwangerschaft und seine Ehekrise nicht nur den geliebten Mann nicht erreicht, sondern daß sie sich selbst in größte Schwierigkeiten gebracht hat. Mit ihrem Schichtdienst läßt sich die Kinderaufzucht kaum vereinbaren. Außerdem wollte sie ja kein Kind, sondern nur über das Kind den Mann. Für eine Abtreibung ist es längst zu spät. Die Zukunft ist plötzlich unüberschaubar geworden. Die eindeutige Trennung, das Fallengelassenwerden trotz bzw. wegen der Schwangerschaft, das Ausweichen des Freundes, das Gefühl, benutzt und «verspielt» worden zu sein und sich getäuscht zu haben, lassen sie in eine schwere Krise treiben: der Weg geht nicht weiter. Einen neuen Weg sieht sie nicht. Sie steht am Abgrund.

Nachdem sie noch zweimal umsonst versucht hat, den zukünftigen Kindesvater zu erreichen, mietet sie sich in einem kleinen Hotel ein und nimmt eine große Anzahl Schmerz-, Schlaf- und Beruhigungstabletten. Am kommenden Vormittag wird sie von dem Zimmermädchen gefunden und sofort ins Krankenhaus gebracht. Sie überlebt den Selbstmordversuch. In der Klinik wird ihr aufgrund der Vergiftung geraten, das Kind abtreiben zu lassen. Es sei nicht auszuschließen, daß dieses irreparable Schäden davongetragen haben könne. In der Klinik wird ihr angeboten, diesen Eingriff gleich dort vornehmen zu lassen. Sie schlägt das Angebot aus und versucht statt dessen, noch einmal den ehemaligen Freund zu erreichen. Als sie ihm von ihrem Selbstmordversuch erzählt, legt er wortlos den Hörer auf. Daraufhin schreibt sie ihm detailliert und läßt den Brief von einem gemeinsamen Freund überbringen, weil sie fürchtet, daß er ihn sonst zurückschicken würde. Er läßt auch darauf nichts von sich hören. Als er auch diesen letzten Vorstoß ignoriert, läßt sie Mitte des fünften Monats für mehrere tausend DM die Schwangerschaft bei einem Pfuscher beenden und liegt anschließend mit Fieber und

vielfachen Störungen mehrere Wochen im Krankenhaus. Ihr wird eröff-
net, daß sie nie wieder schwanger werden kann.

Frau Friedrichs Beziehung zu ihrem Freund kann nur als masochi-
stisch-abhängig bezeichnet werden. Sie wird über viele Jahre von ihm
auf einen Platz in den hintersten Rängen verwiesen und gibt sich damit zufrieden. Natürlich möchte sie mehr, findet sich jedoch lieber mit
ihrer eindeutigen Rolle als Sexualobjekt ab, als den Mann, der an ihr
als Mensch kein Interesse hat, zu verlassen. Über Bitten und Reden
erreicht sie keine Änderung in der Beziehung. So setzt sie zwei «typisch weibliche» Strategien ein: sie wird schwanger aus Kalkül, und
sie begeht gezielt einen Selbstmord*versuch*.

Die Verzweiflung soll ihr nicht abgesprochen werden. Sie will jedoch nicht sterben, sie will ein Zeichen setzen. Sonst hätte sie sich als
alleinige Bewohnerin einer Mietwohnung nicht in einem Hotel ein-
quartiert, indem sie morgens gefunden werden *muß*. Daß sie noch
nach sieben Jahren den Mann mit einer dritten von ihm abgelehnten
Schwangerschaft gewinnen will und nach dem Scheitern dieses Planes
glaubt, den Mann mit einem Selbstmordversuch erschrecken bzw. zu-
rückhalten zu können, ist unverständlich. Das Verhalten kann nur als
das wirklich letzte *Mittel* einer sich wertlos, minderwertig und hilflos
fühlenden Frau gedeutet werden. Die Zähigkeit, den Mann zu gewinnen, ist in ihrer Selbstdestruktion erschreckend. Jede Erniedrigung
nimmt sie an, keine Absage ist deutlich genug, daß sie von ihm abläßt
und ihr eigenes Leben lebt. Sie hat kein eigenes Leben. Sie lebt in und
durch den Mann – wider jeden Verstand.

Vom Mann aus ist die Beziehung eindeutig: er benutzt seine Freundin für seine sexuellen Bedürfnisse. Er setzt von vornherein klare
Grenzen, indem er ihr von seiner Familie erzählt. Frau Friedrich wer-
tet das zunächst als «Anständigkeit» ihr gegenüber, muß aber im
Laufe der Jahre merken, daß er sich mit dieser Mitteilung lediglich
von jeder Verantwortung in der Beziehung freigekauft hat. Wenn *sie*
an dieser Beziehung *trotz* seiner Ehe festhalten will, ist sie eben «selber schuld». Er hat ihr «reinen Wein eingeschenkt» und sie somit
gewarnt.

Frau Friedrich ist zu keiner Zeit in der Lage, «Nein!» zu sagen. Sie
hat sich mit jeder Demütigung abgefunden, läßt sich benutzen und
ausnutzen. Nur einmal versucht sie, Macht über den Mann auszuüben
und ihre eigenen Bedürfnisse nach Beständigkeit in der Beziehung
und mehr Nähe durchzusetzen: Sie schafft mit der Schwangerschaft

vollendete Tatsachen, setzt den Selbstmordversuch als letztes Mittel ein – und verliert. Ihre Einschätzungen eigener Wirksamkeit erweisen sich als falsch. Sie war und ist nur auswechselbares Objekt und für weitere Bindungen nicht vorgesehen.

Mit dem Selbstmordversuch wirft sie scheinbar ihr Leben in die Waagschale. Sie muß jedoch feststellen, daß ihr Freund auch durch dieses «Opfer» nicht umzustimmen ist.

Frau Friedrich ist kein Einzelfall. In langjähriger Arbeit mit werdenden Müttern bin ich diesem Denk- und Handlungsschema sehr oft begegnet. Die Variationsmöglichkeiten dabei sind nur gering:

● Die Schwangerschaft ist für beide ungewollt, dennoch wird geheiratet.

● Die Schwangerschaft ist von der Frau zwar nicht gewollt, «mit Mann» würde sie das Kind jedoch gerne akzeptieren. «Er» jedoch will nicht, sie treibt ab.

● Zur Bekräftigung des Wollens, der «Liebe» zum Mann wird ein gezielter Selbstmordversuch unternommen. Manchmal nutzt er. Es wird geheiratet, weil der Mann die Frau nicht verlieren möchte, weil er sich doch verantwortlich fühlt oder weil er Angst vor der Schuldzuschreibung hat. Im anderen Fall wird abgetrieben oder in Resignation das Kind ausgetragen.

● Es gibt auch (wenngleich seltener) den umgekehrten Fall, daß der unfreiwillig werdende Vater mit Selbstmord oder Fortzug droht – auf alle Fälle würde die Mutter von ihm keinen Unterhalt bekommen! Diese Drohung wirkt fast immer – die Frau läßt abtreiben – auch gegen ihren Willen. Nicht selten gibt sie anschließend zutiefst desillusioniert die Beziehung gegen den Willen des Mannes auf, der meint, nun könnten sie doch ganz von vorne beginnen.

«Fast alle Menschen sind Sklaven, seitdem einmal die Spartaner den Persern dienstbar wurden, weil sie das Wörtchen nein nicht aussprechen konnten. Dieses Wort sagen und allein leben können, das sind die beiden einzigen Möglichkeiten, um seine Freiheit und seinen Charakter zu bewahren.»

(Chamfort)

Wochenbettdepression – gehemmte Aggression bis zum Selbstmordversuch

Vom dritten bis zum sechsten Tag nach der Entbindung fühlen sich viele Mütter außerordentlich niedergeschlagen, stimmungslabil und traurig. Sie weinen viel, sind ratlos, zweifeln an sich und ihren Fähigkeiten, die neue Rolle ausfüllen zu können, und befürchten, dem Kind nicht gerecht zu werden.

Diese Depressionen sind primär eine Folge der Hormonumstellung im Körper nach der Schwangeschaft. Sie treten bei verschiedenen Frauen jedoch in sehr unterschiedlicher Dauer und Intensität auf, so daß sich die Frage erhob, ob nicht auch individuell unterschiedliche psychische Prozesse dafür verantwortlich zu machen sind.

Der auf Frauenheilkunde spezialisierte Psychiater Hans Molinski hat sich mit dieser Thematik ausführlich befaßt. Ich fasse seine Forschungsergebnisse kurz zusammen, weil sie ein weiteres Mosaiksteinchen im Bild der hilflos-depressiven Frau abgeben, deren Aggressionen so gehemmt sind, daß der «Rückzug» in die Depression bis zum Suizid als einziger Ausweg aus einer schwierigen Lage empfunden wird.*

– Bei den zur Wochenbettdepression neigenden Frauen liegen *starke Aggressionshemmungen* vor.
– Weiterhin ist die Persönlichkeitsstruktur meist durch *ungewöhnlich starke Verpflichtungsgefühle* gekennzeichnet.
– Frauen mit Depressionen im Wochenbett werden geplagt von *starken Schuldgefühlen*. «Schuldgefühle äußern sich in gegen das Selbst gerichteten Aggressionen und spielen damit eine wesentliche Rolle im Zustandekommen der Depression.»
– «Für das Zustandekommen einer Depression ist es aber geradezu kennzeichnend, daß ein primär auf ein äußeres Objekt gerichteter Ärger nicht ins bewußte Erleben zugelassen wird. (...) Statt dessen wird die Wut gegen das eigene Selbst ausgetobt: nämlich in der depressiven Symptomatik, die bis zum Suizid gehen kann» (Molinski, 1972, S. 95).

Molinski betont in diesem Zusammenhang immer wieder die «Opferhaltung» der Mütter, die gleichzeitig (unbewußt) Angst haben, sel-

---

* Unter «gehemmter Aggression» wird die Hemmung verstanden, aktiv zu werden, auf etwas zuzugehen, etwas zu fordern, zu verlangen, nicht nur ein gehemmtes Angriffsverhalten!

ber zu kurz zu kommen. Sie geben alles, bekommen aber nichts bzw. nicht genug.

Dies scheint ein weibliches Dauerproblem zu sein, nicht nur Kindern, sondern auch Partnern gegenüber: viel zu geben – ungefragt und gar nicht immer erbeten –, dafür aber auch viel zu *erwarten*. Da diese Erwartungen aber nicht ausgesprochen werden, da es zu keinen Forderungen kommt, ahnt das Gegenüber in der Regel nichts davon, und die Frau fühlt sich ausgenommen, benutzt, leerwerdend.

Aus einem sehr anschaulichen Fall aus Molinskis Arbeit möchte ich einige Passagen zitieren, die die ganze Dynamik aufzeigen. Molinski interpretiert seine Fälle zwar psychoanalytisch, doch sind die von ihm beschriebenen Phänomene und Verhaltensweisen durchaus auch im Sinne von erlernter Hilflosigkeit zu sehen.

Am vierten Tag nach der Entbindung bekommt die Patientin Zweifel: «Da hab ich Angst gehabt und gedacht: Wie wirst du das alles schaffen mit Kind? ... Da fingen die Depressionen so richtig an.» Diese von Verpflichtung gekennzeichnete Angst erzeugte Lahmheit, und die Lahmheit machte noch mehr Angst.

Es entwickelte sich ein Zustandsbild schwerer vitaler Depression mit motorischer Verlangsamung und erstarrtem Ausdrucksverhalten. Die Angst vor der Zukunft lähmte alle Planung. Zehn Wochen nach der Entbindung wurde sie nach einem *Suizidversuch* auf eine psychiatrische Abteilung eingewiesen.

Die schon angedeutete Stärke ihrer Verdrängungen zeigt sich auch darin, daß sie es wirklich ernst meinte, wenn sie sagte, den Suizidversuch habe sie «nach einer *minimalen Unstimmigkeit*» mit dem Mann gemacht. Immerhin hatte er ihr mit *Scheidung* gedroht, wenn sie ihre drepressiven Äußerungen nicht endlich unterlasse!

Beim Auftreten einer Depression im Wochenbett kann der Umstand eine zentrale Rolle spielen, daß die Patientin infolge der zusätzlichen Belastung durch das neue Kind ihrem Perfektionismus nicht mehr Genüge leisten kann. «Wie wirst du das alles schaffen?», bezieht sich bei ihr nicht so sehr auf die Frage, wie sie die Arbeit schaffen wird, sondern auf die Frage, wie sie dem Anspruch des Kindes gerecht werden kann.

Das Kind ist in diesen Fällen gleichzeitig ein Konkurrent in bezug auf materielle und orale Möglichkeiten. Alles muß ab nun geteilt und geopfert werden, während die Mutter selbst (wieder!) zu kurz kommt und in ihren Bedürfnissen nicht befriedigt wird (nach Molinski 1972, S. 199 f.).

Der «Ausweg Selbstmord» scheint in diesem Fall logisch: Das Kind überfordert die sich aufopfernde Mutter – und der Kindesvater *entzieht* ihr aufgrund ihrer depressiven Reaktionen dann auch noch seine Liebe und Unterstützung, indem er mit Scheidung droht. Was *bleibt* dieser Frau in ihrer Angst ums Zukurzkommen?

Die «neuen Väter» und die nachgeburtliche Überforderung

In Gesprächen über die «jungen Mütter von heute» wird immer gern auch auf die «neuen Väter» hingewiesen, die (anders als ihre männlichen Vorfahren) nicht nur Verantwortung, sondern tagsüber auch den Windeleimer und nachts den Fläschchenwärmer übernehmen.

Wo und wie diese neuen Väter leben, scheint jedoch niemand zu wissen. Eine Handvoll arbeitsloser Pädagogen mit dem Tragetuch und eine heftig geführte Diskussion um das Sorgerecht für ledige Väter ist das einzige, was vom neuen Vater sichtbar ist.

Die Brigitte-Studie «Der Mann» von 1985 macht keinen Hehl aus seiner Abwesenheit:

> «Das Festhalten an der systematischen Nichtverrichtung von Hausarbeit zeigt sich unabhängig davon, ob ein Mann eine berufstätige oder eine nichtberufstätige, eine voll- oder teilzeitbeschäftigte Partnerin hat; auch ist es *unabhängig davon, ob ein Mann Vater ist oder nicht*. (...)
>
> Vergeblich haben wir unter den Männern nach den ‹neuen Vätern› gesucht. Es muß sie wohl vereinzelt geben. Bücher wurden über sie und von ihnen selbst geschrieben. (...) Aber sie sind eine solche Minorität, daß sie mit den Mitteln einer Repräsentativuntersuchung nicht gefunden werden können.
>
> Unsere Ergebnisse zeigen: Väter sind nicht bereit, bei der Kindererziehung ihren Teil zu übernehmen. Väter kochen nicht, waschen nicht, sie wischen nicht. Sie beteiligen sich so gut wie überhaupt nicht an der Haushaltsführung und Kinderbetreuung. Sie sind ‹abwesende Väter›.
>
> Mit dem Verzicht auf Kinder beweist die Frau, daß es ihr mit den beruflichen Ambitionen ernst ist. Männer beweisen das *gleiche dadurch, daß sie sich im Beruf so verhalten, als wären sie keine Väter.*» (Brigitte/ Metz-Göckel 1985, S. 6–9; Hervorhebungen – Sw.)

Aber auch im Nichtrepräsentativen sind die «neuen Väter» nicht zu finden. So berichtete anläßlich einer Veranstaltung über «neue Berufe für Mädchen» die Leiterin einer Familienbildungsstätte über ihre jahrelangen Erfahrungen mit jungen Eheleuten:

> «Zu den Geburtsvorbereitungslehrgängen kommen die werdenden Väter immer fast alle mit. Sie sind dann auch ganz bei der Sache und wollen alle bei der Entbindung dabeisein. Kommen dann die Frauen ein paar Wochen später zur Rückbildungsgymnastik, dann müssen sie ihre Säuglinge mitbringen. Die Männer sind ausnahmslos verhindert durch Tennis, Beruf, Fußballtraining oder Fußball im Fernsehen. Wenn das Kind erst mal da ist, ist es nur noch Sache der Frau.
>
> Kürzlich haben wir einen Gesprächsabend für junge Eltern durchgeführt. Dabei haben wir die Männer und die Frauen getrennt danach befragt, was sich alles durch die Geburt des Kindes bei ihnen zu Hause verändert hat. Die Frauen haben gesagt: Alles! Und die Männer: Nichts! Ich glaube, das spricht für sich!»

Wie sehr sich das Leben für eine junge Frau ändern kann, wenn sie Mutter geworden ist, wie tief sie in die Verzweiflung und in Selbstmordwünsche getrieben werden kann, ohne sich in ihrer Hilf-, Wehr- und Machtlosigkeit daraus zu befreien, zeigt die folgende Schilderung einer 25jährigen Werbegraphikerin, zu der ich Kontakt durch eine gemeinsame Bekannte bekam:

«Wenn keiner da ist, der einem hilft...»

Angelika hat vor sechs Wochen ihr erstes Kind bekommen. Es war nach knapp dreijähriger Ehe für beide Ehepartner ein gewünschtes Kind. Bis zur Entlassung aus der Klinik mit dem gesunden Sohn ging es allen Beteiligten sehr gut. Die Schwangerschaft war problemlos verlaufen, bei der Geburt war der Vater auf eigenen Wunsch dabei. Alle freuten sich, daß Mutter und Kind nun nach Hause kamen und daß sie «endlich» eine vollständige Familie bildeten.

Auf den Alltag mit einem Neugeborenen war Angelika jedoch – wie fast alle Mütter – nicht vorbereitet. Ihr hatte ein «süßes Baby im Kinderwagen im Park» vorgeschwebt. Lange stillen wollte sie – «mindestens ein halbes Jahr» – und das Kind später besonders gesund ernähren – keine Fertignahrung, jede Möhre handgeschält und handgerieben.

Und dann kamen der Alltag, die Nächte und die Desillusion: Jetzt, nach sechs Wochen, geht nichts mehr. Angelika lebt am Rande der Verzweiflung, «kann» nicht mehr, mag nicht mehr, schafft es nicht mehr, ist gesundheitlich am Ende, und ihre Ehe hat auch einen ersten Knacks.

«Diese Nächte! Am schlimmsten sind diese Nächte. Ich habe seit der Entlassung aus dem Krankenhaus keine vier Stunden mehr hintereinander geschlafen. Ich kann nicht mehr.» (Sie weint völlig kraftlos).

«Ich schaffe es nicht mehr. Was mach ich bloß falsch? Andere Frauen schaffen das doch auch, warum ich denn nicht? Alle zweieinhalb bis drei Stunden schreit er. Dann hat er Hunger. Tag und Nacht. Und meistens ist er dann auch völlig naß. Also, ich leg ihn gegen zehn Uhr abends für die Nacht hin – aber im Grunde ist das völliger Blödsinn – ob Tag oder Nacht. Das gibt es nur noch in meiner Vorstellung. Gegen ein Uhr ist er dann das erstemal wach und brüllt, um vier Uhr das nächstemal, und wenn mein Mann um halb sieben aufsteht, ist er schon wieder da und brüllt sich die Lunge aus dem Hals. Und so geht das den ganzen Tag weiter. Ich mach das jetzt schon so, daß ich mich sofort hinlege, wenn er getrunken hat. Und dann versuche ich sofort einzuschlafen. Aber das geht ja nicht so auf Befehl. Und wenn ich dann auch nur eine Viertelstunde wach lieg, dann krieg ich Panik, weil ich denk, du müßtest jetzt schlafen. Und wenn ich dann einschlafe, dann ist das nur ein ganz oberflächlicher Schlaf, weil ich immer Angst hab, ich hör ihn nicht, und er schreit und schreit. Wenn er dann kommt, dann bin ich oft schweißüberströmt beim Aufwachen, und mir ist, als bin ich Hunderte von Kilometern gelaufen. Ich schlepp mich dann nur so hin. Wenn er nur naß ist, dann laß ich das Windelwechseln auch schon mal. Denn das dauert dann alles so lange, und wenn ich da so lange rummache, dann bin ich erst so richtig wach, und dann kann ich wieder nicht einschlafen, und alles geht von vorne los.

In den letzten Tagen habe ich mich auch tagsüber nach jedem Stillen hingelegt und bin in einen ganz oberflächlichen Schlaf gefallen. Ich konnte einfach nicht mehr. Ich denk nur noch an eins: ans Bett. Na ja! Und dann gab es abends natürlich Streit, wenn mein Mann nach Hause kam und nichts war gemacht. Der Abwasch nicht, die Betten nicht – als ob das alles so wichtig wäre.

Mein Mann, nein, der hilft mir gar nicht. Er sagt immer, er verdiene schließlich das Geld, und dafür hätte ich ja sechs Monate Babyurlaub. Wenn wir mal Besuch haben, dann präsentiert er sich als neuer Vater –

vor allem, wenn seine Kollegen vom Kegelclub vorbeikommen. Dann ist er der Größte, und natürlich hat er es geschafft, einen *Sohn* zu kriegen. Und kaum sind die weg, dann verzieht er sich vor die Glotze oder ins Bett und erwartet sogar noch, daß ich die Gläser von seinen Freunden wegräume.

Ich habe schon ein paarmal einen Vorstoß gewagt. Ich hab ihn gefragt, ob wir nicht eine Regelung treffen können, daß er mich mal entlastet. Erst hat er getan, als ob er mich nicht versteht. Und dann habe ich ganz praktische Beispiele gebracht, damit er sich nicht rauszureden braucht. Und die hat er dann glatt abgelehnt.

Ich hab zum Beispiel gesagt, ob er nicht ein oder zwei Nächte in der Woche aufstehen kann, daß ich wenigstens ein- oder zweimal ausschlafen, einfach mal durchschlafen kann. Da ist er richtig höhnisch geworden. Ob ich wollte, daß er im Dienst rausfliegt, ob ich dann die Familie in Zukunft allein ernähren wollte. Er könne es sich nicht leisten, morgens unausgeschlafen im Krankenhaus zu erscheinen. Wissen Sie, ich dachte, mir passiert was. Wie oft er in all den Jahren, wo wir uns kennen, bis in die Puppen durchgemacht hat. Ich war ja oft genug selber dabei! Zwei Uhr war gar nichts. Und immer mußte er dann in den Dienst. Wenn er am Wochenende frei hatte und ausschlafen konnte, wurde es oft vier oder fünf. Und heute?

Dann hatte ich vorgeschlagen, ob er nicht einen freien Nachmittag für das Kind reservieren kann. So, daß ich den richtig für mich hab und ihn richtig einplanen kann. Da hat er gesagt: Du hast doch jeden Nachmittag frei. Wenn du in die Stadt willst, kannst du das doch machen. Was stört dich denn das Kind dabei! Das schläft doch. Als ob das dasselbe wäre! Und dann fand er sich furchtbar witzig, als er sagte: Oder hast du einen Hausfreund, der von dem Kind nichts wissen darf? Ich bin viel zu erschöpft – sonst hätte ich ihm ein paar geklebt, glaub ich.» (Sie weint wieder.)

«Nicht daß Sie denken, unsere Ehe geht nicht mehr. Das ist es nicht. Aber er hat das Kind doch genauso gewollt. Und jetzt sitze ich alleine damit da und gehe vor die Hunde. Ich hab schon soviel abgenommen! In der Schwangerschaft hab ich mir immer Sorgen um meine Figur gemacht – wann ich die nach der Entbindung wohl wieder haben werde. Heute bin ich schon unter meinem früheren Gewicht. Ich kann ja auch schon gar nicht mehr richtig essen. Ich habe keine Lust, mich auch noch an den Herd zu stellen, da leg ich mich lieber hin, oder ich koch mir eine Tasse Kaffee.

Und dann hat es vor zwei Wochen noch einen Krach mit meinem Mann gegeben. Er wollte wieder mit mir schlafen und hat gesagt, er hätte jetzt lange genug wie ein Mönch gelebt. Und das war gerade an einem Abend, wo ich vor Müdigkeit schon fast umgefallen bin. Ich hab ihm das gesagt, habe gesagt, ich möchte gerne mal wieder von ihm in den Arm genommen werden – aber dann möchte ich am liebsten in seinen Armen schlafen. Da ist er wütend geworden. Richtig ausfallend. Ich weiß gar nicht mehr, was er da alles gesagt hat. Ich weiß nur noch, daß es sehr schlimm war und daß ich dachte, laß mich doch bloß zufrieden.

Da ist aber auch nicht ein bißchen Sensibilität. Das geht nur um ‹mein Recht›, ‹mein Wohlergehen›, nur um ‹ich, ich, ich›. Er ist dann eine Nacht weggeblieben. Das sollte mich wohl erschrecken. Vor zwei Monaten hätte es das auch noch. Aber ich hab nur gedacht: Gott sei Dank, nicht noch er. Das Baby ist schon mehr als genug. Wenn *er* dann auch noch mit Ansprüchen kommt! Da ist er schlimmer als ein Kind: Ich will und ich brauch, und mach endlich, und warum krieg ich nicht?

Als das Baby unterwegs war, hatten wir darüber auch gesprochen. Ich hatte mich ja gut vorbereitet mit Büchern und mit einer Eltern-Zeitschrift. Und da fand ich auch die Frauen blöd und zickig, die erst mal nicht mehr mit ihrem Mann schlafen wollen. Aber das ist ja alles falsch dargestellt. Das geht ja gar nicht darum, daß die Frau nun das Baby hat und der Mann ist abgeschrieben oder so'n Quatsch. *Wenn da keiner ist, der einem hilft*, dann ist man einfach fertig. Dann ist das Schlafen mit dem Mann nur noch eine zusätzliche Pflicht, und davon hat man doch schon mehr als genug.

Ich habe meinem Mann gesagt, wenn er mich wirklich liebt, dann soll er mir mal ab und zu das Kind abnehmen. Dann bin ich auch etwas ausgeruhter, und wenn ich mal wieder ausgeschlafen hab, dann hab ich auch wieder Lust auf Sex mit ihm. Aber da wollte er keine Zusammenhänge sehen. Da hat er nur gesagt, ich übe Druck aus, und das sollte ich mal schön bleiben lassen, sonst würde das noch bös enden zwischen uns.

Nichts hat er begriffen, absolut nichts.

Die Großeltern? Mein Gott! Meine Mutter wohnt 80 Kilometer von hier entfernt und arbeitet noch ganztags. Sie war zweimal in den sechs Wochen hier, weil sie ihren Enkel sehen wollte. Mit ein bißchen Kille-kille und ‹Oh, wie süß!› war es das dann auch schon. Obwohl sie eine sehr saubere Hausfrau ist, ist ihr an meinem Haushalt nichts aufgefallen. Und der ist ja nur noch chaotisch. Hätte sie nicht mal zupacken können? Aber da guckt sie lieber drüber hin. Wenn ich früher Arbeit nicht sehen wollte, gab's Watschen. Und die Schwiegereltern? Die erzählen immer nur, was sie dem Kleinen alles bieten, wenn er mal größer ist. Und was er vielleicht mal erbt, wenn er sich so entwickelt, wie sie es sich vorstellen. Sonst sind die nur mit sich selber beschäftigt. Das Geschäft und die Bankauszüge und der Golfclub und die Intrigen mit der Nachbarschaft – wer wem gedroht hat, Äste abzusägen –, das ist deren Leben. Früher hatte ich ein gutes Verhältnis zur Schwiegermutter. Aber heute? Ich hab mal gesagt, ich schaff das nicht, kannst du mir nicht mal einen Rat geben? Ich wollte ja keinen Rat, ich wollte Hilfe. Aber da hat sie nur gesagt: Seit wann will deine Generation denn Ratschläge von uns? Und als sie dann sagte: ‹Da mußt du halt durch, ich hab schließlich drei Söhne großgezogen›, da wußte ich genau, daß sie mich nicht verstanden hatte. Und dabei wohnt sie hier am Ort. Wenn sie nur mal für zwei, drei Stunden den Jungen nehmen würde. Aber nach dieser Absage konnte ich sie ja auch nicht mehr fragen, und außerdem denken sonst alle, Mensch, was ist denn das für eine Mutter?! Meine Freundin hat auch schon mal gesagt: ‹Ich denk, ihr wolltet das Kind! Wenn ich dich so höre, hab ich da aber ganz schön Zweifel.› Als ob das was damit zu tun hätte!

Was soll ich denn nur machen? Ich weiß doch, das ist alles normal. Und ich bin ja auch gesund, und das Kind ist gesund, und finanziell geht es uns gut. Für das Kind hab ich auch alles, und wir brauchen uns auch mit dem Kind nicht einzuschränken. Ich bin manchmal so verzweifelt. Dabei wollte ich eine so gute Mutter sein.» (Sie weint.)

«Ein paarmal hab ich schon gedacht, ich mache Schluß. Einfach so. Durch meinen Mann sind ja immer genug Medikamente im Haus. Die bringt er aus der Klinik mit – also Werbepackungen oder wie sich das nennt. Und dann hab ich gedacht: Und mein Baby? Was wird aus meinem Baby? Und dann hab ich gedacht, das muß ich ja dann mitnehmen! Einmal hab ich an seinem Bettchen gestanden und habe ihn mir angeguckt und habe gedacht, wie sollte ich denn das überhaupt machen? Ich weiß, daß das völliger Wahnsinn ist. Aber so war es. Mein Mann ist sicher kein schlechter Vater, aber der würde das Kind doch gar nicht alleine großkriegen. Da würde er sich schnell 'ne andere nehmen, und dann hätte mein Kind keine richtige Mutter. Das ist mir alles durch den Kopf gegangen. Und da hab ich gedacht, ich kann beides nicht. Ich kann mein Kind nicht mit mir nehmen, und ich kann es auch nicht einer anderen Frau überlassen. Ja, aber soweit war ich schon. Und nicht nur einmal. Meistens kommt das nachts, wenn ich nur noch hin und her schleudere vor Müdigkeit. Dann denke ich nur noch: Schluß, mach Schluß.

Ja, meinem Mann habe ich Andeutungen gemacht. Er hat sie auch verstanden. Er hat nur gesagt: ‹Jetzt ist bei dir wohl ein Riemen gerissen, was?› Das war alles!

Wenn das bloß alles ein Ende hätte. Und wie schön habe ich mir alles vorgestellt!»

Angelikas Hilflosigkeit wird in keiner Äußerung so deutlich wie in der Bitte an die Schwiegermutter, ihr «mal einen Rat» zu geben. Sie will nicht «Rat», sie will Hilfe – handfest und tatkräftig. Sie braucht jemanden, der zupackt im Haushalt, der einen Nachmittag in der Woche das Baby übernimmt und der dem jungen Vater seine Vater- und Ehemannpflichten deutlich vor Augen führt.

Ihr Fragen um Rat ist zu wenig. Sie wagt Hilfe weder vom Ehemann noch von der eigenen Mutter, noch von der Schwiegermutter zu *fordern*. Sie bittet, hofft und macht Vorschläge. Als nichts geschieht, wird sie hilflos-depressiv. Sie kann die Situation nicht mehr steuern, nicht mehr kontrollieren, sie hat sie nicht mehr im Griff. Sie ist ihr machtlos ausgeliefert.

In unserer Gesellschaft ist kein Mensch so wehrlos wie eine Frau mit einem kleinen Kind. Außer sich verbal zu äußern, hat sie keine Möglichkeiten, wenn sie ihr Kind nicht schädigen will. «Einfach weggehen», sich den freien Nachmittag *nehmen*, das Kind nächtelang brüllen *lassen*, bis der Vater sich aufrafft, alles «hinschmeißen», auf daß die anderen aufmerksam werden – alles schadet dem Kind! Selbst lautstarke Auseinandersetzungen, die vor allem der eigenen Psychohygiene dienen (und der Hoffnung, daß Lautstärke Erfolg hat), werden des Kindes wegen unterlassen. Die einzige Möglichkeit – der Fortgang *mit* Kind – ist für die meisten Frauen undenkbar. Oft dauert es Jahre, bis sie diesen Schritt mit vielen unguten Gefühlen und einem sehr schlechten Gewissen dem (vaterlos werdenden!) Kind gegenüber tun.

Selten habe ich von Familienmitgliedern und Freunden einer Suizidpatientin *nicht* gehört: «Hätte sie doch was gesagt, wir hätten doch...» Ob es stimmt, bliebe abzuwarten. Vielleicht sollten Frauen deutlicher werden mit ihren Forderungen!?

Der «Mitnahme-Selbstmord»

Angelika spricht am Ende ein Phänomen an, das immer wieder Gerichte und Presse beschäftigt: den mißlungenen «Mitnahme-Selbstmord» bei Müttern. Hierbei handelt es sich um Frauen, die erst ihre Kinder töten, um danach sich selber umzubringen. Gelingt die Tötung der eigenen Person dann nicht mehr, steht die Mutter wegen Tötung oder Mord an ihren Kindern vor Gericht.

Angelika deutete dieses «Mitnehmen» ihres kleinen Sohnes bei einem eventuellen Selbstmord an – aber sie weiß, daß sie es nicht tun kann (noch nicht!). Allein «gehen» kann sie aber auch nicht – was würde aus ihrem Kind werden?

Ohne ausführlicher auf diese Tragik einzugehen, die ein Buch allein füllen würde, halte ich den Mitnahme-Selbstmord bei Müttern für eine unabdingbare Folge ihrer weiblichen Sozialisation: «Als Mutter läßt man seine Kinder nicht im Stich», bekommt hier eine ganz besonders tragische Bedeutung! Frauen, die nicht mehr leben wollen, weil sie nicht mehr leben können, sehen auch keine Chance mehr für ihre Kinder. In ihrer eigenen Hilflosigkeit können sie weder für sich selber noch für die Kinder einen Ausweg erkennen. Könnten sie es, würden sie ihn – der Kinder wegen – beschreiten.

Der Gerichtsberichterstatter *Gerhard Mauz* dokumentierte 1988 im *Spiegel* (Nr. 49) den Fall einer 33jährigen Mutter, die erst ihre beiden 7- und 9jährigen Söhne umbrachte, um sich dann selber zu töten. Sie versuchte es mehrere Stunden lang mit unterschiedlichen Methoden, überlebte jedoch. Der Staatsanwalt sprach von Mord. Der Rechtsanwalt «beschreibt die Frau, die außerstande war, ihr Schicksal unverknüpft von den Kindern zu sehen und glaubt, zum Besten der Opfer zu handeln». Das Gericht folgt dem Plädoyer des Rechtsanwaltes, «obwohl ein Rest von unfaßbarer Rätselhaftigkeit bleibt».

Diesen Rest von Rätselhaftigkeit kann ich nicht sehen! Die Angeklagte *konnte* gar nicht anders handeln. Sie entschied so, wie sie es gelernt hatte: ihr Schicksal verknüpft mit den Kindern zu sehen!

Die «freiwillige» Trennung vom Kind – Zur Adoption freigegeben und lebenslang selbstmordgefährdet

Vor fünf Jahren führte ich eine Untersuchung über Frauen durch, die zu einem früheren Zeitpunkt ihr Kind zur Adoption freigegeben hatten. Insgesamt haben mir 75 Frauen Auskunft gegeben, mich über ihr Leben, die Freigabe des Kindes und ihre Verarbeitung der Trennung von dem Kind informiert.

Bei den wenigsten Frauen geschah die Freigabe freiwillig. Sie wurden entweder unmittelbar von Personen ihrer Umgebung (Eltern, Kindesvater) oder von Behörden gezwungen, oder sie fanden keine Möglichkeit, mit ihrem Kind leben zu können. Es fehlte an Wohnraum, Geld, an Betreuungspersonen und -einrichtungen während einer Berufstätigkeit und vor allem an Menschen, die Hilfe anboten und Verantwortung übernahmen. Nur 15 von 75 Müttern beurteilten die Freigabe ihres Kindes im nachhinein als positiv. Sie waren «froh für das Kind», glaubten eine «gute Entscheidung» getroffen zu haben und waren erleichtert über diese Lösung.

52 Mütter erlebten die Trennung vom Kind jedoch mit Wut, Trauer, Hilflosigkeit, Schmerz und Resignation. Sie erlebten sich als Versagerinnen und das ganze Verfahren als «schamlose Ausbeutung» und «absoluter Skandal». 22 von ihnen trugen sich über viele Jahre mit Selbstmordplänen und -wünschen, 12 begingen Selbstmordversuche. Diese Versuche hatten oft den Charakter von *Gedenktagsselbstmorden*. Sie wurden an «bestimmten» Tagen unternommen, die für die Frauen bedeutsam sind: meistens ist es der Geburtstag des Kindes oder der Tag der notariellen Verzichtserklärung.

Auch bei diesen Frauen gab es erhebliche Ambivalenzen.* Einerseits wollten sie nicht mehr weiterleben, weil sie unter der Schuld und dem Schmerz zusammenbrachen. Andererseits hielt aber viele von ihnen der Wunsch am Leben, ihr Kind möge später einmal nach ihnen suchen und sie finden. Sie wollten dann auch für das «Kind» dasein und Auskunft geben. Gleichzeitig hofften sie auch zu erfahren, was aus dem Kind geworden ist, ob sich ihr Opfer gelohnt hat. «Ich kann nicht sterben, bevor ich nicht weiß, daß es mein Kind guthat», sagte eine 28jährige Mutter, die als 17jährige ihr Kind abgeben mußte. Eine 62jährige Frau, die vor 19 Jahren ihren Sohn fortgab, schrieb:

> «Ich bin nach der Abgabe damals sehr krank geworden. Eigentlich wollte ich nur noch sterben. Ich habe mit niemandem sprechen können. Mein ganzes Leben habe ich zergrübelt. Ich habe dann Krebs bekommen. Nach Auskunft der Ärzte hätte ich schon lange sterben sollen. Aber ich habe mich noch nicht selbst aufgegeben, weil ich immer noch auf meinen Jungen gehofft habe.»

---

* Über die Zahl der Frauen, die sich nach der Freigabe töteten, ist nichts bekannt. Während meiner Untersuchung wurden mir «zufällig» gesprächsweise 4 genannt.

Die Hilflosigkeit zog sich bei diesen Frauen durch den gesamten Bereich von Schwangerschaft, Geburt und Freigabe. Alleingelassen, wohnungslos, völlig überfordert, oft schon während der Schwangerschaft «völlig am Ende», zur Abtreibung zu spät, erleben sie als einzige Hilfe den «Rat», sich von dem Kind zu trennen. Das wollen sie zwar nicht, haben selber aber keine Alternativen zur Verfügung und bekommen keine genannt. Sie sind nicht die Frauen, die auf den Tisch hauen und fordern, die zum Jugendamt gehen und ihre Rechte einklagen, die den Kindesvater zur Rede stellen und seine Frau informieren. Sie sind die kleinen, schwachen, schüchternen, hilflosen Frauen, die noch nie im Leben gewagt haben zu fordern, «Hier» und «Ich» zu rufen, wenn es etwas zu verteilen gab. Und nun sind sie auch noch schuldig geworden: schuldig mit einer ungewollten Schwangerschaft und schuldig am Kind, dem sie «keinen Vater bieten» können.

Nicht selten unter massiven Druck gesetzt, geben sie nach – und neue unüberwindliche Probleme beginnen. Nun sind sie nicht mehr die unanständigen ledigen Mütter, die «Flittchen» und «Nutten» (wie sie von ihren eigenen Eltern genannt werden!), sondern sie sind die «Rabenmütter», die ihre Kinder verschenkt haben. Sie merken sehr schnell: Hilfe ist nicht zu erwarten. Das beste ist das Schweigen und Verbergen dieser Tat, dieser Schuld, die niemand mehr los wird.

Durch das Schweigen aber können sie zu keiner Verarbeitung kommen. Sie können weder trauern noch anklagen. Sie können Trauer und Aggressivität gegen die anderen Beteiligten an dem ganzen Verfahren nur «in sich reinfressen» – und dort wirken sie als tiefe Depression mit wechselnd starken Neigungen, sich selber zu töten,
– um dem Schmerz und den Schuldgefühlen zu entgehen,
– um sich selber zu bestrafen,
– weil das Leben sinnlos geworden ist und
– weil sie nicht mehr würdig sind zu leben.

Mit diesem Verlust, dieser «Schuld» können nur Frauen leben, die darüber sprechen können, die aus sich herausgehen und die Hilfe *fordern*. Viele von ihnen gehen in psychotherapeutische Behandlung und haben damit wenigstens Gelegenheit, unter geschützten Bedingungen darüber zu reden. Zunehmend wenden sich in den letzten Jahren aber auch Frauen an die Öffentlichkeit, um aufzuklären und anzuklagen, um ihre Aggressionen nicht nur selber schlucken zu müssen, und um Forderungen zu stellen: ein Bild vom Kind, besser noch einen Briefwechsel mit ihm sowie Informationen, wie es damals zu der Freigabe/Fortnahme kommen konnte!

«Es ist so schön, sich zu fügen»

«Und was willst du denn eigentlich schaffen, fragst Du mich. Ich meine das ganze Leben. Denn meistens denke ich doch, daß ich es nicht schaffe und daß ich nichts schaffe.

Manchmal habe ich einen Traum im Wachen, daß ein Weg zu mir kommt und sich vor mich hinlegt und mit mir spricht und sagt: Komm, folge mir einfach, ich werde dich führen.»

(Barbara Honigmann)

Warum hält eine Frau sich nur dann für (relativ) vollwertig, wenn sie einen, «ihren» Mann an ihrer Seite weiß? *Warum* ziehen Frauen den Selbstmord einer Scheidung vor? *Warum* wünschen Frauen ihren Männern eher den (Unfall-)Tod, als ihn einfach zu verlassen? *Warum* hauen Frauen bei den Kindesvätern und in Jugendämtern nicht massiv mit der Faust auf den Tisch, wenn sie in der Schwangerschaft verlassen werden? *Warum* treiben Frauen gegen ihren Willen ab? *Warum* lassen sie sich zur «Freigabe» ihres Kindes zwingen, auch wenn sie es gerne behalten würden? *Warum* geraten Frauen in eine solch tiefe Verzweiflung, daß sie sich töten und ihre Kinder «mitnehmen»? *Warum* sind Frauen nicht aggressiv, fordernd und sich ihres Wertes bewußt, statt dessen autoaggressiv, hoffend und minderwertig?

Die Antwort auf diese Ungeheuerlichkeiten ist einfach: *Weil* Frauen so sein sollen! *Weil* sie so erzogen wurden! *Weil* sie nicht wagen, durch Selbsterziehung zu anderen Rollen und Verhaltensweisen zu finden! *Weil* sie mehr Angst haben vor Verselbständigung als vor Unterdrückung! *Weil* der passivere Weg (vordergründig) auch immer der leichteste Weg ist! *Weil* es einfacher ist, hilflos zum großen Zampano aufzublicken, als ihm zu zeigen, wo es langgeht!

Frauen sind als Opfer erzogen. In dieser Rolle fühlen sie sich wohl, weil sie von Kindesbeinen an trainiert wurde und weil sie sich in jeder privaten und beruflichen Position in ihr wiederfinden. Die Opferrolle ist die ureigenste Rolle der Frauen. Sie spielen sie mit Hingabe. Und wenn ihnen das Spiel außer Kontrolle gerät, dann spielen sie es auch bis zum bitteren Ende – dem Selbstmord!

«Es kam etwas Seltsames über mich. Es überkam mich eine unendliche Lust, mich einfach zu fügen. Ich kann nicht beschreiben, welche Sehnsucht ich danach hatte, mich zu fügen und nicht immer nein, sondern einmal ja zu sagen. Ich wollte brav sein, ich wollte folgen, ich wollte mich fügen. Es ist so schön, sich zu fügen.»

(Barbara Honigmann)

8. Krisenzeiten

Die Selbstmordstatistik listet nicht nur Zahlen auf und errechnet die entsprechenden Raten, sondern sie versucht auch, Beziehungen zwischen Selbsttötungsgeschehen und allen möglichen sozialen, physiologischen und sogar meteorologischen Bedingungen herzustellen.

So kennt die Statistik sogenannte *Selbstmordgipfel*: bezogen auf Tageszeiten, Wochentage und Monate. Anhand solcher Aufzeichnungen soll untersucht werden, ob es Faktoren gibt, die im Sinne suizid*prophylaktischer* Arbeit beeinflußbar sind.

Deutlich sichtbare Selbstmordgipfel konnte die Statistik über viele Jahre in verschiedenen Lebensaltersstufen ausmachen. Es sind bei Frauen das Alter um 20 Jahre (Ende der Pubertät / Adoleszenz / Erwachsenwerdenmüssen), Mitte bis Ende der 40er Jahre (Klimakterium / Mitte des Lebens / Planung der zweiten Lebenshälfte) und das hohe Alter ab 70 Jahren, in dem der Tod bereits nahe ist.

Der Grund für die höhere Selbstmordgefährdung in diesen Altersstufen mag darin liegen, daß sie für Frauen aus biologischen *und* sozialen Gründen Zeiten ganz besonderer Belastung darstellen: Zeiten des Umbruchs sowie der radikalen Veränderungen des Körpers und der Umwelt, die wenig oder gar nicht beeinflußbar scheinen.

Auf diese Krisenzeiten und ihre Beziehung zu suizidalen Verhaltensweisen gehe ich in den folgenden Kapiteln ein.

Was ist eine Krise?

«Ohne Nullpunkt keine Krise, ohne Krise keine Entwicklung
des Menschen!»
(Dörner/Plog 1984)

«Ich weiß gewiß, daß auch noch das Schlechteste, die Verzweiflung,
nur eine Fülle ist, ein Andrang des Daseins, der sich mit einem einzigen
Entschluß des Herzens ins Gegenteil werfen ließe, und wo etwas ganz
schwer und unerträglich wird, da stehen wir auch immer schon
dicht vor seiner Verwandlung.»
(Rainer Maria Rilke)

Daß Krisen zum Leben gehören, ist eine Binsenweisheit. Jeder von
uns kennt sie, hat sie erlebt, durchgestanden und hoffentlich bewältigt. Aber wenn sich eine (neue) Krise anbahnt, dann erleben wir sie
jedesmal erneut als ängstigend, bedrängend und bedrohlich. Nicht
selten empfinden wir sie als existentiell.

Wir *wissen* – wenn wir nicht mehr ganz jung sind –, daß Schmerz,
Trauer, Verletztsein, Trennungen im Leben eines jeden Menschen
unvermeidbar sind. Aber haben wir es deswegen leichter, diesen Bestandteil unseres Daseins zu akzeptieren, ihn in unser Leben einzubeziehen und ihn letztlich als konstruktiv zu erleben?

Was ist eine Krise? Wie entsteht eine Situation, die nicht selten als
Grenzziehung im menschlichen Leben erlebt wird? Aus lerntheoretischer Sicht kommt es zu einer Krise, «wenn eine Situation zu neu, zu
schnell, zu selten, zu ungewohnt, zu fremd, zu schwer, zu schmerzhaft
ist, so daß das bisher gelernte Verhalten unbrauchbar wird und keine
Bestätigung mehr bekommt. Alle bisherigen Erfahrungen werden
sinnlos gemacht, so daß der Betroffene für jeden neuen Reiz (wie
Selbst- oder Fremdschädigung) suggestibel-empfänglich wird» (Dörner/Plog, 1984, S. 338).

In der Selbstmordforschung wird davon ausgegangen, daß Krisen
fast immer «Konfliktkrisen» sind, d. h. Situationen, in denen es im
zwischenmenschlichen Bereich zu scheinbar unlösbaren Problemen
gekommen ist. Dabei spielen Trennungen eine herausragende Rolle –
sowohl die befürchteten, vorausgeahnten als auch die vergangenen
und nicht verarbeiteten Trennungen. Die Verzweiflung, die daraus
entsteht, entspringt einer erlebten Verstümmelung des Ich, einem
massiven Angriff auf das Selbstwertgefühl, einem Aufwachen aus

dem Traum immerwährender Verbundenheit und Verschmelzung mit dem Liebesobjekt. Die als Einheit erlebte (oder auch nur herbeigesehnte) Verbindung stellt sich als brüchig heraus. Die Trennung wird erlebt wie die Vertreibung aus dem Paradies. Sie kann zur Ich-Katastrophe führen:

«Eine Krise setzt einen derart festgefahrenen Zustand voraus, daß ein Ausbruchsversuch, ein Ausweg, ein Sprung nur gewalttätig sein kann – in irgendeine Richtung. (...) Voraussetzung ist stets ein langfristig ungelöstes Lebensproblem, am häufigsten ein Partnerproblem im Erwachsenenalter. (...)

Aufmerksamkeit und Energie werden zunehmend nicht in die Lösung des Problems, sondern in die Kontrolle seiner Angstsignale investiert – nicht selten über Alkohol, Medikamente, depressive, neurotische oder somatische Symptome. (...) Loslassen oder Wechsel des eingeschlagenen Weges (der Angstabwehr, der Problemlösemethode) ist nicht mehr möglich. Möglich ist nur noch, den eingeschlagenen Weg noch konsequenter weiterzugehen. Jeder Schritt bewirkt, (...) daß die Gefühlsspannung höher, ambivalenter, totaler und diffus-allgemeiner wird. Irgendwann ist der nächste Schritt buchstäblich der letzte: so geht es nicht weiter, dieser Weg ist am Ende. (...) Hier ist der Rücktritt ebenso ausgeschlossen wie das Auf-der-Stelle-Treten. Möglich und zugleich zwingend ist nur der gewaltsame Sprung. (...) Der Sprung geht ins Offene.* Und die Sprung-Fragen sind mehrfach und lauten etwa:

So oder anders
Ich oder du
Ich oder nichts
Gottesurteil (Gott soll entscheiden).

Jede Krise von Menschen ist also auch eine Frage von Leben und Tod»
(Dörner/Plog, 1984, S. 326/7).

Eine «Krise» hat aber auch noch andere Merkmale! Der Begriff kommt aus dem Lateinischen und bedeutet ursprünglich: Entscheidungssituationen, Wendepunkt, Höhepunkt einer Entwicklung. Daß Entscheidungen nur dort möglich sind, wo noch Leben ist, wo sich etwas entwickelt, verändert und bewegt, wird selten bedacht. Wo al-

---

* Mit «Sprung» meinen die Autoren nicht etwa den selbstmörderischen Sprung aus der Höhe, sondern im übertragenen Sinne den Sprung ans andere Ufer, wo der Weg weitergeht oder ein neuer Weg gefunden werden kann: Der Sprung in einen neuen Lebensabschnitt, in konstruktive Entscheidungen, in eine neue Zukunft.

les starr, rigide, «ruhig» und unbeweglich geworden ist (z. B. in einer Beziehung), ist die «Gefahr» einer Krise ebenso gering wie die Chance einer Weiterentwicklung. Eine – durchstandene – Krise gibt Raum für einen neuen Lebensabschnitt, für andere, befriedigendere Neuarrangements der Gegenwart und der Zukunft:

● bevor der junge Mensch selbständig werden kann, muß er sich trennen, Abschied nehmen von der Kindheit;

● bevor eine neue – glücklichere – Partnerschaft eingegangen wird, muß die alte beendet werden;

● bevor jemand seine berufliche Laufbahn neu ordnet (zweiter Bildungsweg, neue Stelle, neuer Beruf), muß er aus der Sicherheit der ersten heraustreten und Risiken eingehen.

Krisen laufen üblicherweise in mehreren Phasen ab:

1. Die gewohnten, bisher eingeschlagenen und erfolgreichen Wege der Problembewältigung versagen.

2. Die Person erfährt, daß das Problem so nicht zu lösen ist.

3. Die letzten Ressourcen (Möglichkeiten, Kräfte, Ideen) werden mobilisiert.

4. Das Problem wird neu definiert (Versuch, es anders zu sehen, einzuordnen).

5. Am Ende steht entweder die Problemlösung in Form angepaßter, sozial wünschenswerter und anerkannter Verhaltensweisen oder aber Desorganisation und Desorientierung des Betreffenden: Weglaufen, Selbstmordversuch, Krankwerden oder andere Verhaltensstörungen. In diesem Fall ist das Problem nicht gelöst, sondern nur zeitlich verschoben. Eventuell vertieft es sich durch die unangemessene Verhaltensweise noch – die Krise verstärkt sich.

Eine Krise verlangt vom Betroffenen die Bereitschaft, neue Verhaltensweisen auszuprobieren, wobei das «Lernen nach Versuch und Irrtum» (siehe Kap. *Auf der Suche nach den Ursachen*) die häufigst angewandte Art ist, herauszufinden, welcher Weg beschritten werden kann.

Der Verlauf einer Krise ist von verschiedenen Bedingungen abhängig. Die wichtigsten sind:

● *Die Vorerfahrungen:* Wann habe ich welche Krise wie bewältigt? Wie ist es mir dabei gegangen? Wer hat mir dabei geholfen – oder wer hat sich mir versagt? Wie habe ich nach der Krise weiterleben können?

● *Die soziale Gemeinschaft:* Auf wen kann ich mich verlassen? Wen kann ich im Notfall ansprechen, anrufen, um Hilfe bitten?

● *Das Ausmaß an «erlernter Hilflosigkeit»:* Kann ich überhaupt etwas (für mich) tun? Kann ich etwas bewirken? Sind nicht alle Kräfte stärker als ich, weil ich so schwach bin?

Krisenbewältigung ist nicht zuletzt abhängig vom *Alter*. Krisen haben zwar keinen Trainingseffekt, doch wächst mit zunehmendem Lebensalter die Erfahrung, die Gewißheit, daß sie vorübergehen. Junge Menschen, die noch keine Vorerfahrungen haben, scheinen mir deshalb am gefährdetsten. Für sie geht – buchstäblich – die Welt unter beim Verlust ihrer ersten festen Freundschaft, beim ersten blamablen Versagen in einer Leistungssituation. Sie haben Vorerfahrungen weder im guten – «es geht vorüber» – noch im schlechten Sinne: Das war nicht die einzige Trennung, nicht das einzige Versagen, nicht der einzige «Weltuntergang» – da folgen noch viele. Aber alle sind überlebbar!

Im Überstehen von Krisen kann der Mensch seine eigene Stärke erfahren. Er kann an den Problemen wachsen und ein neues Selbstvertrauen erwerben. Er kann für weitere Krisen immer besser gerüstet sein, und er erwirbt Fähigkeiten, die seine Mitmenschlichkeit erst ausmachen: Verstehen, Einfühlen, Helfen!

Zusammenfassend müssen wir akzeptieren: Krisen sind schmerzhaft und gefährlich. Sie sind aber lebensnotwendig und die einzige Chance, sich weiterzuentwickeln. Krisen sind normal. Krisen sind das Leben!

Das folgende Beispiel ist eine sehr anschauliche Illustration für das Erleben und Bewältigen einer Krise. Die 38jährige Susanne wurde erst durch eine lebensbedrohliche Erkrankung aus ihrer Passivität und Lebensunlust herausgerissen. Bis dahin war ihr Leben für sie nicht viel wert. Geradezu «spielerisch» versuchte sie ein paarmal, es zu beenden – bis es ihr dann plötzlich beinahe abhanden gekommen wäre: durch Krebs. Diese erste «richtige Bedrohung» in ihrem Leben, diese Lebenskrise hat sie zu einem Punkt geführt, an dem sie entscheiden mußte: Will ich leben oder sterben? Sie mußte dafür ihre gesamte Lebenseinstellung ändern und war danach in der Lage, «gerne» zu leben und ihr Leben aktiv und zufriedenstellend so zu gestalten, daß sie es nun vermutlich noch 30 Jahre genießen wird.

«...an diesem Punkt entscheiden, ob leben oder sterben...»

«Solange ich denken kann, habe ich mich mit Selbstmord beschäftigt. Mit meinem eigenen. Mal mehr und mal weniger. Eigentlich immer, wenn ich nicht wußte, was ich machen sollte. Und immer, wenn ich «Pech in der Liebe» hatte, wie man das so nennt. Und das war ziemlich oft, wenn ich das so überlege. Ein paarmal habe ich es auch versucht. So drei- oder viermal. Aber, wie ich das heute sehe, wohl auch nicht so sehr ernst. Einmal kam ich auch ins Krankenhaus. Für ein paar Tage. Da haben sie mich gar nicht beachtet. Haben nur gesagt, ich soll das nicht noch mal machen.

Und vor zwei Jahren habe ich dann erfahren, daß ich Krebs habe. Das war ein unheimlicher Schock. Für mich war Krebs immer eine Sache von alten Menschen, obwohl ich es natürlich besser wußte. Aber ich war doch erst gerade Mitte Dreißig. Den Knoten in der Brust habe ich schon ein paarmal gespürt, aber erst habe ich mir gar nichts dabei gedacht, und dann ist es mir plötzlich gedämmert: Mensch, das könnte doch... Und ich dann zum Arzt, der hat mich gleich eingewiesen, und die haben eine Probe entnommen. Daß sie im Fall von Krebs die Brust gleich ganz abnehmen, habe ich verboten. Ich hatte schon öfter etwas dazu gelesen. Und sie haben sich auch dran gehalten. Ja, es war bösartig. Sie haben dann einen ganzen Keil aus der Seite rausgenommen, auch Drüsen unter der Achsel. Und dann habe ich Bestrahlungen gekriegt. Da ging's mir vielleicht dreckig! Da wollte ich am liebsten wirklich sterben.

Und dann fiel es mir eines Tages glühendheiß ein: Das ist doch das, was du immer wolltest. Nun hast du es. Nun ist es soweit. Und da wußte ich plötzlich: Nein, das ist es nicht, was ich wollte. *Das* nicht und *so* nicht. Und schon gar nicht sterben. Von da an wollte ich nur noch leben, leben, leben. So sehr, daß es anderen aufgefallen ist. Mein Arzt hat es auch gemerkt. Der hat gesagt, daß andere Frauen in meiner Situation oft ganz down seien und sich total hängenlassen. Und ich sei für ihn sehr erfreulich. Er hat mich dann voll unterstützt, und ich bekam schnell Termine bei ihm, und er hat sich viel Zeit gelassen. Ich habe mit seiner Hilfe und mit einer Diätassistentin, die er mir genannt hat, meine ganze Ernährung umgestellt. Eigentlich mein ganzes Leben. Ich bin viel aktiver geworden, gehe regelmäßig schwimmen und habe mich inzwischen auch bei einer Frauengymnastikgruppe angemeldet. Ich habe 20 Pfund abgenommen und habe heute die Figur, von der ich immer geträumt hatte.

Wenn ich heute an meine früheren Selbstmordpläne denke? Ich weiß nicht. Ich kann sie eigentlich nicht mehr einschätzen. Ich wollte immer nur weg, weg, weg. Nicht mehr dasein, nicht mehr hier sein. Ich wollte nicht *so* leben, aber ich wußte auch nicht, wie ich leben wollte. Ich hatte irgendwie keine Kraft, mein Leben richtig anzugehen, anzupacken, mal was zu machen. Nur wenn jemand kam und sagte: «Los, laß uns doch mal was machen», dann habe ich mitgemacht. Für mich selber ist mir nie etwas eingefallen. Und für andere auch nicht. Und dadurch hatte ich auch nicht so sehr viele Kontakte. Die fanden mich immer transusig und langweilig. Und das war ich ja wohl auch. Das war wie ein Teufelskreis, aus dem ich nicht rauskam. Erst durch den Krebs – so seltsam sich das anhört. Das war wohl das erstemal in meinem Leben eine echte Bedrohung. Bis dahin hatte ich ja immer ganz ruhig vor mich hingelebt. Vielleicht mußte ich mich *an diesem Punkt entscheiden, ob leben oder sterben.* Das erstemal in meinem Leben überhaupt. Bis dahin war der Gedanke an Selbstmord etwas Spielerisches. Ja, auch das hört sich blöd an.

Nein, ich kann mir meine Selbstmordwünsche nicht erklären. Nur so – mit dieser Entscheidung, vor die ich plötzlich gestellt war. Ich glaube nicht, daß ich noch mal in meinem Leben mit dem Gedanken spielen werde, mir selbst das Leben zu nehmen. Ich habe plötzlich gelernt, zu leben und das Leben zu genießen. Heute habe ich viel mehr Angst, daß es zu früh zu Ende gehen könnte. Ich bin jetzt 38, und doppelt so alt möchte ich schon werden. Was ich dazu beitragen kann, das trag ich dazu bei!»

Pubertät als Lebenskrise

Dörner und *Plog* haben die charakteristischen Merkmale der Pubertät (ca. 12. bis 18. Lebensjahr) prägnant zusammengefaßt:

«Der Jugendliche muß mit seinen körperlichen Veränderungen in Übereinstimmung kommen, ebenso wie mit seiner sexuellen Entwicklung und den psychosexuellen Wünschen. Er muß einen festen Sinn für Identität entwickeln und jetzt aktiv die Ausgestaltung der Geschlechtsrolle betreiben. Er wird größere Eigenständigkeit, Eigenwilligkeit, Eigenverantwortlichkeit anstreben und allmählich einen Lebensplan entwerfen. (...)

Körperliche Kraft, Stärke, gelegentliche psychosomatische Anfälligkeiten, Ausreifung der Geschlechtsmerkmale, Aufflackern der frühkindlichen Auseinandersetzung mit den Eltern, unbeständiges, unvorhersagbares und paradoxes Handeln, Experimentieren mit sich und der Umgebung, Gier nach Anerkennung, enge moralische und edle Vorstellungen, Entwicklung der intellektuellen Fähigkeiten, ausufernde Lern- und Spielmuster, überkritisch sich selbst und anderen gegenüber sein, zwiespältig in der Einstellung den Eltern gegenüber mit der ängstlichen Vorstellung, die elterliche Unterstützung verlieren zu können, Feindseligkeit gegenüber den Eltern und häufig verbal geäußerte Aggressionen, zwischendurch schmusiges, zärtliches und beteuerndes Auftreten sind normalerweise zu erwartende Kennzeichen in diesem Altersabschnitt. (...)

Bis ins 18. Lebensjahr hinein sind sowohl die interindividuellen Unterschiede als die intraindividuellen Schwankungen am größten von allen Phasen des menschlichen Lebens. Am auffallendsten wäre der Jugendliche zu nennen, der ständig stabil und schwankungslos durch diesen Lebensabschnitt kommt!» (Dörner/Plog, 1984, S. 106–107)

In einem Teil der genannten Merkmale wird deutlich, wie empfänglich Jugendliche für alle Beurteilungen ihrer selbst sind: in ihrer psychischen Unsicherheit und in ihrer Statusunsicherheit gleichermaßen. Das «Experimentieren mit sich selbst und mit anderen» kann sich zeigen in einem impulsiven Aufkündigen von Freundschaften «für alle Zeit»; Abbruch von Lehre oder Schule ohne erkennbaren Grund für Außenstehende; Verhaltensweisen, die eine Rückkehr in das verlassene Sozialsystem unmöglich erscheinen lassen; Ausbruchsversuche ganz allgemein, die der eigenen Befreiung dienen und gleichzeitig Zeichen setzen sollen: Ich entscheide allein für mich und über mich, gehören zur «gesunden(!)» Entwicklung. Der Grad zwischen gesund und gestört ist hier allerdings nur sehr, sehr schmal. Alle der genannten Merkmale können ebensogut auf eine beginnende Suizidalität schließen lassen; auf alle Fälle können die Reaktionen von Eltern und Erziehern auf diese Verhaltensweisen unter Umständen zu einer Gefährdung werden.

Suizidale Handlungen bei Mädchen in Zahlen

Jährlich töten sich in der Bundesrepublik Deutschland etwa 160 bis 180 Mädchen im Alter bis zu 20 Jahren. Im Alter zwischen 10 und 15 Jahren* sind es jährlich 15 bis 20 Kinder weiblichen Geschlechts. Bei männlichen Jugendlichen liegt die Zahl drei- bis viermal so hoch.

Dabei wird schon in diesem Alter die geschlechtsspezifische Form des Selbstmordes deutlich, die sich durch alle Altersstufen zieht: Mädchen bevorzugen «weiche», Jungen «harte» und gewalttätige Methoden.

Ein Beispiel aus der Selbstmordstatistik 1977:

Selbstmord durch Erhängen (u. ä.):	Jungen 175
	Mädchen 16
Selbstmord mit Feuerwaffen:	Jungen 48
	Mädchen 3.

Im Vergleich zu allen anderen Altersgruppen ist bei Mädchen die Selbstmord*versuch*srate jedoch am höchsten. Während das Verhältnis Selbstmord zu Selbstmordversuch im allgemeinen auf 1:7 (bis 10) geschätzt wird, liegt es bei Mädchen bei 1:75 (bei Jungen 1:11). Die Selbstmord*versuch*srate erreicht damit für Mädchen fast die Ziffer 500 (bezogen auf 100 000 Einwohner**). Eine französische Studie über Selbstmordtendenzen bei Jugendlichen ergab, daß 51% der Mädchen sich schon *mehrfach* mit Selbstmordgedanken beschäftigt hatten. Bei Jungen waren es 29%. Nach Motiven bzw. Auslösern gefragt, geben Mädchen in verschiedenen Studien häufiger «Liebeskummer», «Familienstreit» und sonstige Partnerprobleme an, während bei Jungen die Motive im Leistungsbereich (Schulversagen, Leistungsdruck, Probleme am Arbeitsplatz) liegen.

Da nicht davon auszugehen ist, daß Jungen keine Liebesprobleme und Mädchen keine Versagensängste im Leistungsbereich kennen, drängt sich die Vermutung auf, daß die Prioritäten bereits eindeutig festliegen: für Mädchen ist der private, der emotionale Bereich von

---

* Selbstmorde und Selbstmordversuche im Alter unter 10 Jahren sind sehr selten. Sie sind auch eher «Unfällen» zuzurechnen, da Kinder in diesem Alter noch keinen Todesbegriff haben. Für Kinder, aber auch noch für Jugendliche, ist die End-Gültigkeit des Todes nicht zu erfassen.

** (die allgemeine Selbstmordziffer liegt in der BRD unter 20!)

größter Wichtigkeit, für Jungen ist es der außerhäusliche, intellektuelle und berufliche Bereich, der bevorzugt wird und entsprechend störungsanfälliger ist.

Zwölf Thesen zum suizidalen Verhalten bei Mädchen

1. Mädchen werden von Geburt an zu «typisch weiblichem» Verhalten erzogen. Dazu gehören alle Verhaltensweisen, die eher passiv als aktiv, eher zurücknehmend als fordernd sind.
2. Mädchen lernen von Geburt an in Elternhaus, Kindergarten und Schule, daß die ihnen anerzogenen Merkmale und Verhaltensweisen minderwertig sind. Auf dieser Basis können sie kein ausreichendes Selbstwertgefühl entwickeln.
3. Aufgrund des mangelhaften Selbstwertgefühls entwickeln Mädchen eine Identität, deren Hauptwesenszug die Minderwertigkeit und das Untergeordnetsein ist.
4. Bestätigung bekommen Mädchen ab sehr frühem Alter für «Liebsein» und ausgeprägtes Sozialverhalten. Wollen sie anerkannt werden, müssen sie sich in diese Rolle fügen.
5. Ihre unterentwickelte Aggressionsbereitschaft (Aggression im Sinne von auf etwas zugehen) hindert sie an der Eroberung anderer als sozialer Bereiche, so daß sie nicht die Erfahrung machen können, daß sie auch noch weitere Fähigkeiten haben und Erfolge auf diesen Gebieten verzeichnen könnten.
6. Durch diesen Teufelskreis geraten sie in eine besondere Abhängigkeit von Personen und deren Anerkennung. Ihre Erfolgserlebnisse bekommen sie überwiegend durch andere (bewertende) Menschen widergespiegelt.
7. Ergeben sich Störungen in der Beziehung zu diesen Werte- und Maßstäbe-setzenden Personen, gibt es keine Möglichkeiten der Kompensierung. Es kommt zu einem Bruch in der Identität, die ja überwiegend auf der Anerkennung durch andere beruht.
8. Selbstmordmotive bei Mädchen und Frauen kennzeichnen ihr zerbrechliches «Selbstbild». Wird Liebe und Zuwendung entzogen, erfolgt der Zusammenbruch.
9. Veränderungen der eigenen Rolle sind bei Mädchen und Frauen nur durch Verzicht auf Liebe und Anerkennung zu erreichen. Dieser Konflikt ist für die meisten nicht durchzuhalten – sie reagieren depressiv, psychosomatisch oder auto-aggressiv.

10. Alle Reaktionsformen sind nicht fremd-, sondern selbstzerstörerischer Art. Sie sind Ausdruck von Passivität, Selbstverachtung und Selbstbestrafung.

11. Selbstmordhandlungen von Mädchen und Frauen folgen somit exakt den anerzogenen Verhaltensmustern. «Forderungen» werden nicht offensiv und deutlich gestellt, sondern mit Hilfe von Selbstgefährdung erbettelt, erzwungen und «erpreßt».

12. Durch dieses «typisch weibliche Verhalten» verändern Mädchen jedoch nicht ihre Rollenrealität, sondern verstärken sie. Als sichtbar schwache und hilflose Frauen wird ihnen besonders (und besonders gern!) Aufmerksamkeit zuteil. Der Kreis hat sich geschlossen.

Die erste große, einzige Liebe

Die erste große Liebe – oft noch platonisch und schwärmerisch – beinhaltet ein großes Potential an sexuellen Wünschen und Ängsten. Zur Rollenunsicherheit (nicht mehr Kind und noch nicht Erwachsener) kommt die Unsicherheit im Umgang mit dem anderen Geschlecht hinzu. Der Zeit, in der sich Mädchen und Jungen gegenseitig doof, blöd und zickig finden (ca. 10–13 Jahre), folgt sehr schnell eine übermäßige Anziehung: Das Imponiergehabe der Jungen entspricht dem Schmuckbedürfnis der Mädchen (anerzogen ab Windelalter: das niedliche Mädchen im Rüschenkleid, der robuste Junge in Jeans). Sie sind neugierig aufeinander, sie ziehen sich gegenseitig magisch an, und sie erleben in ihrer Gruppe Gleichaltriger, daß sie damit ihr Image erheblich aufbessern können.

In puncto Sexualität scheint seit der «sexuellen Revolution» der 60er und 70er Jahre alles klar zu sein. Wir wissen alles – die Jugendlichen ohnehin –, und alle gehen mit diesem Thema, das keines mehr ist, sehr souverän um. Es gibt die Pille auf dem freien Markt, Eltern müssen nicht einmal mehr gefragt werden. Kondome sind in jedem Drogerieregal in großer Auswahl zu erhalten, und außerdem gibt es für den «Notfall» immer noch die Abtreibung. Der Rest ist Liebe ... und da muß ein jeder zusehen ...

Anläßlich der drohenden AIDS-Katastrophe bot ich vor zwei Jahren in der Universität Seminare zum Thema «Sexualpädagogik im Zeitalter von AIDS» an. Sie waren gut besucht – und sie waren strekkenweise recht anstrengend, weil an Wissen wenig vorhanden war, weil das Thema auch für die 20- bis 25jährigen äußerst delikat schien und ich mir mit meiner lockeren Art geradezu unanständig vorkam. Das war mein erstes Erstaunen. Mein zweites kam, als wir didaktische Konzepte für den Sexualkundeunterricht an Schulen durcharbeiteten, um zu sehen, ob sich das Thema AIDS problemlos in die Sexualpädagogik integrieren ließe. Das Ganze sollte dann an der Wirklichkeit überprüft werden. Aber da war keine «Wirklichkeit»! Sexualpädagogik findet nicht statt – wenn man von der Benennung der äußeren und inneren Geschlechtsorgane des Menschen und ihrer Funktionalität im Biologieunterricht einmal absieht. «Das machen die Eltern zu Hause», «die Jugendlichen wissen doch besser Bescheid als wir» oder «in der 4. Klasse ist das Thema einfach verfrüht», hießen die Lehrerauskünfte. Und da kein Lehrer zu mehr als der reinen Biologie des Menschen verpflichtet werden kann, bleibt es dabei!

Kinder und Jugendliche wissen auch heute noch nicht, was sie erwartet, wie sie sich verhalten sollen, was in ihrem eigenen und dem Körper des Liebespartners vor sich geht. Sie haben diffuse Vorstellungen von Verhütung. Oft ist «die Pille» die einzige Information – aber so lückenhaft, daß 16jährige Mädchen schwanger werden, obwohl sie die Pille genommen haben: Jeweils an den Tagen, an denen sie abends ihren Freund treffen wollten! Daß Pillen auch mal ausgetauscht werden («ich habe meine vergessen, gib mir eine von dir»), ist ebenso Realität wie das Aufblasenlassen von Kondomen auf dem Schulhof, wobei Lehrer und Schulleitung sich dabei außerordentlich progressiv vorkommen. Auf der Bettkante sitzend, nutzt das Aufblasen dann allerdings weder dem Jungen noch dem Mädchen.

Die *Brigitte*-Studie «Mädchen '82» nannte Zahlen, die seither nicht revidiert worden sind: «Trotz des anfänglichen Siegeszuges der Pille (...) ist das Problem der Verhütung nach wie vor keineswegs behoben, da inzwischen klargeworden ist, daß alle nichtnatürlichen Methoden der Empfängnisverhütung in irgendeiner Weise mit gesundheitlichen Risiken verbunden sind. Insbesondere für die 15jährigen ist die Verhütung schwierig; 22% der 15jährigen haben Angst vor einer ungewollten Schwangerschaft, und auch bei den 19jährigen sind es noch 16%. Insgesamt hat fast jedes vierte Mädchen (23%) Angst vor einer ungewollten Schwangerschaft. Daß diese Angst nicht unbegründet ist, wird deutlich, wenn man sich anschaut, daß 13% nur manchmal verhüten bzw. hoffen, daß nichts passiert, und 8% dieses wichtige Problem dem Freund überlassen» (DJI/ Brigitte 1982, S. 31).

Aus der entwicklungsbedingten Unsicherheit, den extremen Stimmungsschwankungen, den massiven und lautstarken Kontroversen mit den Eltern (hoffentlich!) ergibt sich für die Jugendlichen ein explosives Gemisch. *Mädchen* sind von der labilen Atmosphäre noch viel stärker betroffen als Jungen. Sie werden stärker eingeengt, was ihre Außenorientierung (Cliquen, abends lange fortbleiben) anbelangt, woraus sich zusätzliche Auseinandersetzungen mit den Eltern ergeben. Diese sind oft (und das spüren die Mädchen, ohne daß es ausgesprochen werden muß!) nicht so sehr um das Wohl der Tochter besorgt als vielmehr um ihren eigenen Ruf, um ihre Ruhe und wegen einer möglichen drohenden Schwangerschaft.

Der Reiz des Neuen, der Reiz des Verbotenen, bei gleichzeitiger Angst vor dem Unbekannten, vor eigenen Fehlern, vor dem «Reinfallen», auch vor einer Schwangerschaft, treffen auf die (unausgesprochene?) Forderung der Gruppe Gleichaltriger, sexuell aktiv zu werden, wie auf die deutliche Forderung der Eltern nach Zurückhaltung, nach Abwarten, nach Berücksichtigung der wünschenswerten Reihenfolge: erst Schule, dann Ausbildung, dann Sexualität und Ehe. Innerhalb dieses Knäuels von Forderungen, Erwartungen und eigenen ambivalenten Wünschen muß das Mädchen erstmals seinen eigenen roten Faden finden. Das Ausprobieren ist dabei mit viel Spannung und Angst besetzt.

Wurde einem Mädchen 15 Jahre lang anerzogen, daß es nur dann etwas wert ist, wenn es sich fügt, lieb ist, zurücksteckt, hat es zusätzlich bei seiner Mutter diese Unterordnungen abgeguckt, dann ist die Katastrophe programmiert. Aus den Hilferufen junger Mädchen beziehen Jugendzeitschriften ihre Attraktivität für gleichaltrige Käuferinnen:

«Wir kennen uns jetzt sechs Wochen, und ich liebe ihn sehr. Er will, daß ich endlich mit ihm schlafe, aber ich würde noch gerne etwas warten. Wenn ich mich jetzt nicht füge, verläßt er mich. Das hat er gesagt, und ich könnte das nicht überleben. Ich bin 15 Jahre alt, was raten Sie mir?»

Hier setzt sich die simple, aber seit Jahrhunderten wirkungsvolle Maschinerie in Gang:

Wenn du mich liebst, schläfst du mit mir ... stellst deine eigenen Wünsche zurück ... verzichtest für mich ... verhütest für mich ... wäscht ab, putzt, räumst auf, kaufst ein für mich ... gibst deinen Beruf auf ... bist nur für mich da ... und tust, was ich will!

Tust du das alles nicht, liebst du mich nicht – und dann verlasse ich dich! Die Verknüpfung von Zuwillensein (ob im sexuellen oder im hauswirtschaftlichen Bereich) und Liebe hat noch immer gewirkt. Und weil in Abhängigkeit erzogene Mädchen vor nichts soviel Angst haben wie vor Liebesverlust, weil «Liebe» ihre einzige Bestätigung ist, ihr Tätigkeitsfeld, ihr Terrain, ihr Lohn, fügen sie sich sehr früh – und die Falle klappt zu! Sie haben sich auf die «Rolltreppe abwärts» begeben, die nur noch durch einen mutigen Sprung übers Geländer verlassen werden kann. Einmal gegen den eigenen Willen nachgegeben heißt: Einmal mehr der eigenen Entwicklung entgegengewirkt, wieder einen Schritt mehr in die Abhängigkeit getan, einmal mehr die Chance verpaßt, mit einem deutlichen «Nein» die *eigenen* Bedürfnisse durchzusetzen. Diese Entwicklung fällt den Mädchen zunächst nicht auf. Sie bekommen, was sie wollen: einen Mann. Durch den Mann bekommen sie plötzlich auch Wert und Ansehen – zumindest zunächst bei der Gruppe Gleichaltriger. Ihr Image steigt, sie sind «wer» – nicht selten das erste Mal im Leben! Daß man für alles Opfer bringen muß, haben sie nicht nur speziell im Religionsunterricht, sondern generell in ihrer Aufwuchssituation gelernt: Wenn sie auf Forderungen verzichten (allenfalls mit dem Vater flirten, um Wünsche erfüllt zu bekommen), haben sie die größten Chancen, ihre Ziele zu erreichen.

Das brüchige Gebilde endet für manche Frauen erst nach einigen Ehejahren. Aber vielen bleibt nicht die frühe Erfahrung erspart, daß ihre erste große Liebe in großer Anhänglichkeit und Abhängigkeit zerbricht: Weil sie vom Mann nicht ernst gemeint war, weil sie nur benutzt wurden, weil «einfach nichts klappte», weil sie sich nicht verstanden. Es bricht nicht nur ein Traum, sondern scheinbar das ganze Lebensglück zusammen. Ein Weiterleben scheint in diesem Moment nicht mehr möglich.

Eine verlorene Liebe, eine gescheiterte Ehe, Mißachtung und Herabsetzung, Erfahrungen mit Einsamkeit und Selbstzweifeln – dies alles sind Realitäten im Leben eines jeden Menschen. Es *ist* das Leben – nicht nur die andere Seite, die Kehrseite der Medaille, sondern ein notwendiger Bestandteil.

Diese Negativerfahrungen haben zwar nicht gerade Trainingseffekt, aber bei realistischer Einschätzung weiß der 40-, 50-, 60jährige Mensch: «Die Trauer ist sehr bald behoben...»

Als profanen Trost hält der Volksmund entsprechende Sprüche bereit: «Gegen einen Mann hilft nur ein anderer Mann», «Liebe kommt und geht».

Die *Jugendliche* hat diese Erfahrungen (noch) nicht. Für sie gibt es nicht nur die große, sondern eben auch die einzige, einzigartige und nie wiederkehrende Liebe. Die Jugendliche ist in ihrer ersten Liebe noch unendlich viel kränkbarer, verletzlicher und auch radikaler. Eine Absage geht tief, sie trifft das Selbstwertgefühl im Kern, das ohnehin in diesem Alter sehr starken Schwankungen ausgesetzt ist. Mit dem Verlassenwerden vom ersten Freund, dem ersten Liebespartner oder auch nur durch die Nichtbeachtung des von ferne Angebeteten scheint das eigene Leben beendet. Ohne «ihn» ist es nichts mehr wert, ohne «ihn» kann es gar nicht mehr weitergehen. Die Jugendliche hat noch nicht die Erfahrung und das Wissen, daß Trauer vorübergeht, daß Trennungen zum Leben gehören und daß Krisen – einmal durchlebt und bearbeitet – zu einer weiteren, höheren Stufe der Reife, des Empfindens führen können. Daß sie damit in scheinbarem Einklang mit anderen leben, daß sie nicht nur edel, sondern auch «richtig» empfinden, suggeriert allen jugendlichen Generationen die deutsche Schlagerszene der letzten 40 Jahre eindrucksvoll:

«Leben, um dich zu lieben...»

«Abschied ist ein bißchen wie Sterben... wofür hab ich gelebt?»

«Ohne dich ist nur Dunkelheit
auf der Straße der Einsamkeit
...,
und weil ich weiß, ich kann mich nicht wehren,
sende ich stumme Signale...»

Diese derzeit gängigen Schlager, von weiblichen Interpreten gesungen, sprechen die verletzten Gefühle Jugendlicher scheinbar sehr einfühlsam an. Ihre Botschaft lautet: Wenn ich dich nicht lieben kann, nutzt auch das Leben nichts mehr. Die Identifikation kann bei gleichzeitig erlebter Trennungssituation sehr hoch sein, die Wirkung fatal: Dunkelheit, Einsamkeit, Abschied, Sterben... bieten die Auslöser. Wozu leben, wenn er/sie nicht mehr da ist, es gibt andere Lösungen. Diese gefährliche Masche dient in ihrer hohen Identifikationsmöglichkeit nur dem Profit der Plattenfirmen – für Jugendliche, deren einziger Ansprechpartner oft nur Radio, Fernsehen, Kassetten und CDs sind, bietet sie ein gefährliches Rezept.

Schule als lebensgefährlicher Härtetest

«Bei der Begründung des Anstiegs von Suiziden, Depressionen u. a. spielt zunehmend die Schule eine Rolle: Sie gibt in den letzten Jahren gleichzeitig immer stärker und immer früher den Druck für sozialen Auf- und Abstieg schon auf die Kinder weiter und wälzt ihn ab. Schule ist oft als entscheidende und alleinige Instanz für Lebens- und Berufschancen verantwortlich zu machen.

Gleichzeitig liefert sie dem Kind wegen der immer größer werdenden Mannigfaltigkeit der Welt immer weniger Überblick über das, was in der Welt ist und wonach es seine Welt strukturieren kann. So wird nachvoll- ziehbar, daß Schule die Quelle von Angst, Schuldgefühlen, Verzweiflung und Scham sein kann und daß häufig eine große Portion seelischer Ge- sundheit dazugehört, in der Schule eine Quelle von Lebensfreude zu haben.

In diesem Zusammenhang muß erwähnt werden, daß die Anzahl der Kinder, die deswegen beim Psychiater vorgestellt werden, weil sie mit den Leistungsanforderungen in der Schule nicht fertig werden, drastisch gestiegen ist. Zu berücksichtigen ist auch, daß es *keine Auswege* gibt, so daß *Schule schon als Härtetest* zu werten ist», schreibt der Psychiater Klaus Dörner.

Kaum eine Diskussion innerhalb der Selbstmordthematik wird so hef- tig und konträr geführt wie die um die Beteiligung von Schule am Zustandekommen von Suizidalität bei Kindern und Jugendlichen. Dabei muß man sehen, daß *jeder* Kinder- und Jugendselbstmord auf- grund des Alters und der Schulpflicht eben auch ein «Schülerselbst- mord» ist. «Die Eltern mit ihrem ‹broken home› sind schuld», sagen Lehrer und Schulpolitiker. «Die Schule mit ihrer Organisation, ihrer Leistungsüberforderung und ihrem Pädagogenmaterial ist schuld», sagen die Eltern.

Die Selbstmordforscher ihrerseits unterteilen künstlich nach Fami- lien-, Persönlichkeits- und Schulschwierigkeiten und versuchen – ähn- lich der Suche nach Motiven – Gewichtungen herzustellen. Ich halte diese Trennung für müßig! Ab der Einschulung eines Kindes verän- dert sich für jede Familie die Dynamik. Familienkräche und Ausein- andersetzungen mit den Kindern beruhen zum größten Teil auf schulischen Fragen: Sind die Hausaufgaben gemacht? Warum ist es in Englisch wieder nur eine Vier geworden? Wenn ihr morgen eine Ma- thearbeit schreibt, kannst du heute nicht mehr in die Disco gehen! Warum tust du nicht mehr? Warum sitzen die Vokabeln immer noch nicht? Deine Hefte sind schlampig geführt, und die Lehrerin hat sich über dein Betragen beschwert.

Schulaufgaben, Klassenarbeiten, Zensuren, Versetzungen, Schulwechsel, die Hatz aufs Gymnasium bestimmen das Familienklima. Und selbst bei Themen, die sich nicht unmittelbar um Schule drehen, geht es doch um nichts anderes: nicht zu lange weggehen abends, weil morgen eine Klausur geschrieben wird; vor Schuljahresende keine Freizeit mehr, weil für die Zeugnisse gepaukt werden muß; Fernsehverbot, Sportveranstaltungseinschränkung, Absage des Computerturniers. Familienausflüge fallen flach, Besuche werden abgebrochen, Kinderkontakte eingeschränkt.

Familienprobleme sind somit auch dort programmiert, wo sonst noch Frieden herrschte. Und die «Persönlichkeitsprobleme» beim Kind lassen nicht mehr lange auf sich warten! Sie werden allerdings falsch interpretiert: ein Schüler, der Schule schwänzt, morgens nicht aufsteht, Magenkrämpfe und Durchfall hat vor einer Klassenarbeit, der die Leistung verweigert und seine Freizeit einfordert, ist ein gesundes, normales und durchaus nicht gestörtes Kind! Es ist ein Kind, das auch noch leben will (kindgerecht!) und das sich weigert, mehr Wochenstunden abzuleisten als seine vollzeitbeschäftigten Eltern.

Selbst die berüchtigte «Fünf» im Zeugnis ist nicht der Grund für einen Selbstmord(versuch) – vorausgegangen ist ein zumindest monatelanges Ringen und Kämpfen mit den Eltern, ein sich Abmühen und doch nicht Schaffen, Erniedrigungen in und vor der Klasse, schlechte Zwischenzensuren, Enttäuschungen und Resignation. Angst und Aufregung bei Kindern und Eltern führen nicht zu einer Veränderung der Schule, sondern zu massivem Medikamentenkonsum: abends zum Beruhigen und Einschlafen, morgens zum Aufwachen und Fitsein. Auf Freizeit wird verzichtet, Freundschaften werden beschnitten, die Tanzstunde entfällt und der Freund wird vorübergehend verabschiedet – und dann haben alle diese Maßnahmen doch wieder nur zu einer «Fünf» geführt.

Die Hilflosigkeit angesichts dieses Erlebnisses, die Angst vor weiteren Beschneidungen des Lebens und die Mutlosigkeit, aus diesem Gestrüpp nie mehr herauszufinden, bilden eine reale, nachvollziehbare Krise. Seit ich als Mutter und Elternvertreterin mit Schule befaßt bin, wundert es mich immer mehr, wie viele Kinder die Schule überleben, d. h. wie wenige sich angesichts dieses Molochs töten! Dafür werden sie zu Verweigerern in Form von Süchtigen, Kranken und sogenannten Verhaltensgestörten.

Mädchen, deren Eltern sich mit der klassischen Rolle ihrer Tochter als beruflich minderqualifizierte, dafür aber häuslich gut vorbereitete Frau zufriedengeben, mögen in der heutigen Schullandschaft noch «am besten» wegkommen bzw. am wenigsten suizidgefährdet sein. Möchten die Eltern (und die Tochter selber auch!) jedoch diese Einseitigkeit in der Lebensplanung durchbrechen, wollen sie der Tochter gleiche Chancen bieten wie dem Sohn, gerät das Mädchen in eine viel stärkere Spannung als diese: Entweder entzieht sie sich dem übermäßigen Leistungsdruck (der ihren Bruder gleichermaßen trifft), indem sie ins «Privatleben» ausweicht, die Schule vorzeitig beendet, schwanger wird, rationalisierend «doch lieber nur Friseuse» wird – oder sie stellt sich trotz «nur» mittlerer Begabung den absurden Forderungen des Schulsystems mit dem Bewußtsein, daß die Chancengleichheit spätestens mit Berufsbeginn ohnehin beendet ist.

Beide «Lösungen» müssen unbefriedigend bleiben – die Resignation ebenso wie der ziemlich aussichtslose Kampf. Ein Konflikt, der sich für Mädchen nicht auflösen läßt und der nur dann bewältigt werden kann, wenn die Eltern immer wieder stützen, stärken, gut zureden und den Streß zu mildern verstehen, indem sie eher zur «Ruhe» als zur «Leistung» auffordern, ohne in den Fehler zu fallen, mit der geringen Dringlichkeit guter Leistungen wegen späterer Heirat und Mutterschaft zu «trösten». Von der «Durchschnittsschule» ist für derartige Problemthemen jedoch nichts zu erwarten:

> «Lehrer haben in ihrer Rolle als Wissensvermittler den Anspruch, auf alle Sachfragen eine Antwort zu besitzen. In ihrer Rolle als ‹Erzieher› jedoch werden sie mit Konflikten konfrontiert, für die es nicht immer eine Patentlösung gibt. (...) Der durch ihre soziale Rolle hervorgerufene Zwang, sich als Vorbild darzustellen und zu fühlen, gestattet es ihnen nicht, auf emotionale Probleme einzugehen, weil dabei auch eigene Ängste und Unsicherheiten sichtbar werden könnten» (Neraal, 1980, S. 23).

Die Krise in der Mitte des Lebens

«Das kann doch nicht alles gewesen sein. Da muß doch noch irgendwas
kommen. Nein, da muß doch noch Leben ins Leben – Leben!»

(Wolf Biermann)

«Wechseljahre sind nicht nur für 50jährige von Bedeutung, genau wie das
Thema über Sterben und Tod nicht nur 80jährige angeht. Die Zeit des
Wechsels ist ein grundsätzliches Frauenthema, gleich welchen Alters.»

(Julia Onken, 1988, S. 67)

Während Männer zwischen 40 und 50 scheinbar vom Zwang befallen
sind, «noch mal von vorn anzufangen», eine 20 Jahre jüngere Frau
nehmen oder mit 52 noch mal junger Vater werden, fallen Frauen im
gleichen Alter in das tiefe schwarze Loch der klimakterischen Depression, des «Alles-vorbei» und des «Was bin ich denn noch wert?».

Während Männer von Wüstendurchquerungen träumen und die
große, einmalige Weltumseglung planen, erkundigen Frauen sich zur
gleichen Zeit nach den Möglichkeiten eines Schnellkurses als Helferin
für Arme, Kranke und Schwache.

Während Männer in Nacht- und Nebelaktionen alle Zelte abbre-
chen, den Mahagonischreibtisch gegen die Mistforke und den Merce-
des gegen die Schubkarre eintauschen, blättern gleichaltrige Frauen
resigniert in Strickanleitungen für Babymoden und beobachten in
einer Mischung von Neid und Sehnsucht die Bäuche der Freundinnen
ihrer Söhne.

Für Männer sind es «die besten Jahre», für Frauen nur noch ein
Grund, zu klagen, zu trauern und finster in die Zukunft zu blicken:
die Wechseljahre, die «midlife-crisis», das Klimakterium. Die Angst
vor dem Alter ist das vorherrschende Thema: die grauen Haare, die
erst gezählt und dann ausgerissen werden; die faltige Haut, die ge-
cremt, geklopft und notfalls geliftet wird; die Pflegebedürftigkeit in
ein paar Jahren und die zwanghafte Überlegung, wie «ich sinnvoll
meine letzten(!) Jahre verbringe» (Redakteurin, 49 Jahre jung).

Die Krise zwischen 40 und 50 ist in aller Munde: ab 40 scheinen
Männer und Frauen jedwede Fehlleistung (Vergessen, Verlegen, Ver-
schlafen...), jegliches Unwohlsein («Früher habe ich viel mehr Alkohol vertragen können»), jede Unlust («Ich mag nicht mehr») und jedes Versagen ihrem «kritischen» Alter zuzurechnen. «Man baut ja
doch ab in diesem Alter», «Man schafft eben nicht mehr soviel wie

früher», «Früher, da konnte ich noch...» sind die Beschwörungen der eigenen Jugend. Es wird deutlich, sie ist vorbei, die schönste Zeit des Lebens. Was jetzt noch kommt, ist nur noch und bestenfalls ein milder Abglanz. Im schlimmsten Fall Plage, Hinfälligkeit, Vergeßlichkeit und Verlust von allem, was schön ist.

In der Auseinandersetzung mit dieser Krise in der Mitte des Lebens muß jedoch gefragt werden, was sich *objektiv ändert* und was *subjektiv wahrgenommen* wird. Was geschieht tatsächlich mit dem Körper, mit den sozialen Beziehungen, mit der Seele – und was reden sich die Frauen in diesem Alter «nur» ein, weil es ihnen eingeredet wird?

Wenn wir von der lerntheoretischen Definition der Krise ausgehen (zu schnell, zu plötzlich usw.), müßten wir feststellen, daß sie für die Krise in der Lebensmitte nicht zutrifft. Sie kommt weder schnell noch plötzlich, noch unerwartet. Es gibt niemanden mit 30 Jahren, der nicht weiß, was ihn erwartet, falls er das Alter von 40 erreicht. Die beiden großen entwicklungsbedingten Krisen im Leben des Menschen sind bekannt: Pubertät und Klimakterium. Zumindest auf die zweite könnte jede Frau sich seelisch und körperlich vorbereiten.

Und dennoch können wir von einer Krise sprechen, denn die Erkenntnis, alt zu werden, «überfällt» die meisten Frauen von einem Moment auf den anderen. Es bedarf oft nur eines geringfügigen Anlasses, um ins volle Bewußtsein zu heben, was lange unter der Oberfläche gärt. Es wird zwar schon lange vorher darüber geredet und gewitzelt, und jeder weiß, daß er alt wird, wenn er nicht vorher stirbt. Aber erst wenn das Wissen im Kopf zum Fühlen im Bauch geworden ist, kommt das plötzliche Erschrecken: «Jetzt bin ich auch dran. Jetzt hat es mich erwischt!»

Das Spiel mit dem Gedanken «Irgendwann gehen die Kinder aus dem Haus» ist ein prägnantes Beispiel. Das Haus wird nicht zu groß gebaut, damit man später nicht vermieten muß, die Kosten werden so kalkuliert, daß der größte Teil abbezahlt ist, wenn die Kinder in die Berufsausbildung gehen. Die Urlaube mit Tochter und Sohn werden – trotz aller pubertärer An- und Ausfälle – noch im Hinblick darauf genossen, daß das «ja leider auch bald vorbei sein wird». Aber wenn dann das älteste «Kind» mit 18 Jahren erklärt, zum Freund ziehen zu wollen, dann ist der Fall plötzlich eingetreten. Das Ereignis ist von der diskutierten Kopf-Ebene in die fühlende Herz-Ebene gerückt.

«Existentielle Krisen, unlösbar erscheinende Krisen», schreibt der Psychologe Reinhard Tausch, «entstehen im Leben vor allem dann, wenn Menschen zuvor ihre eigenen Probleme oder die Probleme in ihrer Beziehung zu anderen Menschen ignoriert haben (in: Schreiber, 1978, S. 89). Der Auszug der Kinder aus dem gemeinsamen Haushalt konfrontiert vor allem viele Mütter mit ihren eigenen, nicht wahrgenommenen Problemen. Mütter, die Befriedigung daraus ziehen, daß das eigene Opfer den anderen ein Wohlleben beschert, das diese sonst nicht hätten, und die sich damit unentbehrlich machen, sehen sich eines Tages vor die Tatsache gestellt, sehr wohl entbehrlich und gar nicht so wichtig zu sein. Darüber geraten sie häufig in eine tiefe Krise.

Frauen schildern sehr anschaulich, welche Ereignisse in ihnen schlagartig die Erkenntnis aufkommen ließen: Jetzt ist der Zeitpunkt da! Ich werde alt!

● «Also, so blöd es sich anhört, früher habe ich mich immer ganz schrecklich geärgert, wenn mir Straßenarbeiter hinterhergepfiffen haben. Aber vor kurzem gehe ich zur Post – dort ist mal wieder alles aufgerissen – und denke: Komisch, es hat ja keiner was gesagt, und keiner hat gepfiffen. Ich dreh mich noch mal um – da guckt gar keiner! Also – ich war nicht etwa erleichtert, daß man als Frau auch mal ohne Belästigung über die Straße gehen kann! Ich sah wie durch einen Blitz erhellt plötzlich: Du interessierst die gar nicht mehr. Hinter dir pfeift keiner mehr her. Du bist für die 'ne alte Frau! Das war ein Hammer. In der Post hab ich mich erst mal auf die Bank gesetzt. Ich bin gerade 42. Und unterwegs habe ich mich dann mal in einem Schaufensterspiegel angesehen – so ganz kritisch mit dem Blick: alte Frau! Ja, da war schon was dran. Ich bin kein junges Mädchen mehr, und ich bin nicht mehr attraktiv.»

● «Die ersten grauen Haare haben mich eher belustigt. Aha, dachte ich, nun geht's los. Die hab ich dann immer gleich rausgerissen, bis mein Mann eines Tages sagte: ‹Mensch, laß das doch, besser grau als kahl.› Wir haben beide gelacht. Aber dann hab ich mir mal meinen Scheitel direkt überm Ohr gezogen – und da bin ich vor dem Spiegel fast aus den Latschen gekippt: eine breite weiße Strähne direkt über dem Ohr. Über dem anderen natürlich auch. Ich hatte die nie gesehen, weil immer die Deckhaare drüber lagen. Ich hab geheult wie ein Schloßhund, und ich muß sagen, das hat damals den Ausschlag gegeben. Nach einer ganzen Zeit, wo ich versuchte, das zu verdrängen, habe ich dann angefangen, mich damit auseinanderzusetzen. Und da hab ich festgestellt, daß es den Frauen in meinem Alter wohl allen so geht. Mehr oder weniger!»

● «Mir fiel es wie Schuppen von den Augen, als ich im letzten Sommer mit meinem Mann am Strand lag und er hinter einer jungen Frau her-

guckte. So ganz versonnen sagte der da auf einmal: ‹Guck mal, was die
für einen knackigen Hintern hat!› So was hatte ich noch nie von meinem Mann gehört. Und ich hab das gleich auf mich bezogen und hätte
fast angefangen zu weinen. Ich hab dann getan, als schlafe ich, aber die
ganze Zeit ging mir durch den Kopf: Das ist bei mir nun vorbei. Mir
guckt niemand mehr hinterher. Und der eigene schon lange nicht mehr.
Und da fing es an mit dem großen ‹Vorbei›. Das hat mich seitdem nicht
mehr verlassen. Ich hatte danach Zeiten, in denen ich alles nur noch
unter diesem Blickwinkel sah: was ist nun noch alles vorbei? Das war
furchtbar damals, aber es ist ja auch so. Das kommt alles nicht mehr
wieder.»

Aber auch weniger äußerliche und sexuell getönte Ereignisse können
schocken und die Krise einleiten, die einer Auseinandersetzung mit
dem Älterwerden vorausgehen muß:
● Die 16jährige Tochter erklärt, ab sofort die Pille nehmen zu müssen, und der Mutter wird deutlich, daß die Kindheit nun vorbei ist und
die nächste Generation in die Reproduktionsphase eintritt. Auch
wenn sie sich schon lange keine eigenen Kinder mehr wünscht, wird
ihr an diesem Punkt bewußt: Für sie selber hört diese Möglichkeit
jetzt auf!
● Der 15jährige Sohn erklärt während der Planungen für die Som-
merferien, nicht mehr mit der Mutter in Urlaub fahren zu wollen. Sie
habe veraltete Ansichten, könne ja doch nicht mehr alles mitmachen
und habe Interessen wie 80jährige: Kirchen und Museen!
● Mein eigenes Aha-Erlebnis: Jetzt ist es auch bei dir soweit, hatte
ich mit 45 Jahren, als ich überlegte, ob ich meinen trockenen Schreib-
tisch-Alltag noch einmal mit einem Studium würzen sollte – mal was
ganz anderes: Archäologie oder Gartenbauarchitektur oder, oder...
Das wäre im Prinzip schon möglich, bekam ich Auskunft. Aber nur im
Senioren(!!!)-Studium. Erst habe ich gelacht, dann habe ich aber
doch ein paar Wochen daran zu knabbern gehabt.
   Alle angeführten Beispiele zeigen deutlich, daß der eigene Alters-
prozeß zunächst weniger an sich selbst wahrgenommen und reflek-
tiert wird, sondern daß Beobachtungen und Rückmeldungen von
anderen Menschen kommen – nicht selten in der Form von Gedan-
kenlosigkeit oder bewußter Abwertung.
   Das «Vorbei»-Erlebnis haben sehr viele Frauen (und Männer!)
zwischen 40 und 50 Jahren. An der Erkenntnis jedoch scheinen sich
«die Geister zu scheiden»: die eine Gruppe, die alles mit Gleichmut

hinnimmt, weil das Leben noch so viel anderes zu bieten hat, und die andere Gruppe, die mit selektiver Wahrnehmung den Alltag nur noch aus der Perspektive wahrnimmt, was alles nicht mehr möglich ist und nie mehr möglich sein wird. Wird diesem Hineinsteigern kein Einhalt geboten, kann es – mit den entsprechenden altersbedingten Auslösern – zu einer ausgeprägten Krise kommen, deren Verlauf darüber entscheidet, ob und wie weitergelebt werden kann.

Nach Erfahrungen von Psychologen, Psychiatern, Eheberatern und anderen beratenden Professionen scheinen Männer in dieser Situation dank ihrer männlichen Sozialisation andere Bewältigungsmechanismen zur Verfügung zu haben als Frauen. Frauen, deren Erziehung weitgehend auf Reproduktion und Familienpflege abgestellt war, sehen zu diesem Zeitpunkt ihre Bedeutung in Frage gestellt. Mit dem Verlust ihrer Funktionen: Kinderkriegen und -aufziehen, verlieren sie (in ihren eigenen Augen) ihre Werthaftigkeit. Sie haben ihre Funktion erfüllt – und was nun? Männer, die für «draußen» erzogen wurden, zur Eroberung und Aneignung der Welt, erobern und eignen sich auch weiterhin an.

«Ich habe den Eindruck, daß Männer, wenn sie Bilanz machen, noch irgendwelche freien Kräfte bei sich entdecken, mutiger sind, was das Nachholen angeht, und sich daher auch leichter entschließen, dieses oder jenes noch zu versuchen. Bei einer Frau hingegen mündet diese Bilanz viel eher in Resignation als in Entschlüsse für einen Neubeginn», sagte die Psychologin Elisabeth Müller-Luckmann in einem Interview über das Altwerden von Frauen (in: Schreiber, 1978, S. 80).

Jeder Mensch altert jeden Tag um einen Tag, jedes Jahr um ein Jahr – unaufhaltsam und durch nichts zu beeinflussen! Aber erst Bewertungen anderer lassen die Bedeutung dieses unaufhaltsamen Alterns bewußt werden. Möglicherweise liegt das Problem darin, daß wir für uns selber keinen Maßstab für das Altern haben und in vielem noch befangen sind in der Vergangenheit: in Erinnerungen an Kindheit, Jugend und junges Erwachsenendasein. Diese Zeiten leben in uns, und wir sind auch immer noch das Kind, der Jugendliche, der Jungerwachsene. Wir haben alle Alters- und Entwicklungsstufen, die uns geprägt haben, jederzeit parat. Für Außenstehende sind wir vor allem das, was unser äußeres Erscheinungsbild, unser Verhalten, unsere Bewegungsabläufe, unser Sprechen zeigen.

Im folgenden skizziere ich kurz die Probleme, die von Frauen in der Lebensmitte genannt werden bzw. die ihnen zugeschrieben werden.

Oder werden sie deswegen genannt, *weil* sie ihnen zugeschrieben werden und sie wissen: In diesem Alter hat «man» diese Probleme – also auch ich?

Die Vergänglichkeit des Körpers

«Der männliche Körper altert eben ästhetischer. Der weibliche Körperbau ist mehr in Gefahr, ins Häßliche zu entarten!»
(Elisabeth Müller-Luckmann, Professorin für Psychologie!)

«Der größte Teil (junger Frauen – Sw.) stellt sich unter den Wechseljahren eine Abdankung an das Leben vor, unterstützt von Werbung und Medien. (...) Das Diktat «jung um jeden Preis» wird in allen nur erdenklichen Varianten serviert. Nur wer jung, schlank, cellulitisfrei, mit samtener Haut, mit hübschem Näschen, anliegenden Ohren, perlweißen Zähnen, perfekt manikürt und pedikürt, mit haarfreien Achselhöhlen und ebenso enthaarten Beinen, mit straffem Busen, Bauch und Po ausgestattet ist, hat überhaupt noch eine Chance, als Frau mitgezählt zu werden. Redakteurinnen von Frauenzeitschriften diktieren gnadenlos die Tarife des Viehmarktes!»
(Julia Onken)

Am Ende der Wechseljahre steht das Ende der Fruchtbarkeit. Das dürfte weder für unsere Großmütter mit ihren 12 Kindern noch für die Frauen von heute ein Grund zu trauern sein. Hier stellt der Körper nur eine Fähigkeit ein, die freiwillig ohnehin nur ein- bis zweimal innerhalb der 40 fruchtbaren Jahre genutzt und sonst mühe- und sorgenvoll unterbunden wurde. Also eher Grund zur Erleichterung denn zur Verstimmung! Alle anderen Klagen über den körperlichen «Verfall» treffen zu – und sie treffen nicht zu. Die Probleme mit dem Altern des Körpers sind Probleme mit dem Selbstwert – mehr nicht! Je mehr die «Außenwirkung» im Leben einer Frau im Mittelpunkt steht, um so größere Probleme wird sie bekommen. Ein Besinnen auf andere – innere, geistig-seelische, kreative – Fähigkeiten wäre auch für die Umwelt eine deutliche Zurückweisung der Forderungen nach straffen Pos, Busen und faltenlosen Hälsen. Solange Frauen sich als die Schmuckstücke von Männern verstehen, die in der Schublade verschwinden, wenn sie Flecken oder Kratzer aufweisen, werden sie auch ins tiefe schwarze Loch der Depression fallen, wenn ihr Hintern dieselben Falten wirft wie eine gleichaltrige Männersitzfläche!

Falten wirft der Körper nicht erst ab 40. Ab 20 Jahren beginnt die Haut sichtbar zu runzeln – je mehr Sonnenbestrahlung sie der Schönheit wegen ertragen muß, um so mehr nimmt sie übel und reagiert faltig.

Falten sind gelebtes Leben! Faltenlose Gesichter jenseits der 30 sind entweder kosmetisch ausbetoniert oder «tot», weil ihre Besitzerin nie gelebt, gelacht, gelitten haben.

«Der Körper setzt schneller Fett an» – ist ein Vorurteil. Er braucht weniger Nahrung. Wer nicht fett werden will, muß weniger essen – aber das gilt im Prinzip schon von Kindesbeinen an. Mehr Fett bedeutet andererseits: weniger Falten – frau kann also wählen!

«Das Muskelgewebe wird schlaff» – vor allem wenn sich die Freizeit rauchend, trinkend, knabbernd und wehklagend überwiegend vor dem Fernsehgerät abspielt. Kein Muskelgewebe schlafft ab, das einmal wöchentlich ins Schwimmbad ausgeführt oder täglich 15 km radelnd durch Sturm und Wind bewegt wird. Statt Kaffeeklatsch die gemeinsame Radtour, statt Fernsehen zum Seniorenschwoof! Bessere Muskeln bedeuten auch weniger Fett und straffere Haut.

«Es geht alles nicht mehr so schnell wie früher!» Muß ja auch nicht! Mit Eile bringt man sich nur eher ins Grab – entweder per Herzinfarkt oder durch Autounfall. Langsamer ist allemal gesünder.

«Und all die Zipperlein!» Das Gros der Krankheiten in der Lebensmitte sind Folgeerscheinungen von zu vielem und zu «gutem» Essen, zuwenig Bewegung, zuviel Aufregung und Hetze und von massiver Giftzufuhr (Nikotin, Alkohol, Medikamente). Irgendwann wehrt sich der Körper. Meist gibt er die ersten Warntöne lange vor den Wechseljahren. Werden sie überhört, dann hat dies in den Zeiten der Rundumprobleme entsprechend schwerwiegende Konsequenzen.

Daß wir altern, ist nicht aufzuhalten. *Wie* wir altern, bestimmen wir weitgehend selber! Wenn Frauen weniger nach den krausen «Schönheits»maßstäben verunsicherter klimakterischer Männer schielen würden, könnten sie mehr für sich selber tun. Statt Falten zu beweinen und weiße Haare auszureißen, den Hängepo zu betrauern und das Geld für Cellulitisbehandlung herauszuschmeißen, könnten sie *leben*! Frauen müssen begreifen lernen, daß ihre Attraktivität von *innen* kommt, daß sie von ihnen selbst bestimmt wird – und nicht von den im Sold der Schönheitsindustrie stehenden Frauenzeitschriften. Keine männliche Kosmetikindustrie würde sich für das Aussehen auch nur einer einzigen Frau interessieren, wenn dadurch nicht Wahnsinnsgewinne abgeschöpft werden könnten.

Eine Frau – gleich welchen Alters – ist attraktiv und schön, wenn sie sich attraktiv, schön und sicher fühlt. Das ist eine Frage der Selbstachtung, der Selbstliebe und des Selbstwertes, nicht der Jugend aus dem Cremetöpfchen.

Selbst wenn Frau(!) Müller-Luckmann mit ihrem eingangs zitierten Satz recht hätte, wäre es unsolidarisch, diese ohnehin vorhandene Kränkung per Medien zu verbreiten. Falls Männerkörper wirklich im Einzelfall «ästhetischer altern», dann liegt das daran, daß der Mann sich auch als Vater von drei Kindern noch das Recht auf seine drei Trainingsabende pro Woche nimmt und darauf achtet, daß er selber nicht zu kurz kommt.

Gefühle der Nutzlosigkeit und der Leere

Martin Seligman berichtet von einer Frau «mittleren Alters», die ihn um psychotherapeutische Behandlung gebeten hatte. «Sie zeigt deutliche Anzeichen einer Depression: verlangsamtes Sprechen und Sich-Bewegen, trauriger Gesichtsausdruck. Jede kleine Anforderung sei eine Überforderung. Selbst Phasen besserer Stimmung würden von Gedanken an Versagen und Wertlosigkeit unterbrochen.
Nach langen aktiven Jahren geschah zweierlei: ihre Zwillingssöhne kamen aufs College und gingen damit zum erstenmal von zu Hause fort, und ihr Mann bekam eine Position, die ihn häufiger von zu Hause fernhielt.
Jetzt grübelt sie darüber nach, ob ihr Leben überhaupt noch lebenswert sei, und hat bereits mit dem Gedanken gespielt, den Inhalt ihrer Flasche Antidepressiva auf einmal zu schlucken.»
(Seligman, 1979, S. 1)

Das größte Problem von Nur-Hausfrauen und Müttern in der Lebensmitte ist die äußerliche Auflösung der Familie. Da sie meistens ihre ganze Kraft und Zeit, ihr ganzes Engagement selbstlos in Mann und Kinder investiert hat, ist der Auszug der großen Kinder oft erst mit schweren Auseinandersetzungen und später mit schweren depressiven Verstimmungen verbunden. Viele Frauen, die besonders auf ihre Kinder fixiert waren, wenden sich nun wieder nach ihrem Ehemann um – schauend, wie diese Beziehung sich neu gestalten ließe – und müssen feststellen, daß er sich innerlich (und nicht selten auch äußerlich) längst abgesetzt hat. Ob es die Karriere ist, der die Familie geopfert wurde, oder die Freundin, oder ob es einfach nur ein «Auseinanderleben» war, weil man nicht mehr richtig zusammenlebte, ist zweitrangig. Die Frau erlebt zu diesem Zeitpunkt ihr Alleinsein doppelt, und das Geüfhl von Sinnlosigkeit stellt sich fast automatisch ein. Sie wird nicht (mehr) benötigt als Mensch, allenfalls als unbezahlte Haushälterin.

Frauen, die diese Erfahrung machen, haben in den Jahren zuvor nur nicht wahrgenommen, daß sie diese Rolle schon längst – auch für die Kinder – gespielt haben. Ihre Selbstlosigkeit wurde nicht nur als selbstverständlich genommen, sondern maßlos ausgebeutet, was der Mutter das (vorübergehend angenehme) Gefühl der Unersetzbarkeit gab.

Vögel werfen ihre Jungen – kaum flügge geworden – aus dem Nest. Draußen bekommen sie noch ein paar Flugstunden, und dann wenden sich die Eltern bis zur nächsten Brutzeit ihren eigenen Interessen zu. Auch wenn ich die üblichen Tier-Mensch-Vergleiche weitgehend unlogisch finde, dieses Modell hielte ich auch für manche Mütter für nachahmenswert. Es hat den Vorteil des aktiven Eingreifens und enthält die Möglichkeit, den Zeitpunkt mitzubestimmen und zu gestalten. Es ist nicht wieder(!) nur das passive Zuwarten: Was tut der andere und wie werde ich dann darauf reagieren!?

Der Auszug der Kinder wird von vielen Frauen wie ein Schicksalsschlag erlebt. Dabei ist nichts weniger schicksalhaft, als daß Kinder groß und selbständig werden. Diesem Zustand von Leere kann langfristig vorgebeugt werden, sei es durch Berufstätigkeit, ausgedehnten Freizeitaktivitäten, einer weiteren Ausbildung, Fortbildungsprogrammen oder ehrenamtlichen Tätigkeiten in Gemeinde oder Nachbarschaft. Auch politisches Engagement läßt schnell die (Über-)Wichtigkeit des Mutterdaseins vergessen. Keine Frau ist nutzlos, und leer braucht kein Frauendasein zu sein: in sozialen, politischen und ökologischen Bereichen gibt es einen großen Bedarf an Menschen mit Zeit. Frau brauchte nur zum Hörer zu greifen!

Was am Aktivwerden ängstigt (und infolgedessen in die Depression führt), ist die Angst vor Veränderungen, das Abschiednehmen von eingefahrenen, bequem gewordenen, relativ passiven Lebensbedingungen. Die ausschließliche Fixierung auf das Gebrauchtwerden durch Mann und Kinder trübt den Blick für jegliches Gebrauchtwerden in außerfamiliären Bereichen. «Wir sind uns selbst genug», wird hier zur tödlichen Falle, und die Erfüllung des Daseins durch Dauerverzicht auf Eigenleben verschärft die Krise.

Meine Kommentierungen der Probleme von Frauen im mittleren

Alter mögen sehr harsch klingen. Was Frauen in diesem Alter jedoch beklagen, beweinen und bejammern, ist die *Selbst*inszenierung ihres Lebens! Zur anerzogenen Passivität kommt bei vielen über Jahre und Jahrzehnte der Genuß (!) der Abhängigkeit von der familiären Situation hinzu. Frauen sind nicht alle so, wie Feministinnen es sich wünschen: sie genießen die Arbeitsteilung Mann/Frau – draußen/drinnen durchaus. Sie sehen schon die Vorteile, die sie haben, wenn sie zu Hause in Ruhe die Kinder aufziehen können, statt um 6.30 Uhr allmorgendlich die gemütliche Wohnung zu verlassen, um sich täglich acht Stunden auf dem Konkurrenzmarkt behaupten zu müssen. Sie kennen ihre großen Spielräume und nutzen die Freiräume, die ihnen spätestens vom Schulalter der Kinder an gegeben sind. Nur sind sie eben nicht bereit oder in der Lage zu sehen, daß dieses Familienparadies irgendwann endet: durch Trennung, Scheidung, Tod oder durch den Fortzug der Kinder bei Volljährigkeit.

Gerade «hilflose» Frauen beziehen sich nur zu gerne auf diese Abhängigkeit, die für sie im Krisenfall aber immer nur als eine passive interpretiert wird. Weil sie so aufgezogen und anschließend ausgebeutet wurden, können sie sich nicht anders verhalten – und warten auf die starke Schulter zum Ausweinen oder den Menschen, der ihnen sagt, wo es nun langgehen könnte. Nicht selten werden zu diesem Zweck professionelle Helfer aufgesucht, die diesen Status der Hilflosigkeit durch ihre Art des Umgangs mit Klienten noch vertiefen.

Die in unserer Zeit herrschende Mentalität, wonach alles machbar und alles käuflich ist, verschärft die Situation der «hilflosen» Frauen noch erheblich. Zum «Komm und turn mich an» kommt die bittere Klage «Warum tut keiner was für mich?» hinzu, und die Erwartung, daß alle Menschen der personalen Umwelt die individuelle Misere beheben müßten! Geschieht das nicht, kommt die Botschaft der Hilflosigkeit nicht an, wird zu drastischen Mitteln gegriffen – und das ist nicht selten der Selbstmord oder Selbstmordversuch.

Die Krise am Ende des Lebens

«Meine Enkel werden groß,
ich werde kleiner.
Die liebe kleine Omi, sagen sie.
Meine Enkel werden klug,
sie meinen, ich würde dümmer.
Langsam werde ich vielleicht,
noch sehe ich viel,
noch weiß ich viel,
noch kann ich vieles verstehen,
das *noch* erschreckt mich,
noch wieviel,
noch wie lange
noch...»

(Hertha, 70 Jahre alt)

Daß der Mensch end-lich ist, wissen wir alle. Aber wie weit ist das entfernt, solange nicht deutliche körperliche und soziale Hinweise kommen, die sagen: «Nun bist du alt, lange lebst du nicht mehr!»?

Auf das Älterwerden gibt es mindestens vier Reaktionen:

1. Der alte Mensch kann sein Altwerden verdrängen und leugnen. Jugendliche Kleidung, Schminke, übertriebener Sport, gefälschtes Alter kokett: «Seit meinem 50sten Geburtstag werde ich nicht mehr älter!») führen oft dazu, daß diese Alten belächelt werden, weil ihre Problematik *allzu* deutlich wird.

Menschen, die nie ihr *aktuelles* Leben gelebt, sondern immer auf irgend etwas gewartet haben (die Eheschließung, das Kinderkriegen, die nächste Beförderung, das Aus-dem-Haus-Gehen der Kinder, «Endlich die Rente!»), trifft die Erkenntnis, alt zu sein, besonders. *Über all dem Warten, daß das Leben endlich beginnen möge, ist es schon zu Ende gegangen!*

2. Manche Menschen geraten in Angst und reagieren panisch. Sie überblicken ihr bisheriges Leben und stellen fest: es ist nicht (genug) gelebt worden! Nun muß nachgeholt werden: schnell und viel. Bei Männern sind es häufig die sexuellen Abenteuer mit sehr viel jüngeren Frauen (vgl. dazu entsprechende Heiratsanzeigen), die sie kompensatorisch verwöhnen (müssen), für die sie sich betont salopp, jugendlich oder sogar geckenhaft kleiden. Parallel zu dieser panischen Reaktion muß ebenfalls verdrängt und geleugnet werden.

Von der Erkenntnis älterer Frauen, nicht genug gelebt zu haben, lebt der Massentourismus nicht schlecht: Noch einmal herumkommen, die Welt sehen, was erleben.

Bei beiden wird das Problem nicht gelöst: Da die Unternehmungen nicht in erster Linie der Freude dienen, sondern nur die Angst vor einem fortschreitenden Zustand überdecken sollen, nehmen sie entweder suchtartigen Charakter an (noch mehr Sex, Wechsel der Frauen, noch mehr Reisen, noch weiter fort, Auswahl der Reiseländer nach dem Kriterium: Was habe ich noch nicht gesehen?), oder den Akteuren wird nach einigen Ernüchterungen klar, daß sie *damit* den Gang der Natur nicht aufhalten können. Ein alter Mensch, der in sich selber nie zu Hause war, wird auch im Alter Schwierigkeiten haben, zu sich selbst zu finden. Auf Reisen dürfte das am allerwenigsten gelingen; bei 30 Jahre jüngeren Partnerinnen wird es auch schwierig sein.

3. Die Regression ist eine weitere Form, nicht bewältigtem Altwerden zu begegnen. Besonders in Abhängigkeitsverhältnissen (bei den Kindern oder im Heim leben) tritt eine Infantilisierung ein, die sich in kindlich-kindischem Verhalten äußert. Diese Reaktionen sind oft (aber nicht nur!) auf hirnorganische Prozesse zurückzuführen, können aber auch eine bewußt herbeigeführte Verhaltensweise sein, mit der die Verantwortung für das eigene Leben auf die Familienmitglieder oder Pflegeperson delegiert wird. «Ich habe in meinem Leben soviel gearbeitet – jetzt sollen mal andere was für mich tun!» Daß diese passive Haltung das psychophysische Altern erheblich beschleunigt, ist sicher.

4. Die optimale und reifste Reaktion auf das Alter ist eine klare Planung: Was möchte ich noch? Mit wem will ich noch was tun? Wie will ich für die letzten 10 bis 20 berufslosen Jahre mein Leben gestalten?

Eine Intensivierung des täglichen Lebens, das bewußte Genießen von kleinen Begebenheiten, eine größere Offenheit für alles, was rundherum geschieht, und eine tiefe Dankbarkeit für das Noch-Erleben-Dürfen gestalten die Tage. Keine Panik, sondern geruhsames Erleben. Keine Resignation, sondern Auseinandersetzung. Kein Verdrängen, sondern Ausleben aller verbliebenen Fähigkeiten und Möglichkeiten.

Der Selbstmord alter Frauen als «modernes Frauenopfer»?

«Es bringt sich niemand um, dem nicht ein anderer den Tod wünscht.»

In der Bundesrepublik Deutschland lebten am Jahresende 1986 9273100 Menschen über 65 Jahre, davon 6110800 Frauen. In demselben Jahr starben 3818 Frauen durch Selbstmord und an den Folgen einer Selbstbeschädigung. 1463 von ihnen waren älter als 65 Jahre. Obwohl die über 65 Jahre alten Frauen nur 19% der weiblichen Bevölkerung der Bundesrepublik ausmachen, haben alte Frauen also einen genau doppelt so hohen Anteil an den Selbsttötungen: 38%.

Von 10 Frauen, die Suizid begehen, sind 7 über 55 Jahre und älter. Als besonders auffallend wird in Studien über den Altersselbstmord bezeichnet, daß die Selbstmorde im Alter gegenüber den Selbstmordversuchen sehr stark zunehmen. Nach Ringel sind über vier Fünftel der Selbstmordversuche über 70 Jahre tödlich.

Gerontologen sagen einstimmig aus, daß diese hohe Quote nur die «Spitze des Eisberges» sei. Viele Selbstmorde oder (ungewollt?) tödlich endende Selbstbeschädigungen blieben als solche unentdeckt. Wenn alte Menschen tot aufgefunden werden, die beispielsweise seit vielen Jahren wegen ihrer Herzbeschwerden in hausärztlicher Behandlung waren, wird oft nicht nach der eigentlichen Todesursache geforscht. Es wird «Herzstillstand nach langjährigem Herzleiden» diagnostiziert.

Bei tödlich endenden Verkehrsunfällen wird stets (nicht nur bei alten Menschen!) auf «Unfall» erkannt, wenn unklar ist, ob es sich um Selbstmord oder Unfall handelt. In den letzten Jahrzehnten hat die Polizei diese Praxis aus mindestens zwei verschiedenen Gründen geübt:

Zum einen sollen die Hinterbliebenen verschont bleiben von Selbst- und Fremdvorwürfen, zum anderen sollen Versicherungsleistungen nicht blockiert werden, wenn der Selbstmord nicht einwandfrei erwiesen ist. Möglicherweise wählten besonders alte Menschen aus letztgenanntem Grund «Unfälle» als Selbstmordart, täuschen einen Schwindelanfall vor, «stürzen» beim Überqueren der Fahrbahn oder geben sich den Anschein von Verwirrtheit – ein letzter Akt von Rücksichtnahme, ein Sich-Davonstehlenwollen, ohne jemandem zu schaden – so, wie sie oft gelebt haben!?

So berichtete ein Gerontologe auf dem Jahrestreffen der Deutschen Gesellschaft für Suizidprävention im Jahre 1989:

«Alte Menschen essen eines Tages ihren gesamten Vorrat an Medikamenten, die sich über lange Zeit angesammelt haben. Sie werden tot aufgefunden oder bewußtlos ins Krankenhaus eingeliefert, wo dann Herzversagen diagnostiziert wird. Wenn auf Selbstmordversuch erkannt wird, müssen wir mit einem sehr hohen Anteil an Sterbefällen rechnen. 40 bis 50% der über 70jährigen Selbstmordpatienten sterben tatsächlich an ihrem «Versuch». Die Gründe liegen bei einer allgemeinen Schwächung des Organismus und bei einer ohnehin schon gestörten Homöostase («Homöostase» = Fähigkeit des Organismus, einen inneren Gleichgewichtszustand aufrechtzuerhalten/Gleichgewicht der Körperfunktionen). Im Alter treffen wir auch Selbstmordversuche mit besonders starken körperlichen Zerstörungen an, die eine Wiederherstellung nicht mehr zulassen. So gibt es eine sehr viel höhere Zahl an Selbstverbrennungen bei alten als bei jungen Menschen, deren Selbstmordversuche jedoch spektakulärer von den Massenmedien aufbereitet werden. In diesen Fällen können wir meistens nichts mehr machen!»

Ohne aktiv Hand an sich zu legen, scheinen manche alte Menschen ihre Lebensfunktionen nacheinander auszuschalten. Sie hören auf zu essen, nehmen ihre lebenswichtigen Medikamente nicht mehr zu sich, bleiben im Bett und sterben auf diese Art langsam hinüber – weil sie es so wollen oder weil sie nicht mehr zu leben verstehen.

Die Motive für den Selbstmord alter Frauen sind im Prinzip dieselben wie bei jüngeren Menschen: Die Isolation steht – oft gekoppelt mit anderen schwerwiegenden Problemen – im Mittelpunkt. Dabei kann diese durch Partnerverlust (Verwitwung/Trennung) ebenso eintreten wie durch eine Heimeinweisung, die nicht nur die alten Bindungen zerschneidet, sondern oft mit einer Entmündigung (im sozialen und/oder juristischen Sinne), einer Infantilisierung («Oma, warum haben wir denn heute unseren Pudding nicht gegessen?») und einem Verlust an Geborgenheit und Menschenwürde einhergehen.

Das Alters- oder Pflegeheim ist die Endstation für den alten Menschen. Er weiß: Hier komme ich nur noch tot heraus. Somatische Krankheiten, zunehmende Behinderung, vielfältige, körperliche Erund Beschwernisse sind Signale: Es geht nicht mehr lange. Gleichzeitig wird dem alten Menschen nicht selten gezeigt, daß er nun endlich «abtreten» könne, da er nichts mehr nütze. «Sie hat ihr Leben doch gehabt» ist der gängigste Spruch – so, als ob alles Weitere reiner Überfluß sei.

«Sie sind wie Kinder, ohne daß sie deren Charme haben. Sie entwickeln sich nur noch zurück. Warum sollen sie nicht abtreten, solange sie noch selber darüber befinden können? Wenn sie erst mal total abgebaut haben und untergebracht sind, dann finden sie doch keine Möglichkeit mehr dazu», sagte mir eine Krankenschwester der Geriatrie – sachlich, ohne Emotionen, Haß oder Verachtung. «Früher gingen die Alten ins Eis, oder sie wurden im Urwald nachts vor der verschlossenen Tür als Beute für die wilden Tiere» gelassen – solche Sprüche werden nicht nur von der nachfolgenden Generation geäußert, sondern auch von der betroffenen Generation selbst. Den alten Menschen ist diese Einstellung nicht fremd, und das dürfte für manche der ausschlaggebende Impuls sein, auf ihre Weise «ins Eis» zu gehen, um nicht lästig zu fallen. Daß es bei den Eskimos nicht um die Frage der «Last» ging, sondern um das Überleben des Stammes in besonders harten und langen Wintern – wobei die Alten meistens freiwillig gingen, um den Kindern und Kindeskindern ein Überleben zu sichern –, ist in dieser Diskussion nicht mehr geläufig. Bei uns braucht kein alter Mensch zu «gehen», damit ein junger zu essen hat!

> «Wir zwingen unsere Alten, sich mit 65 Jahren pensionieren zu lassen, wir stecken sie in Altersheime. Wir ignorieren unsere Großeltern, wir rangieren sie aus – wir sind eine Nation, die alte Menschen der Kontrolle über die für sie bedeutsamsten Ereignisse ihres täglichen Lebens beraubt. Wir töten sie. (...) Wir sollten erwarten, daß wir ein körperlich bereits geschwächtes menschliches Wesen umbringen, wenn wir die Reste möglicher Kontrolle über seine Umgebung entfernen» (Seligman 1979, S. 175–177).

Was *Seligman* aus der Sicht der «erlernten Hilflosigkeit» betrachtet, den «natürlichen Tod», ausgelöst durch Irritationen als Folge von Hilflosigkeit und Unkontrollierbarkeit, erhält seine besondere Schärfe durch die fast generelle Ablehnung alter Menschen, die diesen verbal und nonverbal entgegenschlägt. Unser Alltag hält entsprechende «Witze» bereit. So reden Autofahrer allzu gerne vom «Rentner wegputzen» oder «Dem Staat die Rente einsparen», wenn sie sich rücksichtslos einem Zebrastreifen nähern, den eine alte Frau langsam und mühselig überquert. Die Statistik kennt und benutzt den Begriff des «Alterslastquotienten» (d. h. wie viele alte Menschen entfallen auf Kinder, auf 40-50jährige usw.). Würde es den Begriff «Kinderlast-

quotient» geben, würden zu Recht die Kinderschutzvereine auf-
schreien!

Es bedarf nicht unbedingt *eines* bestimmten Menschen, der dem
Alten den vorzeitigen Tod wünscht, wenn das gesamte Klima von den
Alten ein Abtreten erwartet, weil sie nichts mehr zum Bruttosozial-
produkt beitragen.

In einer kurzen Studie stellt *Hartmut Dießenbacher* erschreckend
prägnant dar, daß sich in Medizin und Sozialpolitik vor allem in west-
lichen Ländern und aufgrund der langen Lebenszeiten von Menschen
die Kosten-Nutzen-Analysen immer stärker zuungunsten Alter artikulieren. Er zitiert einen US-Gouverneur, der 1983 verlauten ließ,
ältere Menschen hätten die Pflicht zu sterben. Aber auch in der Bundesrepublik Deutschland «warnen die Gutachter vor einer durch die
Rentner verursachten Kostenexplosion im Gesundheitswesen. Hier
müsse durch geeignete Maßnahmen rechtzeitig vorgesorgt werden»
(1987, S. 259).

Dießenbacher betrachtet in seiner Arbeit auch die Situation der
alten Frauen:

> «Unter den Hochbetagten dominieren die Frauen. Logischerweise wäre
> der Gerontozid überwiegend ein ‹Feminizid›. Das moderne Frauenopfer
> medizintechnologischer Gesellschaften ginge zu Lasten alter Frauen. Ihr
> Leben schiene für diese den geringsten Wert zu besitzen. Solange Frauen
> Lust bereiten und gebähren können, verführerisch oder nützlich sind,
> haben sie in männlichkeitsdominanten Gesellschaften ihren Wert. Was
> empfinden wir beim Anblick eines hochbetagten gebrechlichen Kör-
> pers? Diese Frage ist vor dem redlichen Altenpfleger ebensowenig zu
> verbergen wie vor dem Geriater und der jungen Frauenrechtlerin. Hat
> die mittelalterliche ‹Vernichtung der weisen Frauen› ihre gesundheitspo-
> litische Fortsetzung gefunden?

Verlassenheit

> «Das grab herbeisehnen, um am tisch des freundes eine tasse tee trinken zu
> dürfen.»
>
> (Reiner Kunze)

Ausschlaggebend für die Beurteilung der eigenen Isolation ist weniger die tatsächliche Zahl der Sozialkontakte als vielmehr eine Diskre-

panz zwischen dem Wunsch nach Kontakt und der Anzahl tatsächlicher Gespräche, Besuche und Telefonate.

Wie (subjektiv) isoliert sich ein Suizidpatient vor seiner «Tat» fühlen konnte, ohne daß die objektiven Kriterien dem Empfinden entsprachen, habe ich bei einem Patienten im Krankenhaus erlebt (siehe auch Kapitel: *Der überforderte Beteiligte*), der mit Ehefrau, Tochter und Enkelkindern gemeinsam in einer Wohnung lebte, sich jedoch ausgeschlossen fühlte, weil er an der Kommunikation der Familienmitglieder nicht teilnahm bzw. nicht einbezogen wurde.

Isolation ist nicht nur eine Frage der Nichtverfügbarkeit anderer, sondern auch eine Frage, wieweit soziale Kontakte nicht oder nicht ausreichend wahrgenommen, gepflegt und erwidert werden.

Anders als bei Frauen mittleren Alters haben Frauen im Alter von 65 Jahren und darüber wesentlich weniger Möglichkeiten, soziale Kontakte zu knüpfen und aufrechtzuerhalten. Ihre körperliche Mobilität ist oft eingeschränkter, und viele Frauen haben berechtigte Angst, abends auf die Straße zu gehen, so daß gegenseitige Besuche oder die Teilnahme an Volkshochschulkursen nicht zustande kommen. Eine regelmäßige Inanspruchnahme von Taxis verbietet sich für viele durch ein zu geringes Renteneinkommen. Als besonders bedrückend erleben alte Menschen jedoch das «Hinwegsterben» ihres gleichaltrigen Bekanntenkreises. Ab 70 Jahren sterben mehr Freunde, als durch gezielte Kontaktaufnahmen neu gewonnen werden können. Jeder Tod reißt in die soziale Gemeinschaft alter Menschen ein tiefes Loch, das nicht wieder zu schließen ist. Gleichzeitig rückt der eigene Tod immer näher ins Blickfeld: Menschen, mit denen Jahre und Jahrzehnte gelebt wurde, sterben an ihren Alterskrankheiten und -beschwerden. Es gibt keine Möglichkeit mehr, den eigenen Tod zu verdrängen.

Während eines Selbstmordkongresses berichtete ein Gerontologe über seine Erfahrungen mit alten suizidalen Patientinnen. Er schilderte sehr anschaulich, wie sehr Zukunft bzw. Zukunftslosigkeit für alte Menschen ausschlaggebend werden können, um weiterzuleben oder sich selbst zu töten. Als Beispiel schilderte er den Fall einer 77jährigen Patientin, die in seiner Klinik mit einem Selbstmordversuch lag. Es war eine geistig und seelisch noch sehr rege und gesunde Frau, die auch keinerlei Anzeichen einer Depressivität aufwies. Sie hatte jedoch im Verlauf der letzten acht Jahre durch Unfall und Krebstod ihre 3 Söhne verloren. Den Versuch, sich selber zu töten, unternahm sie einige Zeit nach dem Tod des letzten Sohnes. Nach der

Entlassung aus der Klinik wurde sie weiterhin recht liebevoll betreut, doch fand man sie eines Tages in ihrem eigenen Haus erhängt. Der Gerontologe schloß seine Ausführungen mit dem Satz: «Kinder und Enkelkinder sind ein Stück Ewigkeit.» Die alte Dame hatte auf dieser Welt keine Ewigkeit mehr, ihre Zukunft war gleichzeitig mit dem Tod ihres letzten Sohnes beendet. Ihr Selbstmord war ein rationaler Akt. Für sie hielt das Leben nichts mehr bereit, außer dem Warten auf den eigenen Tod.

«Lebenssatt»

Ohne an Selbstmord zu denken oder ihn zu erwähnen, schreibt der Theologe *Heinrich Albertz* in seinen Altersmemoiren:

> «...Lebenssatt... welch ein Wort! Du hast also gelebt, viele Jahrzehnte, und es hat sich offensichtlich gelohnt. Aber nun ist es genug. Da ist kein Hunger mehr, keine Ungeduld, du bist müde, Neues zu erfahren, das doch immer wieder das Alte ist...»

Diese Worte enthalten keine Resignation und keine Tragik. Sie sind die Empfindungen eines zu Ende gelebten Lebens, das voll und rund war und dem nichts hinzuzufügen ist. Unter diesem Aspekt muß Altersselbstmord *auch* betrachtet werden – ohne zu verkennen, daß bei vielen alten Menschen Trostlosigkeit und Verlassenheit eine große Rolle spielen, wenn sie freiwillig aus dem Leben gehen.

Hilflosigkeit bei alten Frauen hat eine doppelte Bedeutung. Aufgrund ihrer weiblichen Sozialisation sind sie in ihrem Empfinden oft macht-, wehr- und hilflos. Sie sind aber auch nicht selten ohne Hilfe von außen für die alltäglichen Leistungen, die sie selber nicht mehr zu erbringen imstande sind. Die Säuberung des Treppenhauses wird dann zu einem ebensolchen Problem wie das Fensterputzen, die Pflege der großen Teile der Bettwäsche und das Einkaufen.

> Frau Gebhard war 74 Jahre alt und seit 18 Jahren verwitwet, als sie sich tötete. Ihr einziger Sohn lebte mit Frau und zwei Kindern fast 800 km entfernt. Es bestand ein loser Briefkontakt, gelegentlich rief er an, um sich nach dem Ergehen der Mutter zu erkundigen. Ihr ginge es gut, ließ sie ihn jedesmal wissen – und er war beruhigt. «Warum soll ich ihm etwas vorklagen?» sagte sie zu ihrer gleichaltrigen Nachbarin. «Über diese

Entfernung kann er mir doch nicht helfen. So wie ich ihn kenne, würde er gleich alles regeln wollen. Da würde er mich zu sich holen oder einen Heimplatz besorgen, und beides will ich nicht. Einen alten Baum verpflanzt man nicht. In dieser Wohnung habe ich fast 30 Jahre mit meinem Mann gelebt, hier will ich auch sterben.»

Nach einer Grippe, von der sie sich nicht richtig erholen konnte, hatte Frau Gebhard das Gefühl, «nicht mehr die alte» zu sein. Ihr fiel erstmals das Treppensteigen schwer. Sie mußte nun jeden Tag einkaufen gehen, weil sie mehr nicht tragen konnte. Sie mußte deshalb auch ihre Ernährung erheblich umstellen: Brot, Milch, Kaffee und ein wenig Obst – für mehr Einkäufe reichte die Kraft nicht. Beim nächsten Frühjahrsputz merkte sie dann, daß sie ihre Arbeit nicht mehr bewältigen konnte. Der Unterschied zu «früher» war sehr groß. Sie wagte nicht mehr, die Haushaltsleiter zu betreten, um die Gardinen abzunehmen. Beim Abwischen der Küchenlampe fiel ihr diese aus den Händen und zerbrach. Sie wurde zunehmend ängstlich und unsicher.

Frau Gebhard lud am 1. Mai noch ihre Nachbarin zum Kaffee ein und verabredete sich mit ihr für den nächsten Tag. Die Nachbarin sagte später, diese Verabredung habe sehr dringlich geklungen – und so sollte sie wohl auch gemeint sein. Als sie zur vereinbarten Zeit klingelte und klopfte und ihr niemand öffnete, rief sie den Hausverwalter, der Frau Gebhard tot auf ihrem Sofa fand. Sie hatte sich mit Medikamenten getötet und einen Abschiedsbrief hinterlassen:

«Ihr Lieben, mein lieber Sohn!
Mein Leben hat lange genug gewährt. Es war ein gutes Leben an der Seite meines Mannes und mit Dir, meinem Sohn. Ich verabschiede mich jetzt von Euch allen. Sucht nicht nach verborgenen Gründen, es gibt keine. Ich möchte mein Leben so beenden, wie ich es gelebt habe, in Selbstentscheidung. Ich habe in den letzten Monaten sehr viel über meine Zukunft nachgedacht, konnte aber zu keinem befriedigenden Ergebnis mehr kommen. Ich weiß, daß Du, mein Hermann, für mich alles getan hättest, aber ich möchte nicht zu Euch ins Haus ziehen. Es wäre nicht gut für uns alle. Streit und Zwietracht blieben nicht aus. Alt und Jung gehören nicht zusammen. Ihr habt Euer eigenes Leben, und da würde ich nur stören. In ein Altersheim will ich auch nicht. Ich habe gelegentlich Frau A. dort besucht und habe mir gleichzeitig überlegt, ob ich mit ihr tau-

schen will. Ich will nicht. Ich will nicht abhängig sein von so vielen Menschen, die dann über mich zu bestimmen haben. Ihr wißt, daß ich geistig noch gesund bin. Für mich wäre es unvorstellbar, mich so bevormunden und entmündigen zu lassen. Ich will auch nicht als geistig Verwirrte anderen Menschen zur Last werden. Gerne habe ich noch so lange in meiner geliebten Wohnung gelebt. Aber nun geht es nicht mehr. Ich kann nicht für jeden Handgriff fremde Menschen bemühen und bezahlen, und es wird ja auch nicht besser mit meiner Hinfälligkeit. Ich habe mit meinem Leben abgeschlossen. Ich sterbe in Frieden mit mir und mit meinem Gott. Tragt es mir nicht nach. Es trifft Euch keine Schuld. Ich habe mich nach langem Überlegen ohne Trauer zu diesem Schritt entschlossen. Ich gehe nicht gerne, aber einmal muß es doch sein. Ich habe ein gutes Leben gehabt und werde heute einen guten Tod haben.

Ich grüße Euch alle in Liebe
Eure Mutter und Erna.»

9. Selbstmordgefährdet – Was ist zu tun?

In der «Zwickmühle»

Beim «Mühle»-Spiel gibt es eine Situation, in der man nur verlieren kann. Wohin man seinen Stein auch immer setzt, um das Schließen der Mühle des Gegners zu verhindern, er hat eine zweite Möglichkeit parat; die unbehinderte!

In keiner Arbeit mit Menschen ist mir diese Zwickmühle derart angstauslösend in den Sinn gekommen wie in der Begegnung mit Suizidgefährdeten. Wenn ich bedenke, daß Selbstmordverhalten *auch* gelernt wird – durch die Beobachtung eines Modells, durch Verstärkung des Verhaltens und durch «Versuch und Irrtum», muß ich als Helfer damit rechnen, daß meine Hilfe langfristig betrachtet genau das Gegenteil von dem bewirkt, was sie bewirken soll.

Kümmere ich mich um den Gefährdeten, sorge für ihn, helfe ihm bei der Lösung seiner Probleme, dann *lehre* ich ihn gleichzeitig, was zu tun ist, wenn man hilflos ist: Man muß sich als selbstmordgefährdet gebärden. Je weniger Hilfe dieser Mensch zuvor in seinem Leben erfahren hat, um so «wirkungsvoller» ist mein Eingreifen. Es kann einen Aha-Effekt auslösen: «*So* muß ich mich also verhalten, damit meine Not Beachtung findet!» Bei nächster gleicher oder ähnlicher Problemlage wird sich das Verhalten bei gesenkter Hemmschwelle (!) vermutlich wiederholen.

Kümmere ich mich jedoch *nicht*, veranlasse ich den gefährdeten Menschen unter Umständen, sein suizidales Verhalten zu verdeutlichen, zu verschärfen: aus der Androhung wird der «Versuch», aus dem «leichten» Versuch wird der lebensgefährdende.

In meiner eigenen Arbeit habe ich keinen «Fall» erlebt, der so deutlich und drastisch zeigt, in welchen Schwierigkeiten sich professionelle Helfer befinden, wie denjenigen, den die Journalistin Uta König eindringlich beschrieben hat:

«Sibylle und Marie schlendern feixend den Flur auf und ab. ‹Den beiden geht es heute sehr schlecht. Wir müssen aufpassen›, sagt Oberschwester Ute. Die 18jährige Sibylle, die seit ihrem sechsten Lebensjahr von ihrem Stiefvater sexuell mißbraucht wurde, und die 19jährige Marie, die zwischen leiblicher Mutter, Heim und Pflegeeltern hin und her geschubst wurde, *halten seit vier Monaten die Station in Atem.* Mit Glasscherben und Rasierklingen haben sie sich mehrmals die Pulsadern aufgeschnitten, Nägel und Tabak haben sie geschluckt, aber bisher wurden ihre Suizidversuche immer rechtzeitig entdeckt.

Sibylle hat sich in der Mittagspause in die Ecke hinter ihrem Bett verkrochen. Sie hält einen Teddy im Arm und raucht eine Zigarette. ‹Ich werde schnippeln›, sagt die 18jährige. Wenige Minuten zuvor hat mir Marie das gleiche erzählt: ‹Ich bringe mich um, weil das Leben sinnlos ist.›

Mit ihren Verzweiflungstaten *lenken sie alle Aufmerksamkeit* auf sich, und an Krisentagen sind die Stations*ärztin und zwei von vier Schwestern mit den beiden Mädchen vollauf beschäftigt.*

Marie und Sibylle sind freiwillig auf der geschlossenen Station. Heute dürfen sie nicht allein ins Patientencafé. Die Stationsärztin befürchtet, daß sie ihre Drohung wahrmachen. Aber einsperren will sie sie nicht. Bevor ich die Tür ins Freie aufschließe, schärfe ich beiden ein, daß sie mir nicht weglaufen dürfen. «Na klar», lachen die Mädchen. Ich komme mir auf unserem Spazierweg wie eine Gouvernante vor: Bleibt an meiner Seite, hakt euch unter, lauft nicht so schnell.

Sibylle und Marie sitzen im Café artig auf der Bank, während ich das Tablett mit drei Bechern heißer Schokolade vom Tresen zum Tisch trage. ‹Wir müssen aufs Klo›, *rufen sie mir fröhlich zu*, und weg sind sie. Ich *renne* hinterher, nein, nicht auf die Damentoilette, sondern auf die für Herren. Irgendeine Ahnung muß es gewesen sein. ‹Kommt sofort raus!› Es rührt sich nichts. Nach zwei Minuten dreht sich ein Türriegel. Sibylle und Marie *grinsen* wie ertappte Kinder: ‹Aber aufs Klo dürfen wir doch noch?›

Marie hat eine Glasscherbe in der Jackentasche. Ich halte meine Hand auf. Marie schüttelt den Kopf. Während wir auf dem Klo des Patienten-Cafés stehen, durchsuchen zwei Schwestern die Zimmer der Mädchen nach Glasscherben und Rasierklingen.

Marie hakt sich bei mir unter. Sibylle hüpft an meiner rechten Seite und erzählt, daß die Stationsärztin sehr lieb sei und *auch schon um sie geweint* habe. Das war, *als Sibylle von einem Baukran springen wollte* und die Ärztin unten stand und auf sie einredete. Marie sagt, daß sie diese Frau gerne als Mutter gehabt hätte.»

Die Mädchen «halten seit vier Monaten die Station in Atem», «sie lenken alle Aufmerksamkeit auf sich», da hat jemand «auch schon um sie geweint», da sind drei von fünf Personen der Station nur mit ihnen allein beschäftigt – welche Verstärkung eines selbstmörderischen Verhaltens! Welche Zwickmühle für das Personal, dessen Mitleid und Sympathie vermutlich längst einer Aggressivität gewichen ist, die nicht eingestanden und schon gar nicht geäußert werden darf.

Soviel Beachtung haben diese beiden Mädchen vermutlich zeit ihres Lebens nicht erhalten – wobei ihnen bei ihren versagungsvollen Biographien sicher gleichgültig ist, ob ihnen diese Zuwendungen freiwillig und aus Zuneigung oder erzwungenermaßen durch ihre Drohungen zuteil werden. Sibylle und Marie haben wahrscheinlich auch noch nie in ihrem Leben eine derartige *Macht* über andere Menschen ausüben können – über viele Monate hinweg, unter Nichtbeachtung der berechtigten Interessen anderer Patientinnen und zum Alptraum des gesamten Pflegepersonals.

Die Beschaffung von Selbstmordmitteln durch die Mädchen und das regelmäßige Absuchen von Zimmern, Betten und Schränken durch die Schwestern ist zu einem makabren Sport geworden. Sieger werden in jedem Fall die Mädchen bleiben – bis in den Tod!

Die schwere seelische Not und der offenbar lustvolle Umgang mit dem verschreckten Personal bilden eine schier undurchdringliche Allianz. Ihr Leben – so lernen die Mädchen plötzlich – hat doch Wert! Wenngleich nicht unbedingt für sie selber, so doch für andere! Diese Wertschätzung ist aber keine heilende, weil keine echte. Es ist nicht die (private!) Liebe, die ihr Leben plötzlich Wert-voll macht, sondern es ist die Angst der Professionellen vor einem Suizid in der eigenen Institution. Und diese Angst ist das «Material» der schwergestörten und verstörten Mädchen, es ist die Grundlage ihrer «Erpressung». Sie wird über Monate aufrechterhalten und geschürt durch immer neue Versuche und immer neue Hinweise: «Ich werde schnippeln», ist ebenso wirkungsvoll wie das tatsächliche Tun – zumal beide unter Beweis gestellt haben, daß sie nicht davor zurückschrecken.

Die Angst (und somit Erpreßbarkeit) des Helfers vor allem in Institutionen (Krankenhaus, Strafvollzug, psychiatrische Anstalt) besteht neben einer möglichen persönlichen Zuneigung zum Klienten vor allem in der strafrechtlichen Verantwortlichkeit. Die «Garantenpflicht» (die auch Eltern ihren Kindern gegenüber und Ehegatten untereinander haben!) erlegt jedem professionell Tätigen *besondere* Achtsamkeit auf. Eine aus der Not des Erpreßten hingesagte Antwort: «Dann tu es doch endlich!», kann zu harter Bestrafung führen (vgl. dazu auch Kapitel «Der überforderte Beteiligte»).

Helfer werden durch «Unglück» zum Helfen motiviert. Es gilt die Formel: Unglück schafft Hilfe, viel Unglück schafft viel Hilfe!

Wenn allerdings Selbstmordforscher bei 65-, 70-, 75jährigen Menschen noch nach «broken home»-Situationen in der Kindheit suchen und auf häufiges Versagen der elterlichen(!) Fürsorge hinweisen, dann scheint sich hier ein Kreis zu schließen: Das Augenmerk des Helfers fällt auf Negativerlebnisse, die mehrere Jahrzehnte zurückliegen, und der Patient bietet diese nur allzu bereitwillig als Erklärung an, wenn er spürt, daß dafür Zuwendung geboten wird. Dabei beachten beide nicht, daß dadurch dem Suizidenten jede Reifung, Selbsterziehung, Selbstdisziplin, die Verarbeitung negativer Erlebnisse sowie positive Entwicklungsmöglichkeiten im Erwachsenenalter abgesprochen werden. Er wird zum bloß passiven Erleider seiner Biographie, zum Lebenszeitopfer einer lebensverunstaltenden Frühkindheit gemacht. Ich halte das nicht nur für eine Überinterpretation oder ein Mißverstehen der Tiefenpsychologie, sondern vor allem für eine geradezu kriminell anmutende Entmündigung eines Menschen – dort wo Emanzipation, Verselbständigung und Selbstverantwortlichkeit gefragt wären.

Der Grat der Hilfeleistung ist ungeheuer schmal. Sie muß sorgsam konzipiert und gezielt angegangen werden. Sie kann nicht nur aus «Hilfe» *für* den Gefährdeten bestehen, sondern muß die Verantwortung des Betroffenen gleich*berechtigt* einbeziehen: *Wir* versuchen das Problem *gemeinsam* zu lösen, *wir* tragen *beide* Verantwortung, *wir* sprechen *zusammen* das weitere Vorgehen ab. Der Ansatz zur «Hilfe» (auch im nichtprofessionellen und im privaten Bereich) kann nur heißen: *Emanzipation* (auch für Männer!).

«Emanzipation» heißt Befreiung aus einem Zustand der Abhängigkeit. Mißverstanden wird dieser Begriff stets, wenn er nur auf die Herrschaft des Mannes über die Frau bezogen wird. Der suizidgefährdete Mensch muß sich auch noch von ganz anderen «Herrschaften» frei machen: von allem, was sein Leben mehr beherrscht als er selber; von allem, was Gedanken, Gefühle, Willen und Handeln gegen die eigene Absicht einengt; von jedem, der ihm/ihr einen fremden Willen aufzwingt. Frei machen aber auch vom Gefühl der Wertlosigkeit, die Handeln und Fühlen beeinträchtigt; von der eigenen Hilflosigkeit, die gar nicht besteht, sondern nur ein von außen eingeredeter (und von innen akzeptierter!) Zustand ist.

Suizidprophylaxe (primär, sekundär oder tertiär) bei Frauen kann immer nur eine Frage der Befreiung sein: sowohl im privat-individuellen als auch im frauenpolitischen Bereich.

Soziale Nähe – private Hilfen?

Hilfe für andere im privaten Bereich ist (fast) immer die beste. Sie kann dann erfolgen, wenn sie erforderlich ist – unabhängig von Sprechstundenzeiten und Kostenübernahmeverpflichtungen. Im privaten Bereich braucht es nicht viel an Information – da weiß man (hoffentlich!) umeinander.

«Das kann ich nicht», «Dafür bin ich nicht ausgebildet/kompetent/zuständig...», sind zwei der häufigsten Antworten auf die Forderung, sich mit den Problemen von Selbstmordgefährdeten zu befassen.

Mit Selbstmord will niemand etwas zu tun haben. In unserer Zeit der Experten für jede Problemspezialität meinen viele Menschen, sie müßten für jede Fragestellung gesonderte Antworten mit vorausgegangenen «Therapien» erlernt haben.

Wenn keine *mit Sicherheit «bessere»* Hilfe in greifbarer Nähe ist, dann ist jedes Da-Sein besser als nichts. In der akuten Krise geht es um Sein oder Nichtsein. *Jede* Zuwendung ist dann wichtig und kann nichts mehr verschlimmern. Die Angst, einen nicht wieder gutzumachenden Fehler zu begehen, ist zwar verständlich – aber bei einem Menschen, der ohnehin am Ende angekommen ist, kann man kaum noch etwas falsch machen, wenn man «nur» für ihn vorhanden ist. Hilfe in einer akuten Krise ist: zuhören, in den Arm nehmen, die Verzweiflung mittragen, mitweinen, zusammen schweigen. Es bedarf selten vieler Worte!

Hiob – der Mann des Alten Testaments, dem alles genommen wurde, was er je hatte, und dem alle Pein der Welt dafür auferlegt wurde – gilt als der Geschlagene, Unglückliche schlechthin. Aber er hatte noch drei Freunde, die angereist kamen, als sie von seinem tiefen Unglück erfuhren:

> «... und sie saßen mit ihm auf der Erde sieben Tage und sieben
> Nächte und redeten nichts mit ihm; denn sie sahen, daß der
> Schmerz sehr groß war» (Hiob 2.13).

Daß wir unseren Instinkten, unserer Spontaneität und Einfühlung
nicht mehr vertrauen, hängt mit der Vertherapeutisierung aller sozialen Hilfsangebote zusammen. Aber: Keine Therapie kann den Menschen ersetzen. Therapie ist nur Ersatz dort, wo Menschen eben nicht
oder nicht ausreichend vorhanden sind und waren.

Hilfe durch Institutionen?

«Und der mit dem weißen Kittel zog einen Bannkreis um sie. Sie schloß die
Augen; Arme, Beine bewegungslos. Ohne Angst geborgen sein. (...)
Schlucken, sagte er und drohte immer noch mit dem Finger, der riesengroß
auf sie zukam.
Nein, sagte sie, ich will keine rosa, blauen und weißen Pillen, die mich ruhig
machen. Ich will leben, sagte sie, ich will die Erde in meinen Händen spüren.
Morgen, sagte sie und entwand sich seinen Fingern, die auf ihre Schultern
drückten.
Sie entschlüpfte dem Bannkreis, riß die Augen auf, bewegte Arme und
Beine, verweigerte Ruhe, das Totsein. Und sie dachte an Sturm, an Wellen,
an Sonne. (...)
Vorsicht, warnte er, Sie werden es später bereuen.
Er stopfte ihr etwas in den Mund, drückte ihn zu. Und das Zeug wurde
weich, sie schluckte. Die Erde spürte sie nicht, hörte den Wind nicht, vergaß
Sonne und Regen.
Stumm saß sie da. Und sie hielt es nicht aus. Sie steckte den Finger in den
Mund und kotzte dem im weißen Kittel die Ruhe, das Gestorbensein vor die
Füße.
Sie hatte sich allein wiedergefunden, kroch aus dem Loch heraus und
hinterließ Steine, die sie aus der Erde grub.»
(Kristel Neidhart, 1987, S. 46–47)

Es gibt keine Störung, für die es in der Bundesrepublik Deutschland nicht auch spezielle Hilfsangebote gäbe. Je größer die Stadt, um so häufiger und exotischer das Beratungsangebot. Dabei kann der Hilfesuchende dann noch wählen zwischen den verschiedenen Konfessionen, privaten contra staatlichen Anbietern und zahlreichen Selbsthilfegruppierungen. Für den Selbstmordgefährdeten gilt jedoch noch immer der Spruch: Zwischen Freitag 13 Uhr und Montag 9 Uhr darfst du nicht selbstmordgefährdet sein – und täglich nach 16, spätestens 18 Uhr auch nicht!

Die psychosoziale Versorgung der Bevölkerung ist bürokratisch geordnet und erfolgt nach Dienstzeiten und Sprechstunden – nicht nach Bedarf und Nachfrage. Wochenend-Not muß bis Montag warten.

In einer norddeutschen Großstadt gab es vor einigen Jahren im Rat der Stadt eine Anfrage zu Hilfsangeboten für suizidgefährdete Jugendliche. Eine Kommission wurde gebildet, und nach vielen Monaten wurde ein umfangreiches Papier herausgegeben. Die Angebote seien ausreichend, hieß es. Es besteht kein weiterer Handlungsbedarf. Insgesamt neun (!) Institutionen wurden aufgezählt, die sich für kompetent hielten und als Anlaufstelle gelten wollten.

Vier Jahre später – diese Einrichtungen bestanden noch immer unverändert – überprüften wir, wieweit diese Stellen eine tatsächliche Hilfe in akuten Notfällen darstellen. Die Ergebnisse waren ernüchternd. Das Personal – noch mit vielen anderen Beratungsaufgaben betraut – saß und *wartete* auf Meldungen aus Krankenhäusern. Woran es liegt, daß Krankenhäuser, in die Suizidale eingeliefert werden, das Angebot dieser Stellen nicht in Anspruch nehmen, kann ich nur vermuten: Diese Melde-Regelung kam «von oben», während Stationsarzt und -schwestern keine Ahnung von diesen Möglichkeiten haben. Nach meinen Erfahrungen sind Krankenhäuser nur zu gern bereit, einen Außenstehenden herbeizurufen, der ihnen Arbeit und Verantwortung für Menschen abnimmt, die nicht als «richtige Patienten» akzeptiert werden, weil sie ihre «Krankheit» selber herbeigeführt haben.

Werden die Stellen tatsächlich mit selbstmordgefährdeten Kindern und Jugendlichen konfrontiert, dann neigen sie sehr schnell dazu, an die Kinder- und Jugendpsychiatrie zu verweisen. Selbstmordgefährdete erzeugen Angst – nicht zuletzt die, für eine «falsche» Behandlung, d. h. für einen tödlich endenden Selbstmord, verantwortlich gemacht zu werden.

Forderungen, die ich an eine Krisenberatung in einer Großstadt hätte, wurden weitgehend nicht erfüllt und können somit für den potentiellen Klienten auch nicht wirksam werden.

1. Eine gute Gefährdetenberatung («Krisenintervention») muß eine *Rund-um-die-Uhr-Beratung* sein! Die Tageszeitengipfel für Selbstmord liegen unverändert über Jahrzehnte an den Wochenenden, am späten Abend und am sehr frühen Morgen – wenn keine auch noch so gut ausgestattete und kompetente Dienststelle geöffnet hat!

2. Die Beratungsinstitutionen müssen in der Bevölkerung *bekannt* sein, d. h., sie müssen für sich und ihre Leistungen *werben*! In der Bevölkerung, die noch keinen Kontakt mit einschlägigen Institutionen hatte, sind lediglich «der Arzt» und «das Jugendamt» als zuständig geläufig. Und beide haben in der Regel im Umgang mit Selbstmordgefährdeten keine Erfahrung.*

3. Jede Suizidalen-Beratung muß anonym durchgeführt werden können, wenn die Klientin es so wünscht. Diese Voraussetzungen erfüllen staatliche Stellen nie (Ausnahme: die AIDS-Beratung!). Bei ihnen müssen zum Arbeitsnachweis Akten angelegt werden – und diese halten für 10–30 Jahre fest, was für Probleme und Störungen jemand in einer früheren Entwicklungsphase durchgemacht hat. Ein verständlicher Hinderungsgrund, sich diesen Stellen zu offenbaren.

4. Für die Arbeit mit Selbstmordgefährdeten gilt noch mehr als für jede andere psychosoziale Betreuung: Eine Institution ist so gut oder so schlecht wie ihre *Mitarbeiter*. Sind sie engagiert, mitfühlend, selbstkritisch und zutiefst menschlich, stehen sie auch mal am Samstagnachmittag oder am Mittwochabend für ihren Klienten zur Verfügung.

5. Eine Institution, die sich als kompetent bezeichnet, muß auch direkt und spontan Hilfe anbieten können (wenn sie nicht nur auf der Liste steht, weil es auch für diese Aufgabe noch öffentliche Mittel gibt!). Derjenige, der fest entschlossen ist, sich zu töten, ruft niemanden mehr um Hilfe. Derjenige, der noch telefoniert, der sich an eine Stelle wendet, der noch einmal Rat und Hilfe möchte, kann kurz «vor dem Sprung» stehen – setzt aber in die Beratungssituation einen Funken Hoffnung. Wird er dann erst von Institution zu Institution geschickt oder am Telefon vermittelt, muß er jedesmal erneut seinen Kummer erzählen, dann beweist er zumindest schon einen erheb-

---

* (In England gibt es eine Laien-Hilfsorganisation [‹Samaritans›], die für ihre Kriseninterventionen auf großen Plakatwänden mit überdimensional hervorgehobenen Telefonnummern wirbt – für niemanden zu übersehen!)

lichen Lebenswillen (wenngleich er beratungsbedürftig ist). Der Sinn einer Selbstmord-Beratungs-Institution kann das jedoch nicht sein! *Krisenintervention muß «an Ort und Stelle» geschehen!*

In verschiedenen Städten der Bundesrepublik Deutschland gibt es seit Jahren Kriseninterventionszentren, die eine sehr gute Arbeit leisten. Viele sind aus Privatinitiativen hervorgegangen – und da liegt auch ihr größtes Problem: sie haben (fast) alle Schwierigkeiten mit der Finanzierung. Von einem akut Selbstmordgefährdeten können sie nicht erst Eintritt verlangen oder ihm hinterher eine Rechnung über Beratungsstunden à 120,– DM schicken. Für den Klienten muß die Hilfe kostenfrei sein! Das heißt, daß Staat und Kirchen die Mittel für Räume, Personal und Fortbildung aufbringen müssen. Oft geschieht diese Übernahme nur im Rahmen eines Modellvorhabens für zwei, drei oder auch fünf Jahre. Dann erwartet der jeweilige Träger eine Übernahme durch den Staat – und nicht selten ist damit das Ende oder eine ganz erhebliche zeitliche und personelle Einschränkung der Arbeit verbunden. Selbstmordverhütung steht nicht hoch im Kurs in der Sozialpolitik. Sie hat mindestens zwei Schwächen ihrer Klienten: Die Zahl ist noch immer zu gering, als daß Politiker sich für diesen Personenkreis stark machen würden, vor allem aber: Erfolge sind nicht *mit Sicherheit* nachzuweisen!

Was kostet eine Beratungsstelle (mit Nachtbereitschaft, mit Außendienst, mit zwei Therapeuten?), und was bringt sie ein? Wie viele Menschen hat sie wirklich davon abgehalten, sich zu vergiften oder sich vor den Zug zu werfen?

Niemand weiß es! Man kann allenfalls statistisch auflisten, was mit wem in welchem Alter und bei welcher Problemlage getan wurde – aber ob der-/diejenige dadurch vom Sterben abgehalten wurde bzw. ob der-/diejenige gestorben wäre ohne diese Beratungseinrichtung, das kann keinem Politiker und Finanzier nachgewiesen werden.

Da solche Initiativen meistens aufgrund ihrer Personal- bzw. Geldknappheit auch nicht flächendeckend wirken können, da Legislatur- bzw. Wahlperioden als Zeitmaßstab gelten und da die soziale, sozialpolitische und humane Umwelt sich laufend verändert (meist verschlechtert – siehe Aus- und Umsiedler, Asylanten usw.), gibt es für Beratungsstellen keine Vorher-/Nachher-Nachweise!

Zum gesellschaftspolitischen Aspekt
der Selbstmordverhütung

«Manche sehen in der Anwendung von Psychotherapie geradezu ein Mittel
zur Lösung der sozialen Frage. Da werden gesellschaftliche zu privaten
Problemen gemacht und umgekehrt; dann wieder wird behauptet, daß es der
Gesellschaft bessergehe, wenn es den Individuen bessergeht. Die Gefahr,
daß der Versuch politischer Lösungen durch eine solche Haltung verdrängt
wird, ist sehr groß.»

(Dörner/Plog, 1984, S. 552)

«So wie die Lichter des Zuchthauses trüber werden, wenn der Strom für den
elektrischen Stuhl eingeschaltet wird, so erschauern wir in unserem Herzen
bei jedem Selbstmord, denn es gibt keinen Selbstmord, für den nicht die
ganze Gesellschaft verantwortlich ist.»

(Palinurus, 1961)

Wir leben seit Jahrzehnten alle mit dem Bewußtsein, daß sich in der
Bundesrepublik Deutschland jährlich mindestens 13 000 Menschen
selber töten. Es scheint sich kaum noch jemand zu fragen, ob und wie
diese Zahl *drastisch* gesenkt werden kann. Niemand rennt den Politikern die Dienststuben ein. Gelegentlich erschüttert ein ganz besonders spektakulärer Fall für ein paar Tage eine Region. Dann werden
(einzelne!) Schuldige gesucht, manchmal gefunden, selten sanktio-
niert. The show must go on – der Alltag geht weiter – morgen gibt es
neue Themen!

Wir haben in der Selbstmordforschung eine ausgeprägte Ursachenforschung, die auf Theorien basiert oder Theorien bildet: Wer oder
was löst Selbstmordverhalten aus? Durch welche sozialen, ökonomi-
schen oder ökologischen Bedingungen wird dieses «abweichende»
Verhalten gefördert? Wir glauben die Antworten darauf längst zu
kennen – und dennoch sinkt die Selbstmordquote nicht! Das läßt nur
zwei Deutungen zu: Entweder sind die Annahmen allesamt falsch –
oder die Verursachungsdiskussion endet in Krankenzimmern und auf
Selbstmordkongressen. Mir ist nicht bekannt, daß Selbstmordforscher und -praktiker gemeinsam mit verantwortlichen Politikern je
bewußt, gewollt, gezielt und ausdauernd auch nur eine einzige vermu-
tete Ursache für Suizidalität eliminiert hätten.

Kompetente Fachleute – Kliniker, Forscher, Praktiker – fühlen sich
für politische Arbeiten anscheinend nicht zuständig. Sie wirken «im

stillen» – nur selten geht die Arbeit über den Einzelfall hinaus. Sie sammeln Daten, füttern damit Computer, errechnen Prozentsätze, berichten weltweit auf Insider-Tagungen und warten auf öffentliche Forschungsmittel und akademische Anerkennungen. Der Bogen zwischen Selbstmordforschung und Politik wird allenfalls auf öffentlichen Auftritten geschlagen, wenn Politiker vorgefertigte Grußworte verlesen (lassen). Zur Politikgestaltung trägt die Forschung entweder nichts bei, oder sie ist nicht in der Lage, sich mit ihren Anliegen auf breiter Ebene und auf Dauer durchzusetzen. Für die Suizidprophylaxe breiterer Bevölkerungskreise schlägt sich fast nichts nieder.

Politiker «brauchen» Zahlen und Beweise. Alsdann benötigen sie schlagkräftige Argumente – und letztlich so etwas wie «Garantien», daß sich ihr (Geld-)Einsatz innerhalb der nächsten Legislaturperiode in Fakten niederschlägt.

Selbstmordforscher scheinen diesen berechnenden Pragmatismus zu akzeptieren. Oder sind sie sich ihrer eigenen Ergebnisse zu unsicher? Können sie sie nicht argumentativ «an den Mann» bringen? Glauben sie noch immer an *unpolitisches* ärztliches Handeln? Oder sind sie selber – gleich ihrer Klientel – aggressionsgehemmt und nicht in der Lage, mit der Faust auf den Tisch zu hauen?

13 000 Selbstmordtote im Jahr – von denen noch viele leben könnten (und leben wollten), wenn die Lebensbedingungen auch nur annähernd so gewesen wären, wie Ursachenforscher sie seit Jahrzehnten als suizidhemmend aufzeigen!

Individuelle Prävention: Keine Verfügbarkeit von Mitteln!

Der englische Pfarrer John Sym riet schon vor fast dreihundert Jahren jenen Menschen, die Symptome einer Selbstmordgefährdung an sich bemerken, nicht allein zu bleiben, die Dunkelheit zu meiden, keine Waffen zu tragen und nicht über Brücken zu gehen.

Selbstmordforscher, die meinen, einer akuten Gefährdung gehe immer eine lange problematische Entwicklung, eine lebenslange Krise voraus, mögen recht haben. Wir wissen aber, daß Selbstmorde oft ungeheuer spontan geschehen – vor allem bei jungen Menschen, die noch sehr impulsiv reagieren, die auch nicht die Lebenserfahrung haben, daß alle Schmerzen irgendwann vorübergehen. Aber auch Erwachsene sind vor derart eruptiven Entschlüssen nicht gefeit.

Über das weitere Schicksal entscheidet dann nicht selten, ob sich Selbstmordmittel in greifbarer Nähe befinden oder ob sie erst zeitaufwendig und mühsam beschafft werden müssen. Eine Waffe im Haushalt ist noch schneller und «wirkungsvoller» zu betätigen als Medikamente. Ihre Beschaffung würde nicht nur Wissen um die (illegalen) Quellen voraussetzen, sondern auch viel Zeit und Geld in Anspruch nehmen. Müssen erst mehrere Apotheken «abgeklappert» werden, um die vermeintlich ausreichende Medikamentenmenge zusammenzubekommen, ist dem Konflikt, der Verzweiflung oft schon die Spitze abgebrochen. Anders gesagt: Ein Mensch in so tiefer Verzweiflung und Einengung, der selektiv nur noch an Selbsttötung denken kann, ist gar nicht in der Lage, ein solches Maß an Aktivität aufzubringen, in die Stadt zu fahren, mehrere Apotheken aufzusuchen und gezielt «einzukaufen». Seine «Lähmung» schützt ihn also unter Umständen vor dem Tod, den er nicht mehr will, wenn er aus der Verzweiflung aufsteigt – wenn er nicht auf seine Vorräte in der Hausapotheke oder auf andere Mittel zurückgreifen konnte.

In Selbstmordschilderungen finden sich immer wieder – beiläufig – Hinweise auf das Anhäufen von Medikamenten, ohne daß damit ursprünglich eine suizidale Absicht verknüpft wäre. *Wenn* jedoch eine Situation eintritt, die das ganze Leben unerträglich erscheinen läßt, ist die Lösung in greifbarer Nähe.

In *Hau*, «Endstationen» schildert ein Mann, den seine Frau gerade über ihre Scheidungsabsichten informiert hat: «Meine Frau war im Geschäft und würde erst nachmittags zurückkommen. Tabletten waren auch genug im Hause, Schlaf- und Schmerztabletten. Ich habe mir alle zusammengesucht... Es waren fast 120 Stück...» (Kirschbaum, in: Hau, 1983, S. 78)

In der Biographie der Schriftstellerin Sylvia Plath von Hetmann findet sich ein ähnlicher Hinweis: «Der 24. August ist ein sehr heißer Tag. An diesem Tag wartet Sylvia, bis ihre Mutter in die Stadt gefahren ist. (...) Sie öffnet mit Gewalt ein Medizinschränkchen und entnimmt dort eine Glasflasche mit fünfzig Schlaftabletten...» (Hetmann, 1988, S. 44)

In ihrem Buch über «Die große Kränkung» gibt *Elisabeth Müller-Luckmann* ihren Leserinnen einen deutlichen Rat: «Dann, irgendwann wird dir die Idee kommen, du könntest dies alles beenden durch den ewigen Schlaf. Und jetzt hör gut zu: Viele Menschen haben heute (...) eine Waffe im Haus. Du etwa auch? Wozu? (...) Wenn ein solches Ding vorhanden ist, knallt es garantiert irgendwann einmal. Da bist du depressiv, oder du hast ein Glas zuviel getrunken oder beides, und schon ist die große Versuchung da, die große Kränkung ein für allemal auszulöschen: Den Finger gekrümmt, und aus ist es mit der ganzen Misere. Also schaff die Waffe aus dem Haus...!» (Müller-Luckmann 1985, S. 96)

Dieser Rat läßt sich auf Medikamente – das häufigste Selbstmordmittel – ebenso anwenden: Weg mit den Mengen an Schlaf-, Schmerz- und anderen Mitteln! Wenn sie denn überhaupt schon wichtig sind und durch Hausmittel nicht zu ersetzen, dann sollte ihre Menge bewußt und gewollt so gering gehalten werden, daß sie für einen Suizid nicht ausreicht. (Auch Ärzte sollten sich bei ihrer großzügigen Verschreibungspraxis entsprechende Gedanken machen!)

Ein halbleeres Medizinschränkchen dürfte schon manchen Menschen am Leben gehalten haben – zunächst gegen seinen Willen, später jedoch mit dem Gefühl von Erleichterung und Dankbarkeit.

«Man weiß, die Trauer ist sehr bald behoben.
Sie schwand noch jedesmal, sooft sie kam.
Mal ist man unten, und mal ist man oben.
Die Seelen werden immer wieder zahm!»

(Erich Kästner)

Nimm dir deine Rechte und nicht dein Leben! Tips für den Umgang mit der eigenen Verzweiflung

● Denken Sie immer daran, daß Krisen zum Leben gehören! Sie haben ein Recht darauf, Ihre Krisen unkritisiert zu durchleben, weil nur sie Ihre Entwicklung befördern.
● Treffen Sie Vorsorge: Vernichten Sie alle Ihre Selbstmordmittel! Ohne überstehen Sie Ihre Krise eher lebend als mit!

● Lassen Sie sich nicht von anderen in die Verzweiflung treiben. Wehren Sie sich gegen schlechte Behandlung. Sie sind keines Menschen Sklavin, Putzlumpen, Fußabtreter, Wunscherfüller!

● Lassen Sie sich nicht schlagen, und schlagen Sie nicht zurück (das haben Sie nicht nötig!). Schlagen Sie die Tür zu und gehen Sie!

● Lassen Sie sich nicht davon überzeugen, daß Sie schlecht, schwach, unfähig, mittellos, hilflos sind. Sie sind es nicht. Setzen Sie sich in einer ruhigen Stunde hin und listen auf, was Sie alles können.

● Lernen Sie, «nein» zu sagen. Wenn eine Beziehung, eine Stelle, ein Mensch, eine Situation auf Dauer mehr Last als Lust bieten, dann verzichten Sie lieber!

● Fragen Sie sich immer: Was ist das Schlimmste, das mir passieren kann, wenn ich jetzt etwas ändere. Und dann fragen Sie sich, ob dieses Schlimmste nicht um einiges besser ist als das, was Sie jetzt haben.

● Sprechen Sie in «guten» Zeiten mit anderen Frauen (und Männern) Ihres Vertrauens, denen Sie sagen können, daß es Ihnen ab und zu mal «dreckig» geht und Sie dann Hilfe brauchen.

● Sorgen Sie langfristig für gute soziale Kontakte. Gucken Sie nicht nur, wo der nächste heiratswillige Mann sein Abendbier trinkt. Streuen Sie Ihre Interessen und Ihre eigenen Angebote an andere ruhig zwischen Kleinkind (männlich) und Greisin (weiblich) –, Sie werden einen Zuwachs an Reife, Wissen, Verstehen, Kenntnis und Menschlichkeit erfahren! – Für andere dazusein (nicht selbst-los!!) ist heilender, als zu warten, ob jemand kommt, der für Sie da ist.

● Wenn Sie einen Arzt haben, von dem Sie sich nicht ernst genommen fühlen, weil «Verzweiflung» keine Krankheit ist, der Sie nur wählen läßt zwischen zwei verschiedenen suchtauslösenden Medikamenten und der Ihnen gönnerhaft auf die Schulter klopft wie einem störrischen Kind, dann suchen Sie sich einen anderen.

● Vorher überlegen Sie aber, ob es wirklich ein Arzt sein muß – oder ob eine Frauenselbsthilfegruppe oder ein Selbstbehauptungstraining nicht eine wirkungsvollere Hilfe in Ihrer Situation wäre.

● Wenn Sie merken, daß Sie langsam die Verzweiflung überkommt, dann lassen Sie sich nicht hineinfallen. Legen Sie Ihr Selbstmord-Buch zur Seite, stellen Sie die Platte mit dem «traurigen Sonntag» und die melancholischen ungarischen Zigeunerweisen ebenso ab wie «sein» Lied, und werden Sie tätig!

Halten Sie es mit Deutschlands renommiertem Selbstmordberater Hermann Pohlmeier: «Es ist wichtig, mich (und er meint tatsächlich sich!) nicht in den Zustand von Hilflosigkeit und Ohnmacht bringen zu lassen, sondern aktiv gegenzusteuern. Eine Aussprache suchen. Einen Brief schreiben. Irgend etwas tun.»

● Wenn Sie Hilfe suchen, warten Sie nicht, daß jemand Ihre Not erahnt! Melden Sie sich. Sprechen Sie konkret von Ihren Problemen, bitten Sie um Hilfe.

Setzen Sie aber niemanden unter Druck. Belasten Sie einen anderen Menschen ruhig mit Ihrem Schicksal, aber entlasten Sie ihn auch, indem Sie trotz allem immer noch die Verantwortung für sich selbst tragen.

● ...Und denken Sie immer an die Bremer Stadtmusikanten. Sie wußten: *Etwas Besseres als den Tod findest du überall!*»

Frauen   entsagen
ertragen
erdulden
gehorchen
verzeihen
stecken zurück
bescheiden sich
verzichten
treten zurück
geben auf
fangen nicht an
geben ab
opfern sich
finden sich ab
nehmen hin
resignieren
kapitulieren
geben sich zufrieden

Frauen sind – deshalb? –   aggressionslos
klaglos
wehrlos
kraftlos
hilflos
machtlos
mittellos
selbstlos
lustlos
freudlos
hoffnungslos
schutzlos
haltlos
waffenlos
entschlußlos
widerstandslos
willenlos

Frauen sind aber nicht
gezwungen,
lebenslang
Opfer zu bleiben!

Anhang

Zitierte und weiterführende Literatur

BOJANOVSKY, J.: Ehepartnerverlust als Risikofaktor für den Selbstmord, in: Reimer, C.: Suizid, Berlin 1982, S. 141–145

Bundesarbeitsgemeinschaft Aktion Jugendschutz: Schluß. Selbstmord bei Jugendlichen, Mainz 1985 (4)

CHRISTE, CHRISTEL: Suizid im Alter. Dimensionen eines ignorierten Problems, Bielefeld 1989

DEMBICKI, LEO: Psychologie im Alltag, Freiburg 1973

Deutsches Jugendinstitut/BRIGITTE: Mädchen '82, München 1982

DIESSENBACHER, HARTMUT: Gibt es einen gesundheitspolitischen Gerontozid?, in: Neue Praxis 3/1987, S. 257–265

DÖRNER, KLAUS/PLOG, URSULA: Irren ist menschlich. Lehrbuch der Psychiatrie/Psychotherapie, Rehburg-Loccum 1984

GUILLEMIN, HENRI: Adele. Die Königstochter von Victor Hugo, Berlin 1988

HÄSING, HELGA: Du gehst fort, und ich bleibe da, Frankfurt 1989

HELD, MONIKA: Wer hat Conny gekannt?, in: Suizidprophylaxe 1979, S. 267ff.

HERVÉ, FLORENCE u. a. (Hrsg.): Kleines Weiberlexikon, Dortmund 1985

HETMANN, FREDERIK: So leicht verletzt war unser Herz. Die Lebensgeschichte der Sylvia Plath, Weinheim 1988

HÖMMEN, CHRISTA: Mal sehen, ob ihr mich vermißt. Menschen in Lebensgefahr, Reinbek 1989

HONIGMANN, BARBARA: Roman von einem Kinde, Neuwied 1986

HURRELMANN, KLAUS: Schulversagen und Orientierungskrise, in: betrifft:erziehung 4/1980, S. 28–31

Institut Frau und Gesellschaft Hannover: Themenschwerpunkt Frauen im Alter, Info 1+2/1984

JACOBS, JERRY: Selbstmord bei Jugendlichen, München 1974

KIELHOLZ, PAUL: Die Depression ist ein Selbstheilungsmechanismus, in: Psychologie heute 1/1988, S. 29ff.

KÖNIG, UTE: Was heißt schon normal?, in: STERN 13/89, S. 118ff.

LEON, ANNA: Einfacher Bericht, Berlin 1982

MANTEK, MARIJKE: Alkoholismus bei Frauen, in: Psychologie heute 10/1977, S. 39ff.

MAUZ, GERHARD: Ja, was sollt' man noch alles besprechen?, in: DER SPIEGEL 49/1988, S. 92–95

MOLINSKI, HANS: Die unbewußte Angst vor dem Kind, München 1972

MÜLLER-LUCKMANN, ELISABETH: Alternde Frauen im Kampf der Geschlechter, in: Schreiber, Hermann (siehe dort)

MÜLLER-LUCKMANN, ELISABETH: Die große Kränkung. Wenn Liebe ins Leere fällt, Hamburg 1985

MÜNCHHAUSEN, ANNA VON: Schmerz laß nach, in: DIE ZEIT v. 31.10.86

NEIDHARDT, KRISTEL: Scherbenlachen, Frankfurt 1987

NERAAL, TERJE: Schüler-Selbstmord – Ohnmacht der Schule?, in: betrifft:erziehung 4/1980, S. 22–25

OETER, KARL UND ANKE NOHKE: Der Schwangerschaftsabbruch, Stuttgart 1982

ONKEN, JULIA: Feuerzeichen Frau. Ein Bericht über die Wechseljahre, München 1988

Palinurus: Das Grab ohne Frieden, Frankfurt 1961

RIETH, EBERHARD: Soziologische und psychologische Ursachen der Sucht bei Frauen, in: Ztschr. f. Allgemeinmed. 16/1971

SCHREIBER, HERMANN: Midlife Crisis. Die Krise in der Mitte des Lebens, München 1977

SCHEU, URSULA: Wir werden nicht als Mädchen geboren – wir werden dazu gemacht, Frankfurt 1985

SELIGMAN, MARTIN E. P.: Erlernte Hilflosigkeit, München 1979

SHAINESS, NATALIE: Keine Lust zu leiden. Der Ausweg aus dem Teufelskreis weiblicher Lebensängste, München 1988

SHNEIDMAN, EDWIN: Es gibt Besseres als den Tod, in: Psychologie heute 5/1988, S. 28–31

SIEBENSCHÖN, LEONA: Ehe zwischen Trieb und Trott, München 1968

SWIENTEK, CHRISTINE: Selbstmordforschung auf der Suche nach einem neuen Selbstverständnis, in: Neue Praxis 3/1981

SWIENTEK, CHRISTINE: Das trostlose Leben der Karin P., Reinbek 1986

SWIENTEK, CHRISTINE: Die abgebende Mutter im Adoptionsverfahren, Bielefeld 1986

SWIENTEK, CHRISTINE: Trennung und Selbstmord. Die Abwesenheit des anderen, in: Pro familia magazin 3/1987, S. 10–12

TANNER, FRITZ: Bis daß der Mord euch scheidet, Olten 1981

TROTTER, ROBERT J.: Hilflosigkeit kann man verlernen, in: Psychologie heute 4/1987, S. 33–39

WATZLAWICK, PAUL: Anleitung zum Unglücklichsein, München 1983

WEBER-KELLERMANN, INGEBORG: Frauenleben im 19. Jahrhundert, München 1988 (2)

WEDLER, H.: Gedanken zur Arbeitsgruppe: Suizidalität bei Kindern und Jugendlichen, in: Suizidprophylaxe 12/1985

WEISS, HANS: Süchtig nach dem kleinen Freund, in: DIE ZEIT v. 29.11.85

WESSELY, P. UND G. PERNHAUPT: Der Alkoholismus bei Frauen im Vergleich zu einer männlichen Kontrollgruppe, in: Wiener Med. Wochenschrift Nr. 28–30/1973, S. 473 ff.

WILSNACK, SHARON C.: Weiblichkeit aus der Flasche, in: Psychologie heute 4/1976, S. 19 ff.

Adressen*

Folgende Einrichtungen leisten suizidgefährdeten Menschen Hilfe

5100 Aachen
Minoritenstr. 3
«Hilfe zum Weiterleben»
Tel. 0241/38885

1000 Berlin 31
Nikolsburger Platz 6
Beratungsstelle NEUhland
Hilfen für suizidgefährdete
Kinder und Jugendliche e. V.
Tel. 030/870111

1000 Berlin 30
Pallasstr. 8–9
Nächtlicher Krisen- und
Beratungsdienst
Tel. 030/2152222

4800 Bielefeld 1
Johanneswerkstr. 12
Krisenberatung
Tel. 0521/83042

Krisennotfallhilfe von
18–6.00 Uhr
Tel. 0521/512590

5300 Bonn 2
Meckenheimer Str. 85
Arb'kreis Suizidgefährdeter
Tel. 0228/343563

4630 Bochum-Quekenburg
Buscheyplatz 3
Die Oase
Tel. 0234/700–2332

7030 Böblingen
Bunsenstr. 120
Arb'kreis Suizidnachsorge am
Kreiskrankenhaus Böblingen
Tel. 07031/668–0

3300 Braunschweig
Bismarckstr. 5
Krisenhilfe «für Selbstmord-
gefährdete
und seelisch Notleidende»
Tel. 0531/335050

4930 Detmold
Hilfe zum Weiterleben
Tel. 05231/32984
05231/33377

4600 Dortmund 30
Virchowstr. 10
Krisenzentrum Dortmund-Hörde
Tel. 0231/435077
435078

8520 Erlangen
Kath. Kirchenplatz 2
– Lebensmüdenberatung –
Tel. 09131/25046

7800 Freiburg i. Br.
Kartäuserstr. 77
Psychosoziale Beratung und
Behandlung
– Suizidgefährdete –
Tel. 0761/33388

2000 Hamburg 1
Kreuslerstr. 6–8
Beratungs- und Seelsorgezentrum
Tel. 040/335844

3000 Hannover 91
Gartenallee 14
Präventionsprogramm
Tel. 0511/446996

---

* aus: HÖMMEN, CHRISTA, Mal sehen, ob ihr mich vermißt. Menschen in Lebensgefahr, Reinbek 1989 (rororo)

7920 Heidenheim
Christianstr. 5 A
Arb'kreis für Selbstmord-
verhütung
Tel. 07321/43894

6900 Heidelberg 1
Voßstr. 4
Suizidenten-Dienst
Tel. 06221/564704

7100 Heilbronn
Friedensplatz 12
Arb'kreis Leben
Tel. 07131/164251

3200 Hildesheim
Bahnhofallee 26
Kontaktgruppe Selbstmord-
gefährdete
Tel. 05121/58828

8070 Ingolstadt
Schrannenstr. 1
Kontaktgruppe «Brücke e. V.»
Tel. 0841/35895

7500 Karlsruhe
Kronenplatz 1
«Brücke»
Tel. 0721/385038

3500 Kassel
Goethestr. 34
Suizidentenberatung e. V.
Tel. 0561/773930

5400 Koblenz
Kurfürstenstr. 73
«Tecum»
Tel. 0261/1390622

5400 Koblenz-Lay
Legiastr. 58a
Tel. 02606/1258

2300 Kiel 1
Beselerallee 57
«Kibis»
Tel. 0431/560222

4670 Lünen
Hilfen für Menschen in
Lebenskrisen

und Selbstmordgefährdete
«Die Fähre e. V.»
Tel. 02306/40000

6700 Ludwigshafen am Rhein
Falkenstr. 19
Beratung und Hilfen in Lebens-
krisen
Tel. 0621/514004
«Dir Arche»
Tel. 0621/512071

8000 München 40
Viktoriastr. 9
«Die Arche»
Tel. 089/30622–561

4400 Münster
Sebastiankirchweg 10
Verein zur Suizidprophylaxe und
Krisenbegleitung e. V.
Tel. 0251/75722

8500 Nürnberg
Hauptbahnhof
City-Dienst
Tel. 0911/209702

7238 Oberndorf/N.
Aspenweg 25
Kontakt-Kreis Leben
Tel. 07423/3604

4570 Quakenbrück
Christliches Krankenhaus
Ambulanz für Suizidgefährdete
Tel. 05431/15241

8400 Regensburg
Landshuter Str. 16
Krisendienst Horizont
Tel. 0941/58181

2370 Rendsburg
Am Holstentor 1a
«Kibis»
Tel. 04331/25299

7410 Reutlingen
Lindachstr. 13
Arbeitskreis Leben Tübingen/
Reutlingen e. V.
Tel. 07071/33733

6600 Saarbrücken 3
Rosenstr. 18
SPAK-Arbeitskreis für
psychosoziale Hilfe
Tel. 0681/36493

3320 Salzgitter-Bad
Burgstr. 38
Kontaktstelle für Selbstmord-
gefährdete
Tel. 05341/36027

3320 Salzgitter-Gebhardshagen
Sandgrubenweg 42
Gruppe 84
ohne Tel.-Nr.

7000 Stuttgart 1
Eierstr. 9
Arb'kreis Leben Stuttgart e. V.
Tel. 0711/600620

7000 Stuttgart 1
Deutsche Gesellschaft für Suizidprävention

Böblinger Str. 24
Tel. 0711/6405944

7400 Tübingen
Lichtensteinstr. 9
Arb'kreis Leben Tübingen/Reut-
lingen e. V.
Tel. 07071/33733

7900 Ulm
Suizid-Nachsorge
Tel. 0731/176–2879

4750 Unna
Bahnhofstr. 20
Selbsthilfegruppe f. Selbstmordgefährdete
ohne Tel.-Nr.

6200 Wiesbaden
Adelheidstr. 28
Institut für Beratung und
Therapie von Eltern und jungen
Menschen
ohne Tel.-Nr.

Weitere Hilfsangebote

Beratungsstellen für Erziehungs- und Lebensfragen der jeweiligen Stadt oder der
freien Wohlfahrtsverbände: Caritas, Diakonisches Werk, Deutscher Parit. Wohl-
fahrtsverband, Innere Mission etc.

Jugendpsychiatrischer Dienst, Sozialpsychiatrischer Dienst der städtischen Ge-
sundheitsämter

Telefonseelsorge
Tag und Nacht, Vorwahl/11101 oder 11102

Stationäre Hilfen:
Alle psychiatrischen Kliniken und alle Krankenhäuser mit psychiatrischen Abtei-
lungen nehmen Suizidgefährdete auf.
Notfallhilfe:
Im Falle einer bereits eingetretenen Selbstbeschädigung (z. B. durch Arzneimittel-
vergiftung, Pulsaderschnitt etc.) sollte der Betroffene zur Rettungsstation des
nächstgelegenen Krankenhauses gefahren werden.

Feuerwehr
Tel. 112

frauen aktuell

Cheryl Benard/Edit Schlaffer
**Die ganz gewöhnliche Gewalt
in der Ehe**
Texte zu einer Soziologie von Macht
und Liebe (4358)

Theresia Brechmann
Jede dritte Frau
Protokoll einer Vergewaltigung (12137)

Barbara Kavemann/Ingrid Lohstöter
Väter als Täter
Sexuelle Gewalt gegen Mädchen
«Erinnerungen sind wie eine
Zeitbombe» (5250)

Heike Mundzeck
**«Als Frau ist es wohl leichter,
Mensch zu werden»**
Gespräche mit Dorothee Sölle,
Margarethe von Trotta, Heidemarie
Wieczorek-Zeul (5354)

Susanne v. Paczensky/Renate Sadrozinski (Hg.)
§ 218: Zu lasten der Frauen
Neue Auskünfte zu einem alten
Kampf (12383)

Carmen Thomas (Hg.)
Die Hausfrauengruppe
Wie elf Frauen sich selbst helfen (12382)

Herausgegeben
von
Ingke Brodersen
Begründet
von S.v.
Paczensky

C 2078/10

12239

12405

Soziale Konflikte

Frank Matakas
Sprünge in der Seele
Psychische Erkrankungen und was man
dagegen tun kann
Ein Handbuch (12516)

Klaus Pacharzina (Herausgeber)
AIDS
und unsere Angst (5741)

Christine Swientek
«Ich habe mein Kind fortgegeben»
Die dunkle Seite der Adoption (5119)
Das trostlose Leben der Karin P.
Geschichte einer Pennerin (5633)
Wenn Frauen nicht mehr leben wollen
Frauen aktuell (12785) Juni '90

Jürgen Wolff/Sabine Mehlem/
Stefan Reiß
Rechtsratgeber AIDS
Konfliktfälle im Alltag (12471)

Herausgegeben
von
Ingke Brodersen

C 2009/13

Doris Lucke/Sabine Berghahn
FRAUEN AKTUELL
Rechtsratgeber Frauen

12553

Deutsches Jugendinstitut (Hg.)
Frauensichten – Männersichten
Familienalltag

12517